언어괴물 신견식의

콩글리시 Konglish 찬가

Language Monster Shin KyonShik

언어괴물 신견식의

콩글리시 찬가

신견식 지음

뿌리와
이파리

Intro

이제는 '콩글리시'를
말할 수 있다

한국어 안에서 영어가 누리는 특권은 그 이름에서도 잘 드러난다. 한국에서 언어는 크게 국어, 영어, 제2외국어로 나뉜다. 수능 제2외국어 독일어, 프랑스어, 중국어, 일본어, 러시아어, 스페인어 및 최근 추가된 아랍어와 베트남어 가운데 한국과 좀 더 관계가 깊은 독어, 불어, 중어, 일어, 노어는 국어사전에 두 음절 이름도 나온다. 영국어나 미국어도 아니고 영어는 딱 두 음절의 그 명칭뿐이다. 미스코리아 출신 가수 김성희의 1982년 곡 「세계는 친구」에서 "국어, 영어, 독어, 불어, 일어, 쓰는 말은 달라도 표정만 봐도 알 수 있죠. 생각은 같잖아요."라는 노랫말은 당시 국내 여러 언어의 위상을 순서대로 보여준다. 물론 국어가 영어보다 먼저인데 이름만 보면 '국어'로 주로 불리고 문자 체계 '한글'로도 자주 잘못 불리는 '한국어'보다 '영어'의 위치가 한국어 안에서 더 굳건한 셈이다.

시대에 따라 영향력을 행사한 언어들은 대개 일정 지역에 국한되었다. 동아시아의 중국어(한문), 일본어, 남아시아의 산스크리트어, 팔리어, 서아시아와 중동의 페르시아어, 아랍어, 터키어, 유럽의 그리스어, 라틴어, 프랑스어, 독일어, 구소련의 러시아어, 중남미의 스페인어가 모두 그렇다. 그런데 유례없이 영어는 20세기 이래 거의 모든 언어에 크든 작든 영향을 미치고 있다. 세계 공통어로서 영어에 맞먹는 언어도 없다.

이런 영어의 위상 탓인지 콩글리시는 천덕꾸러기 신세를 못 면하고 있다. 콩글리시는 크게 두 가지를 가리킨다. 첫째는 한국 사람이 외국어로 구사하여 원어민의 발음, 문법, 어휘 규범에서 벗어난 영어, 둘째는 한국어에 들어온 차용어로서 영어의 본뜻이나 본꼴과 달라진 어휘를 일컫는다. 국립국어원 표준국어대사전에는 "한국식으로 잘못 발음하거나 비문법적으로 사용하는 영어를 속되게 이르는 말"로 나오는데 외래어가 아닌 외국어로서의 영어만 정의한 것이다. 이 책에서는 외래어로서의 콩글리시를 중심으로 다룬다. 또한 다른 언어가 기원인데 콩글리시로 오해되는 말들도 살펴본다.

이제 영어 섞기는 많은 언어에서 나타난다. 한국은 패션 잡지의 영어 혼합 문체가 지탄 및 조롱도 받지만 사실 전문 분야에서 영어를 그대로 섞는 일은 매우 흔하다. 규범적으로는 바람직하지 않지만 언어는 제자리를 지키는 고체보다는 요동치는 액체에 가까워 틀에 잠시만 가둘 수 있다. 여기서 주로 다룰 콩글리시는 영어라는 외국어를 마구잡이로 섞는 것과는 좀 다른 문제다. 핸드폰과 파이팅처럼 한국어 안에 녹아들어 나름의 자리를 차지하는 주요 요소로서 바라보려는 것이다. 물론 순수한 언어를 좇는 사람들의 눈에는 둘 다 매한가지로 보일지도 모른다. 하지만 어떤 언어와 문화든 만남을 통해서 더욱 다채롭게 발전한다는 것을 감안하면 닫힌 마음보다는 열린 마음으로 보는 쪽이 낫겠다.

콩글리시는 영어 교육에 방해가 된다는 측면에서도 수난을 겪는다. 하지만 몇 해 전 잠시 시끄러웠던 '어린쥐' 타령에 코웃음들을 쳤듯이 외래어와 외국어가 다르다는 사실은 상식을 갖춘 이라면 다들 알고 있다. 어느 언어든 접촉을 통해 차용어가 생기면 소리나 뜻이 원어와 달라지게 마련이다. 한국의 한자어가 중국이나 일본과 다르다고 해서 콤플렉스를 느끼는 사람은 거의 없다. 그런데 정규 교육을 받은 한국인 상당수가 어느 정도 영어 지식이 있다 보니 일상적으로 쓰는 외래어조차 드물지 않게 영어를 잣대로 삼게 된다. 그러다 보니 다른 서양 언어가 기원인 것을 모르고 영어 발음과 다르다는 것만으로 콩글리시로 오해하기도 한다. 이를테면 아르바이트(부업)는 어원인 독일어 Arbeit(일, 노동)보다 뜻이 좁아졌는데 이를 모르거나 도리어 콩글리시로 착각하는 식이다.

지금까지 나온 외래어나 콩글리시에 관한 책은 외래어를 순화하자거나 잘못된 영어를 바로잡고 올바른 영어를 쓰자는 식의 계도가 대부분이다. 이 책은 외래어나 콩글리시가 어떻게 생겨났고 세계의 다른 언어와 어떤 관련을 맺는지에 초점을 맞춰, 외래어나 콩글리시도 한국 근현대사의 문화유산이며 수많은 언어와 뿌리를 함께한다는 것을 보여준다.

영어를 비롯한 외국어로 번역되는 한국 소설이 점점 늘고 있다. 거기 쓰인 콩글리시는 영어 낱말로 다시 옮겨진다. 예컨대 '마트'는 big-box store 또는 상황에 따라 그냥 market으로 번역된다. 영어 mart도 시장, 상점을 뜻하지만 고유명사 월마트Walmart처럼 상호의 일부로 주로 쓰는 반면 한국어 '마트'는 그런 고유명사에서 따와 일반명사인 대형 할인점, 대형 소매점을 일컬으므로 차이가 생겼다.

한국어를 배우거나 구사하는 외국인도 이제 콩글리시를 자연스레 섞어 쓴다. 그것도 한국어를 이루는 성분이기 때문이다. 영어 발음 또는 어휘를 쓴다면 아직 한국어를 제대로 못하는 것이다. 마찬가지로 한국인끼리 말하는 한국어에 들어가는 콩글리시는 아무 문제가 없고 한국인이 외국인과 영어로 말할 때 콩글리시를 섞으면 의사소통이 안 될 수도 있는 것이다. 영어를 잘하고 싶다면 아예 한국어 어휘를 몽땅 영어로 바꿔야 할까? 당연히 아니다.

당분간 영어의 힘이 쭉 커질 테니 한국어의 외래어도 영어에 더욱 가까워질지 모른다. 그것도 자연스러운 흐름이다. 다만 우리가 지금 쓰는 말들에 괜히 주눅 들거나 애먼 메스를 댈 까닭은 전혀 없다는 점을 짚고 넘어가고 싶다. 다른 한편 이제 영어는 모어 화자보다 외국어로 쓰는 이가 훨씬 많다 보니 영어학 연구자뿐 아니라 영어권 일반인 사이에서도 영어의 다양성 논의가 점차 활발해지고 있다. 한국인도 영어 강박에서 벗어나 한국인끼리는 자연스럽게 콩글리시 어휘를 쓰면 되고 외국인을 대할 때는 소극적인 자세보다 공격적으로 영어를 쓰되 협력적으로 세계와 소통하면 된다. 혹시 상대가 콩글리시를 못 알아듣는다면 당황하지 말고 가르쳐주면 된다. 굽실대지도 으스대지도 말고 서로서로 배우며 상대방 말을 더 잘 들어보겠다는 교감이 중요해지는 시대가 아닐까?

처음으로 책을 내도록 기회를 주신 뿌리와이파리 출판사 대표님과 책을 만드느라 애쓰신 편집부 여러분께 감사드린다. 책을 잘 쓸 수 있게 힘을 보태주신 사랑하는 아버지와 어머니께 그리고 아내 경진에게 이 책을 바친다.

Contents

01

콩글리시의
뿌리를 찾아서

알러지에 알레르기가 생기다

나는 컨디션이 안 좋을 때 과식하면 이따금 알레르기가 생긴다. 주로 밀가루 때문인 듯도 싶지만 확실친 않고 매우 드물게 나타나니 큰 탈은 없다. 어느 날 병원에 갔다가 의사에게 알레르기 얘기를 했다. 처음에 의사는 알러지, 나는 알레르기라고 말했다. 계속 얘기를 하다 보니 의사는 두 형태 사이를 오가다 알레르기로 더 자주 말하게 됐다. 나는 원래 '알레르기'만 썼기에 그냥 그렇게 쭉 말했다. 언어는 여러 층위가 있는데 사투리/표준어, 옛말/요샛말 가운데 후자가 위세 있는 말이라 그쪽으로 맞추는 경향이 있다. 그 의사도 일상어로 알러지를 썼지만 알레르기가 표준어임은 알았을 테니 다시 내게 맞췄을 것이다. 외국어 학습자가 원어민의 말에 맞추는 것과도 비슷하게 볼 수 있다.

되도록 표준어를 쓰는 언론, 기업, 공공기관 사이트, 책은 알레르기가 압도적으로 많다. 그런데 트위터, 페이스북, 온라인 커뮤니티를 살펴보면 이제 알레르기와 알러지가 거의 대등하게 나오고 어느 때는 후자가 더 많기도 하다. 실제로 알러지를 상당히 많이 쓴다는 뜻이다. 재밌는 점은 어떤 게시물에 알레르기가 나오면 덧글도 알레르기가 많고 반대의 경우도 마찬가지다. 위의 분류를 외래어에 적용하니 다소 어색하지만 알레르기가 먼저 들어온 표준어이니 대략 알레르기(표준어/옛말) 및 알러지(사투리/요샛말)의 대립으로 본다면 두 낱말의 위세는 경합 상태다.

여기에 또 다른 요인도 들어간다. 상당수 사람들이 알레르기를 일본어로 착각해 영어 발음을 따른 알러지를 쓴다. 영어에 더 가까운 앨러지는 오히려 적게 쓰는데 예컨대 요즘은 독일어식 스티로폴Styropor 대신 영어식 스티로폼styrofoam을 더 많이 쓰지만 영어 발음에 더 가까운 스타이로폼은 별로 안 쓰는 것과도 비슷하다. 몇 년 전 개조된 화학 용어도 영어 발음에 가장 가까운 형태를 쓰지는 않는다. 독일어-영어1-영어2로 나타내면 요오드-아이오딘-아이오다인, 메탄-메테인-메세인 가운데 영어1 꼴을 쓰기 때문이다. 이는 최종 형태로 진행하는 과정 혹은 기존 형태와 타협한 것으로도 볼 수 있다.

알레르기는 독일어 Allergie가 직접 어원이고 일본어를 거쳐 한국어에 들어왔으나 발음이나 뜻에서 일본어의 추가적 영향은 없다. 20세기 초 오스트리아의 클레멘스 폰 피르케가 그리스어 ἄλλος(allos: 다른) 및 ἔργον(ergon: 일/활동)에서 고안했고 다른 물질에 대한 반응을 뜻한다. 이 독일어에서 영어를 비롯한 다른 유럽 언어로도 차용됐다. 한국어에서 알레르기를 표준어로 정한 까닭은 독일 의학의 영향을 받은 일본 의학의 2차적 영향도 있었는데 해방 이후 미국 의학의 영향이 지대했음에도 독일어 차용어를 그간 쭉 써왔기 때문이다. 신문을 보면 표준어 알레르기가 압도적이나 1950년대 중반부터 매우 간헐적으로 알러지 또는 앨러지도 나오니 아마도 입말에서는 좀 더 쓰였을 것이다.

독일어 알레르기Allergie는 에네르기Energie를 본딴 말인데 에너지는 신조어 알레르기와 달리 원래 그리스어에 있던 에네르게이아 ενέργεια가 어원으로 일(ἔργον)을 하는 데 들어가는(εν) 힘이다. 한국어는 독일어 차용어인 일본어 에네루기エネルギ─를 간접 차용해 에네르기도 쭉 썼다. 1920년 이후 신문을 살펴보면 1950년대 후반까지는 에네르기가 우세하다가 1960년대부터 에너지에 따라잡혔고 1970년대 중반까지는 에네르기도 어느 정도 쓰이다가 그 뒤로는 드문드문 나오게 되었다. 이제 한국어에서 에네르기는 일본 만화 등 하위문화에서 쓰는 말을 일컬을 때 주로 쓴다. 한국어는 영어 형용사 energetic을 차용해 에너제틱을 쓰는 반면 일본어는 독일어를 직접 차용한 역사가 길다 보니 형용사 energisch도 차용해 에네루깃슈エネルギッシュ를 쓴다.

상승효과/작용을 뜻하는 시너지synergy는 협력을 뜻하는 그리스어 시네르기아συνεργία가 궁극적 어원인데 일본어도 영어에서 최근 받아들인 말이다 보니 시네루기シネルギ─가 아니라 한국어 시너지처럼 시나지シナジ─로 쓴다. 한국어에서 알레르기는 의학 용어로 주로 쓰는 반면 에너지는 더 널리 쓰는 말이다 보니 영어 형

태로 굳어졌다고 짐작된다. 최근에 알러지가 점점 더 많이 쓰이는 것도 더 확산되는 영어 지식과 더불어 이 말이 좀 더 일상에서 널리 쓰이게 됐기 때문도 아닐까 싶다.

이렇게 어근을 공유하는 알레르기와 에너지의 철자 또는 발음 차이는 남한어에서만 나타나는 게 아니다. 북한어 에네르기는 독일어, 알레르기아는 러시아어 аллергия[allergiya]에서 왔는데 물론 에네르기는 일본어의 간접적 영향도 있다. 그리스어 ενέργεια[enérgeia] 및 αλλεργία[alergía]는 강세 위치가 다른데 러시아어 энергия[enérgiya] 및 аллергия[allergíya]는 그리스어의 경우와 같고 공교롭게도 스페인어 energía 및 alergia는 이 두 언어와 강세 위치가 다르다. 러시아어는 에너지를 그리스어에서, 알레르기를 독일어에서 차용했기에 둘의 강세 위치가 달라졌다. 이탈리아어와 포르투갈어에서는 alergia와 energia의 강세가 똑같이 i에 있는 반면 스페인어 alergia는 e에 강세가 있다.

유럽에서 그리스-라틴계 어휘의 매개어로서는 프랑스어와 독일어가 가장 중요하다. 늘 그렇진 않으나 주로 프랑스어에서는 영어 및 다른 로망스어로, 그리고 독일어에서는 여러 게르만 및 슬라브 언어로 전달됐다. 그런데 독일어를 안 거치고 바로 프랑스어에서 딴 게르만 언어로 전달되기도 했다. 예컨대 네덜란드어 energie, 스웨덴어 및 노르웨이어 energi는 프랑스어를 차용한 것이라 g의 발음이 프랑스어 [ʒ]와 비슷하게 나는 반면 네덜란드어 allergie, 스웨덴어 및 노르웨이어 allergi는 자국 언어 발음이다. 다만 이 가운데 노르웨이어 energi는 프랑스어식 및 노르웨이어식이 혼용되는 편이다.

네덜란드어의 영향이 큰 인도네시아어는 에너지가 energi(라틴어 발음), enersi(프랑스어→네덜란드어 발음), enerji(영어 발음) 세 형태가 있는데 energi가 가장 우세하고 알레르기는 거의 alergi만 쓴다. 아제르바이잔어 enerji(프랑스어-터키어) 및 allergiya(러시아어), 타갈로그어 enerhiya(스페인어) 및 alerdyi(영어)처럼 비유럽 언어의 경우 언어 차용의 역사에 따라 이 두 말의 형태가 조금씩 달라진다.

언어	에너지	알레르기
독일어	Energie	Allergie
러시아어	энергия[enérgiya]	аллергия[allergiya]
그리스어	ενέργεια[enérgeia]	αλλεργία[alergía]
스페인어	energía	alergia
이탈리아어	energia	alergia
네덜란드어	energie	allergie
스웨덴어	energi	allergi
인도네시아어	energi, enersi, enerji	alergi
아제르바이잔어	enerji	allergiya
타갈로그어	enerhiya	alerdyi

이제 한국어는 에너지를 에네르기로 되돌릴 수도 그럴 필요도 없고, 알레르기 역시 알러지로 옮겨가는 중이다. 알레르기가 표준어이기 때문에 알러지를 쓰지 말자는 얘기는 아니다. 더 많이들

쓰다 보면 언젠가 그렇게 바뀔 수도 있을 것이다. 어쨌든 한국어에 들어온 외래 요소는 영어와 일본어 둘만으로 귀결되지 않고, 시간이 흐르며 우세한 접촉 언어가 바뀜에 따라 생기는 변화도 여러 언어에서 비슷하게 보인다.

핸드볼과 햄스터

한국어는 고유어와 한자어 외에 외래어만 따지면 영어에서 기원한 말이 가장 많다. 영어도 어원에 따라 나누면 고유어와 차용어가 있다. 영어 볼ball은 게르만계 고유어지만 컨디션condition은 라틴계 차용어다. 그런데 어휘를 제공한 언어의 고유어와 차용어는 대개 언어 내적으로 고려되므로 한국어에 들어온 볼과 컨디션은 똑같이 그냥 영어 외래어로 취급된다. 여기서는 언뜻 영어 고유어처럼 보이지만 따지고 보면 좀 더 복잡한 핸드볼과 햄스터를 살펴보겠다. 이 두 낱말은 마침 첫 음절 발음도 비슷해서 골랐다.

영어는 스포츠(단수 sport, 복수 sports) 자체뿐 아니라 수많은 운동 종목 이름의 어원을 제공했다. 한국어도 배드민턴, 테니스, 하키처럼 영어 외래어가 많다. 하지만 주요 구기 종목인 football/soccer, baseball, volleyball, basketball은 많은 언어에서 영어 차용어를 쓰는 반면 한국어는 축구蹴球, 야구野球, 배구排球, 농구籠球 등 한자어를 쓴다. 일본어는 야구만 한자어고 축구, 배구, 농구는 대개 영어 음역을 쓴다. 수구水球 및 하키와 핸드볼은 한국어와 일본어에서 한자어와 영어 차용어 쓰임이 일치한다. 적어도 한국어만 보면 좀 더 인기가 많은 종목 명칭이 한자어가 우세하다. 딴 언어에서도 예컨대 축구와 야구를 견주면 전자는 영어 뜻을 옮기거나 철자를 자국어에 맞추고 후자는 영어 철자 그대로 쓰는 경우가 많다.

핸드볼은 영어 핸드hand와 볼ball의 합성어 핸드볼handball이 어원이다. 이미 15세기 중반부터 '손으로 노는 공'이라는 뜻으로 쓰였다. 따라서 영어 고유어는 맞는데 좀 더 복잡하다. 현대적인 경기로서의 핸드볼은 19세기 후반 스칸디나비아 지방과 독일에서 정식 경기로 자리를 잡은 뒤 1906년 덴마크에서 홀게르 닐센Holger Nielsen이 마련한 기초 규정이 간행됐고 1917년 독일에서 카를 셸렌츠Carl Schelenz가 다듬은 규정집이 처음 나왔다. 공식 영어 명칭 '팀 핸드볼team handball' 및 준말 핸드볼handball은 그 이후에 쓰이기 시작했다.

발로 차는 공놀이처럼 손으로 하는 공놀이도 역사가 오래돼 이미 로마시대 희곡 작가 플라우투스Plautus(기원전 254~184)의 작품「루덴스Rudens」에도 주먹으로 치는 공놀이 follis pugilatorius가 나온다. 독일의 역사학자이자 언어학자 크리스토프 헬비히Christoph Helwig(1581~1617)가 엮어 사후에 간행된 라틴어 교본 『Familiaria

Colloquia』에도 라틴어 pila palmaria 및 독일어 Handball이 나오므로 이르면 16세기 말부터 Handball이 쓰였을 것으로 추정된다. 어쨌든 영어도 handball이 이미 있었고 독일어 Handball과 철자도 같아서 차용어라는 느낌은 없으며『옥스퍼드영어사전』에도 어원 설명에 그런 언급이 없다. 독일어와 영어처럼 '손+공'의 얼개로 된 다른 게르만 언어에서도 마찬가지인데 네덜란드어 handbal, 덴마크어 håndbold, 스웨덴어 handboll, 노르웨이어 håndball, 아이슬란드어 handbolti 들도 어원 사전에 외국어 영향이 아닌 자국어 낱말의 요소가 결합된 합성어로만 나온다. 모두 영어의 번역어라고 어원 사전에 나오는 독일어 Fußball, 네덜란드어 voetbal, 덴마크어 fodbold 등의 경우와 대비된다. 어쨌든 현대적인 핸드볼은 이들 게르만 언어 모두 고유어로 일컫는 반면 로망스어는 라틴어 follis pugilatorius(주먹 공) 또는 pila palmaria(손바닥 공)를 물려받지 않고 독일어나 영어의 차용어 또는 번역어를 쓴다.

프랑스어는 축구 football이 [futbol], 핸드볼 handball이 [ãdbal]이라서 각각 영어와 독일어를 들였다는 것이 뚜렷이 드러난다. 독일어 Handball[hantbal]과 발음 차이는 있지만 프랑스어는 [h]가 없고 d가 어말에서 무성음화되지 않기 때문이다. 불가리아어 хандбал(handbal)도 футбол(futbol)과 대비되어 뿌리가 독일어와 영어로 다르다. 루마니아어 handbal은 철자가 네덜란드어와 같지만 독일어 차용어고 영어 비슷하게 [hendbol]로 발음하는 이도 있으나 [handbal]이 더 우세하다. 그런데 루마니아어

fotbal은 영어를 차용한 프랑스어 football을 철자 발음에 따라 표기한 것이므로 handbal도 독일어를 직접 차용했다기보다는 철자 발음에 따른 표기일 수도 있다. 영어 발음과 거의 가까운 프랑스어 football[futbol]과 달리 루마니아어 fotbal[fotbal]은 언뜻 노르웨이어 fotball, 스웨덴어 fotboll과 닮았다.

일본어 한도보루ハンドボール, 러시아어 гандбол(gandbol), 그리스어 χάντμπολ(xandbol)은 뒤의 요소에서 드러나듯 모두 영어 차용어고 터키어 hentbol, 알바니아어 hendboll은 영어 hand[hænd]의 발음에 맞춘 철자라는 점에서 영어가 뿌리라는 것이 더욱 잘 보인다. 포르투갈어는 포르투갈 andebol, 브라질 handebol로 철자가 다른데 포르투갈어는 원래 [h] 소리가 없다 보니 유럽 포르투갈어는 철자를 아예 뺐고 브라질 포르투갈어는 어두 /r/가 [x], [h]로 실현되다 보니 영어 차용어의 /h/를 [h]로 발음하는 경우가 많아 handebol이라는 철자가 된 것이다. 태국어는 ฟุตบอล[fút-bɔn], แฮนด์บอล[hɛnbɔn] 모두 영어를 직접 들였다.

중국어에서는 핸드볼과 축구 모두 영어 직역 손+공 手球[shǒuqiú], 발+공 足球[zúqiú]인데 베트남어 핸드볼 bóng ném, 축구 bóng đá는 공 던지기, 공차기의 뜻이라 한국어 송구送球 및 축구蹴球와 얼개가 비슷하다. 한국어 송구와 일본어 소큐送球는 핸드볼도 뜻하지만 이제 공놀이에서 같은 편에 공을 던지는 일을 주로 뜻하는데, 영어 핸드볼handball도 핸드볼 경기라는 뜻과 함께 축구에서 공에 손이 닿는 반칙을 의미하기도 한다. 예전엔 영어 핸들링handling도 한국어 핸들링의 뜻이 있었으나 지금은 핸드볼

handball 또는 핸즈hands라 한다. 네덜란드어는 핸들링 handsbal, 핸드볼 handbal이 서로 구별되며 영어 hands 그대로 또는 독일어 Handspiel과 어원이 같은 handspel도 쓴다.

영어를 비롯한 게르만 언어는 공놀이를 일컫는 football, baseball, handball이 축구공, 야구공, 핸드볼 공도 되지만 로망스어는 영어 차용어에 들어가는 ball이 어원상 공일 뿐 해당 언어 안에서 공을 일컫는 말이 아니므로 공을 뜻하는 말을 따로 붙이는데, 한국어 한자어에서 구球도 이와 마찬가지라서 따로 공을 붙이므로 수구手球, 족구足球 등이 경기와 공을 함께 뜻하는 중국어와 대비된다. 이와 달리 한국어 스키, 일본어 스키スキー처럼 이탈리아어 sci, 프랑스어 ski, 스페인어 esquí 등 로망스어는 스키 판때기와 스키 타기/경기 둘 다 한 낱말로 일컫는다. 게르만 언어는 노르웨이어 ski, skikjøring/skiidrett, 스웨덴어 skid, skidåkning/skidsport, 독일어 Schi/Ski, Schifahren, 영어 ski, skiing 등 둘을 따로 일컫는다. 노르웨이어 skikjøring은 영어에 skijoring으로 차용돼 개나 말이 끌고 가는 스키를 타는 경기라는 뜻으로 좁아졌다.

현대적 용법이 어찌 됐든 영어 고유어인 핸드볼과 달리 햄스터는 직접 어원이 독일어 Hamster다. 한국어도 햄스터를 독일어에서 바로 들였다면 '함스터'로 불렸을지 모른다. 더 거슬러 올라가면 뿌리가 슬라브어다. 독일은 유럽 중부에 자리하는 지리적 요인 때문에 슬라브어나 헝가리어 등 동유럽 언어가 독일어를 통해 다른 서유럽과 북유럽 언어에 전해진 경우가 적지 않다. 영어에 들어온 동유럽 계통 어휘도 마찬가지인데 유럽 대륙과 떨어진 섬나라 영국의 위치 탓에 프랑스어를 매개로 하는 경우도 많다. 예컨대 sable(담비), sabre(기병도, 사브르), coach(역마차)는 독일어 Zobel, Säbel, Kutsche에서 바로 오지 않고 중세 또는 근세 프랑스어를 거쳐서 영어에 들어온 것인데 Zobel은 슬라브어, Säbel과 Kutsche는 헝가리어가 어원이다.

독일어 함스터Hamster는 폴란드어 chomik, 러시아어 хомяк(khomyak)와 관계있다. 둘째 음절은 서로 많이 다른데 이 슬라브어의 뿌리가 되는 이란어에 -ster의 요소가 있었으나 슬라브어에서는 빠지고 독일어에는 남은 것으로 추정된다. 이 독일어 낱말은 영어·네덜란드어·덴마크어·노르웨이어·스웨덴어·핀란드어·에스토니아어·불가리아어·루마니아어·프랑스어·스페인어에 들어갔다. 스페인어는 글자 /h/가 묵음이라 영어나 독일어 등 게르만계 차용어의 /h/를 발음하지 않을 때가 많으나 글자 /j/에 해당하는 음소 [x]가 있다 보니 hámster처럼 발음을 살리는 경우도 있다.

홀소리가 적은 일본어는 영어 [æ]가 대개 [a]에 대응하므로 하무스타ハムスター가 마치 독일어에서 직접 들어온 듯한 느낌도 준다. 현재 ㅐ/ㅔ를 구별하는 한국어 화자는 드물지만 영어 [æ]는 표기상 ㅐ에 대응시키는데 태국어도 [ɛ]/[e] 구별이 있기에 영어 [æ]를 전자에 대응시킨다. 두 언어 모두 영어 hamster를 차용했기에 다른 많은 언어와 첫 홀소리에서 구별되며 handball의 경우도 이와 마찬가지다.

필름과 금수저

원시 게르만어 felma(n)-에서 유래하는 영어 film(얇은 껍질, 막, 층)은 딴 게르만어 가운데 중세 네덜란드어 vilm만 비슷한 꼴이 있었으나 사라졌고 더 거슬러 올라가면 현대 독일어 Fell 및 현대 영어 fell(모피, 털가죽)과 뿌리가 같다. 미디어학자 프리드리히 키틀러 Friedrich Kittler가 『광학적 미디어Optische Medien』에서 지적하다시피 기록 매체로서 필름과 양피지의 상관성이 어원에서도 드러난다. 이 말은 여러 언어에 퍼져 박막, 필름, 영화 등의 뜻으로 쓰인다. 영어 to film, 독일어 filmen, 프랑스어 filmer 등 여러 유럽 언어는 '영화 찍다'의 뜻인데 이제 영화 촬영에서 물리적인 '필름'을 쓰지 않는 디지털 시대가 되어 '영화'의 뜻에는 '필름'의 잔상만 남게 된 셈이다. 한국어 '필름'은 그런 뜻이 없으나 영화와 관계된 관용구가 있다. 영어는 film이 들어가는 관용구가 없고 '필름이 끊기다/끊어지다'는 to have a blackout이다.

'필름이 끊기다'는 예전에 품질이 좋지 않은 필름과 영사기 탓에 영화 상영 도중 화면이 끊기는 일이 잦다 보니 생긴 숙어로 보인다. 그런데 2013년 12월 4일 마지막 필름 상영 영화관이었던 씨네큐브가 필름 영사기를 디지털 영사기로 모두 교체했다고 밝혔으니 이제 순전한 비유로만 남게 됐다. '쇠뿔도 단김에 빼라', '호미로 막을 것을 가래로 막는다'처럼 농경시대에서 유래한 관용구의 본뜻을 제대로 모르는 이가 앞으로 점점 늘 텐데 '필름 끊기다'도 그런 운명을 맞을까? 유튜브에는 현대의 기기나 매체가 너무나도 빠르게 발전해 카세트테이프, 녹음기, 다이얼 달린 유선전화 따위를 쓸 줄 모르는 21세기 출생 아이들이 나오는 영상들이 있다. 이와 비슷하게 이제 실질적 매체로 더는 안 쓰는 플로피디스크가 여러 컴퓨터 프로그램에서 저장하기를 뜻하는 아이콘으로만 남아 요즘 아이들은 거꾸로 플로피디스크를 보면 아이콘 생김새대로 만든 물건으로 안다는 농담 같은 진담도 있다. '전화 걸다' 및 영어 to hang up the phone(전화 끊다)도 초창기의 전화에서 유래한 표현이라 핸드폰과 스마트폰 시대에는 안 맞지만 그대로 쓰듯이 설령 후대의 사람들이 직접적인 연관성을 모르더라도 여러 관용구나 표현은 살아남을 수 있다.

다음의 용례를 보자.

『동아일보』(1982년 6월 5일자) 이병주, 『무지개연구』: 주는 잔마다 받아 마셨다 …… 군데군데 끊어진 필름마냥 희미한 기억이 연속되었지만…….

『**광장**』(1986년 9월호 158호) 칼럼 '술과 정신의학': 주력이 몇 년 된 사람들
은 흔히 필름이 끊어졌다는 말을 자주 하는데…….

『**경향신문**』(1987년 2월 19일자): 과음을 하는 바람에 전날의 필름이 끊긴
경험이 없는 이가 없을 것이고…….

『**그 살벌했던 날의 할미꽃**』(1988): 필름이 끊겼다고 해서 목숨이 끊긴
게 아닌 이상…….

1982년 신문 연재소설에 나오는 것은 관용구보다는 비유로 여기
는 쪽이 낫겠고 1980년대 중반부터 관용구로 자리 잡은 것으로
보인다.

보기에서도 드러나듯 대개 과음에 따른 단기 기억상실을 뜻한
다. 독일어 '누구에게 필름이 찢어졌다jm. ist der Film gerissen'도 쓰임
이 같다. 독일 작가 빌 베르톨트Will Berthold의 1957년 소설 『함께
잡히고 목 매달린 곳 말메디Mitgefangen Mitgehangen Malmedy』에 처음 나
오고 이후 브루노 빈처Bruno Winzer의 1968년 작품 『세 군대를 지
나온 군인Soldat in drei Armeen』에도 나오는데 1960년대부터 관용어
로서 자리 잡았다. 1972년판 『두덴 사전』에 명사형 Filmriß(필름 끊
김/찢김)가 실렸다. 핀란드어도 페카 쿠시Pekka Kuusi의 1956년 논저
『농촌 지역의 알코올음료 사용Alkoholijuomien käyttö maaseudulla』에 음주
의 파급 효과로 '필름 끊김filmin katkeaminen'이 나온다. 현재 확인 가
능한 자료로는 놀랍게도 핀란드어에서 가장 먼저 나오는 것이다.
독일어가 핀란드어에 끼친 영향은 적지 않지만 그 역은 거의 없

는데 정말 핀란드어에서 처음 나왔는지 차용 관계가 있는지 그냥 우연의 일치인지 분명치 않다. 폴란드어 komuś urwał się film, 루마니아어 a i se rupe (cuiva) filmul도 뜻이 같다. 라트비아어는 접두사 bez(없음)를 명사 filma에 붙인 bezfilma(필름 없음)이 필름 끊김을 뜻한다.

'필름이 끊기다/찢기다'와 얼개는 비슷하지만 과음에 따른 기억장애와는 다른 현상을 뜻하는 언어도 있다.

덴마크어 filmen knækker: 견디지 못하고 무너지다, 도를 넘다

크로아티아어 pukao (mu) film: 꼭지가 돌다, 뚜껑 열리다

슬로베니아어 film je počil komu, film se je strgal komu: 제정신 아니다, 미쳐 날뛰다

따라서 온전하지 않은 상태를 가리키는 것은 마찬가지인데 의미는 한국어, 핀란드어, 독일어, 폴란드어, 루마니아어, 라트비아어가 똑같고 크로아티아어, 슬로베니아어가 거의 비슷하며 덴마크어만 좀 다르다. 독일어 영향이 큰 북유럽과 동유럽 언어에서 띄엄띄엄 나오는 것이다. 인접 언어끼리 관용어를 모두 공유하지는 않으므로 이런 경우도 얼마든지 가능하겠다. 핀란드어 말고는 모두 독일어보다 늦게 생겼는데 물론 자생적 표현일지도 모르니 독일어가 시작이라고 단정하긴 어렵다. 1950~60년대 이후 영화 관람객 및 주류 소비의 증가와 관계있을지도 모르겠다. 사회적 현상과 관용구 사이에 통계적 상관관계를 도출하기는 어렵지만 재미

삼아 간단하게 엿볼 수는 있겠다. 2010년도 세계보건기구 1인당 연간 주류 소비 통계를 보면 관용구 '필름 끊기다'를 알코올성 단기 기억상실의 뜻으로 쓰는 폴란드 14위, 라트비아 15위, 핀란드 16위, 한국 17위라 나란히 상위권이다. 크로아티아 20위, 슬로베니아 24위, 덴마크 26위와 좀 차이가 난다. 대개 동유럽 나라들이 최상위권인데 루마니아어를 쓰는 몰도바가 당당히 2위, 루마니아는 5위다. 물론 러시아어를 비롯한 여타 동유럽 언어에 왜 그런 숙어가 없는지는 설명이 안 되니까 재미로만 참고하면 된다.

다른 서유럽 및 아시아 언어에도 없는 표현이 뜬금없이 한국말에 나와서 희한한데 얼추 비슷한 사례가 또 있다. 둘이 서로 팔짱을 끼고 술을 들이키는 것을 콩글리시로 러브샷(←love shot)이라 부른다. 영어권 음주 관습에 딱히 없어서 그런지 영어 표현은 따로 없지만 흥미롭게도 러브샷과 겉으로 똑같은 행위가 독일어로 Brüderschaft trinken이고 '우애를 마시다', 즉 너나들이하는 사이가 되는 의례를 일컫는다. 독일어 Brüderschaft를 러시아어와 폴란드어는 우애/형제애를 뜻하는 번역어 대신 брудершафт와 bruderszaft로 차용해 역시 같은 행위를 가리킨다. 얼개가 같은 네덜란드어 broederschap drinken, 덴마크어 drikke broderskab는 옛말일 뿐이며 체코어, 크로아티아어, 슬로베니아어도 표현이 사전에만 있고 쓰임은 적은데 드문 행위라서 그런 듯싶다. 이제 이 숙어는 정작 독일어보다 러시아어에서 더 많이 쓴다.

17세기부터 쓰인 이 표현은 러시아어에 19세기에 들어갔다. 팔짱 끼고 마시는 행동은 19세기 초 그림에도 나온다. 다른 유럽 언어처럼 2인칭이 두 가지인 독일어, 러시아어, 폴란드어는 서로 친구로서 말 놓는 사이가 되는 의례를 뜻하니 경어법이 복잡한 한국어가 그런 관습을 흉내 내긴 어려웠겠고 어쩌다 보니 흡사한 동작이 생겨난 것이다. 한국에서는 술자리에서 친목을 다지는 행위다. 러브샷은 『월간조선』 1995년 6월호 광고에서 확인된다. 독일은 '우애 마시기'의 역사가 오래됐고 러브샷은 최근 나온 것이며 이름도 맥락도 다르므로 서로 닮은 둘의 겉모습은 우연의 일치일 가능성이 높다.

독일인은 술에 관한 말을 퍼뜨리는 데 일가견이 있어서 프랑스어 trinquer(건배하다)는 trinken(마시다)에서, 이탈리아어 brindisi, 스페인어 brindis(건배)는 (ich) bring dir's(너에게 잔을 바친다→건배한다)에서 왔는데 16세기 남유럽에 있던 독일계 용병들 덕분에 생긴 말들이다. 그러니 1950년대 후반 생긴 독일어 표현 jm. ist der Film gerissen도 1980년대 나온 '필름 끊기다'의 뿌리일 수 있지 않을까? 1982년 『동아일보』 연재소설에서 이병주는 술 마신 뒤의 불연속적인 기억을 필름 끊김에 빗댔는데, 이병주의 『지리산』에는 "『자본론』이 독일어의 원서였던 관계로 그걸 읽기 위해 권창혁의 지도로 독일어의 학습을 시작했다."라는 구절이 나온다. 이병주는 와세다 대학 불문과에서 수학했다고 알려져 있으나 김윤식은 『이병주와 지리산』에서 그것이 착오일 가능성이 높다고 지적한다. 혹시 작중 지식인처럼 작가가 독일어를 알았기 때문에 필름이 끊긴다는 표현을 쓰진 않았을까? 물론 설령 독일어 지식이 있었다고 해도 그 숙어까지 알았다는 보장은 없으므로 이것은 짐작일 뿐이다.

필름이 사라져 가는 디지털 시대에 이 관용어가 다른 언어에 차용되어 더 퍼질 수 있을까? 얼마든지 가능하다. 어느 언어든 관용어는 문화적 역사적 맥락이 있는데 누구나 그것까지 다 알지는 못해도 쓰는 데 큰 문제는 없기 때문이다. 논란거리나 골치 아픈 문제를 독일어는 '뜨거운 쇠heißes Eisen', 네덜란드어는 '뜨거운 쇠고리heet hangijzer'라 하는데 한국어는 영어 hot potato의 직역 '뜨거운 감자'도 꽤 많이 쓰고 스웨텐어 het potatis, 핀란드어 kuuma peruna도 영어를 직역한 관용어다. 글자 그대로 뜨거운 감자를 만지기 어렵다고 해서 생긴 표현이 아니고, 여럿이 빙 둘러앉아 작은 물체나 공을 전달하다가 멈추라는 신호가 나올 때 그걸 들고 있는 사람이 나가거나 벌칙을 받는 미국 어린이 놀이가 유래다. 이런 기원을 몰라도 어렴풋한 느낌만으로 별 지장 없이 이 번역 관용구를 쓸 수 있다.

문화와 역사를 반영하는 관용구나 속담은 한 언어에서만 나타날 수도 있으나 비슷한 인접 문화권에서 공유되는 경우가 많고 번역을 통해서 더 멀리 퍼지기도 한다. 다른 한편 모든 인간의 문화와 언어가 함께 나누는 보편성도 있으므로 전혀 무관할 법한 언어들 사이에 우연히 비슷한 숙어도 나타난다. 어쩌면 수많은 나라와 대륙을 가로질렀던 교류의 흔적을 못 찾아서 우연으로 능치는 것일지도 모르겠으나 제대로 된 근거가 나올 때까지 섣부른 판단은 보류하는 쪽이 낫다.

'숟가락/밥숟갈/밥숟가락/밥술(을) 놓다'는 '죽다'를 뜻하는 관용어인데 중국어와 일본어는 이런 표현이 없다. 중국과 일본 음식은 숟가락이 필수적이지 않은 반면 한국 음식은 밥과 국을 먹을 때 꼭 숟가락이 있어야 한다. 베트남, 태국, 인도네시아 등 동남아시아를 비롯해 동아시아에서 한국만큼 숟가락을 음식에 많이 쓰는 나라가 없기 때문에 이 표현은 한국어에만 있다. 마찬가지로 유럽에서도 숟가락과 관계된 표현은 숟가락을 더 많이 썼던 곳에서 많이 나온다.

독일어 '숟가락 내주다den Löffel abgeben'도 '죽다'를 뜻하며 동사는 '치워놓다weglegen/hinlegen', '떨어뜨리다fallen lassen/sinken lassen', '내던지다wegschmeißen/wegwerfen'도 쓰지만 '내주다abgeben'를 가장 널리 쓴다. 핀란드어 '숟가락을 구석에 던지다heittää lusikka nurkkaan', 리투아니아어 '숟가락 놓다šaukštą padėti', 라트비아어 '숟가락 놓다nolikt karoti'도 있는데 독일어 말고는 발트 해 연안국 언어에만 나온다.

음식 문화 연구자 마시모 몬타나리Massimo Montanari가 『중세의 맛Medieval Tastes』에서 인용한 16세기 프랑스 작가 칼비아크Calviac는 보수적인 지역(독일)과 혁신적인 지역(이탈리아)으로 나누며 프랑스는 그 중간쯤 해당한다. 보수적인 곳은 숟가락, 혁신적인 곳은 포크를 많이 쓰는데 독일 사람은 늘 숟가락으로 수프를 먹기 때문이다. 이탈리아의 발전된 음식 문화를 생각하면 잘 이해된다. 딴 곳은 언급되지 않았으나 북유럽과 동유럽도 이탈리아보다는 독일과 비슷할 것이다.

'밥숟갈 놓다'는 요새 그렇게 많이 쓰는 표현이 아니다. 2010년대에 등장해 2015년 폭발한 이른바 헬조선 담론 차원에서 금수저, 흙수저 타령이 많은 이의 입에 오르내리고 있다. '금수저'는 영어 to be born with a silver spoon in one's mouth(은수저를 물고, 즉 부잣집에서 태어나다)의 의역이다. 영어는 은수저인데 아무래도 귀금속 하면 금이 더 강렬하게 떠오르다 보니 한국에서는 금수저가 됐다. 흥미롭게도 국어사전에 은수저는 원래 등재돼 있으나 금수저는 없다. 은은 식기로도 쓰지만 금은 재질이 물러서 식기로 쓰기가 힘들어 대개 장식용일 뿐이다. 영어 silverware와 goldware를 견주면 전자의 쓰임이 월등히 높다. 따라서 부자에 빗대는 데는 오히려 금수저가 더 어울릴 만하다.

영어는 그 관용구에 금수저gold spoon도 쓰지만 매우 드문 반면 독일어는 '금수저를 물고 태어나다mit dem/einem goldenen Löffel im Mund geboren sein'를 은수저silbernen Löffel보다 훨씬 많이 쓴다. 영어는 실제로 쓰기도 하는 식기로 표현하고 독일어는 더 상징적으로 나타낸 것이라 한국어와도 통한다. 게르만 언어만 모두 '금/은수저를 물고 태어나다'의 표현이 있다.

금수저 우세: 네덜란드어 gouden lepel 〉 zilveren lepel, 핀란드어 kulta-lusikka 〉 hopealusikka

은수저 우세: 스웨덴어 silversked 〉 guldsked, 덴마크어 sølvske 〉 guldske, 노르웨이어 sølvskje 〉 gullskje, 아이슬란드어 silfurskeið 〉 gullskeið. 프랑스어 cuillère d'argent 〉 cuillère d'or

기타: 포르투갈어 berço de ouro(금 요람), 스페인어 cuna de oro(금 요람), 이탈리아어 camicia(셔츠, 윗도리)

칼비아크가 유럽 음식 문화에서 보수라고 한 독일 및 같은 게르만어권 그리고 보수와 혁신의 중간쯤이라고 한 프랑스는 수저 표현이 있고 혁신에 해당하는 이탈리아 및 이베리아 반도에서는 수저 표현이 없다.

어쩌다 보니 한국어는 독일어 및 핀란드어와 이런저런 표현을 공유한다. 헬조선의 헬이 독일어 hell(밝은)이고 핀란드어 korea(다채로운, 아름다운, 밝은)의 뜻처럼 좋은 나라가 된다는 상서로운 징조이길 바라는 것도 나쁘진 않을 듯싶다.

백 프로의 어원을 찾아서

백분율을 나타내는 단위 퍼센트의 어원은 이탈리아어 per cento(백에서, 백으로, 백에 대해) 또는 신라틴어 per centum을 모델로 한 영어 percent(주로 미국) 또는 per cent(주로 영국)이다. 영어 per cent에서 전치사 per 및 명사 cent는 모두 차용어지만 이탈리아어를 비롯한 여러 로망스어는 이 낱말이 고유어라서 프랑스어 pour cent, 스페인어 por ciento, 포르투갈어 por cento로 나타나고 카탈루냐어 per cent의 경우 영어와 같은 꼴이지만 둘 다 고유어 전치사 및 명사다.

퍼센트와 더불어 쓰는 프로는 여러 국어사전에 네덜란드어 procent에서 왔다고 돼 있다. 1888년 메이지 21년 『도쿄화학회지東京化學會誌』, 메이지 23년 『여학잡지女學雜誌』에 푸로센토プロセント가 나오는데 일본의 외래어 연구자 아라카와 소베荒川惣兵衛에 따르면 1881년부터 쓰였고 어원은 포르투갈어, 네덜란드어, 독일어일 가능성이 있다지만 16세기 중반부터 17세기 중반까지만 차용된 포르투갈어는 팡パン, 가스테라カステラ, 갓파合羽(かっぱ, 비옷) 등 주로 사물에 한정되므로 프로센토의 어원은 포르투갈어가 아닐 확률이 크다.

네덜란드어는 난학蘭學이 융성했던 에도 시대, 즉 17세기 중반부터 19세기 중반까지 일본어에 많이 차용되었고 이후 메이지 시대부터는 영어, 독일어, 프랑스어가 주로 들어왔다. 네덜란드어는 1590년경부터 퍼센트percent를 먼저 썼고 1790년대가 돼서야 프로센트procent도 쓰기 시작했으나 후자의 쓰임은 1860년대가 지나면서 널리 퍼졌다. 따라서 19세기 말부터 쓰인 푸로센토プロセント가 네덜란드어에서 왔다고 단정 짓기는 어렵다.

『아프리칸스어어원사전Etimologiewoordeboek van Afrikaans』에는 persent의 어원이 영어로 나와 있으나 네덜란드 동인도회사가 1652년 남아프리카에 케이프타운(영어 Cape Town, 네덜란드어 및 아프리칸스어 Kaapstad)을 세우면서 네덜란드인들이 정착을 시작했으니, 후대에 영어 percent의 영향을 배제할 수 없더라도 원래 네덜란드어 형태 percent가 어원일 가능성도 높다. 벨기에 네덜란드어는 percent와 procent 둘 다 표준어로 인정하지만 후자를 훨씬 많이 쓴다.

인도네시아어는 퍼센persen을 가장 많이 쓰고 변이형 포르센porsen 및 20세기 이후 네덜란드어 프로센트procent에서 온 프로센prosen

도 쓴다. 혹시 포르센porsen은 포르투갈어 포르센토por cento의 영향일까? 인도네시아어는 콘셉konsep, 콘탁kontak(한국어 입말 컨셉, 컨택과도 유사)처럼 외래어 어말 자음군을 단순화시키는 경향이 있다. 네덜란드어 철자와 같은 bank(은행)의 발음은 [k]가 탈락한 [baŋ]인 반면 포르투갈어 방쿠banco(벤치)에서 온 방쿠bangku는 음절이 그대로이므로 por cento에서 왔다면 porsento나 porsentu가 됐을 테니 porsen은 persen의 변이형으로 보는 쪽이 낫다. 벤치를 네덜란드어 bank에서, 은행을 포르투갈어 banco에서 들였다면 네덜란드어 bank, 독일어 Bank, 포르투갈어와 스페인어 banco가 벤치와 은행을 뜻하듯 인도네시아어도 동음이의어가 생겼을 것이다. 인도네시아어 persen은 영어 영향에도 힘입었겠으나 구식 네덜란드어 percent에서 왔다고 봐야겠다.

일본에서 19세기 말부터 20세기 초까지 드물게 쓰던 페루센토ペルセント는 네덜란드어라기보다 아마 영어의 철자 발음일 듯싶다. 메이지 시대부터 독일어를 직접 들인 일본어는 화학 용어가 독일어 기반이고 의학 쪽은 엣센エッセン(Essen: 식사), 구란케クランケ(Kranke: 환자), 룬게ルンゲ(Lunge: 허파)처럼 업계 용어 또는 은어에 그 흔적이 아직 꽤 남아 있다. 이를테면 '5퍼센트 포도당'의 뜻인 고푸로쓰카五プロッツッカー(ツッカー의 독일어 Zucker: 설탕, 당)에서 준말 푸로プロ는 이제 거의 의료계 은어로만 쓰인다. 1919년판 『변태심리變態心理』에 푸로プロ가 나오는데 구글 책을 검색하면 본딧말 푸로센토プロセント와 마찬가지로 이후 20세기 중반까지 드문드문 보일 뿐이다. 푸로센토가 들어온 시기 및 준말 푸로プロ가 쓰이는 분야를 고

려하면 여러 일본어 어원 사전이나 연구서에서도 지적하듯 독일어 프로첸트Prozent를 어원으로 봐야 합당할 듯싶다.

이미 20세기 초부터 영어 외래어 파센토パーセント에 압도되어 『대언해大言海』(1932-1935)에도 푸로센토プロセント 항목은 없고 파센토パアセント 항목에 동의어 푸로센토가 언급만 될 뿐이며 『사림辞林』(1907)의 푸로プロ는 prostitute의 준말이다. 현재 통용되는 여러 일본어 사전에서 푸로プロ는 영어 프로페셔널professional, 프로그램program, 프로덕션production, 프로파간다propaganda, 프로스티튜트prostitute(매춘부), 독일어 프롤레타리아Proletarier 또는 프롤레타리아트Proletariat의 준말로 나온다. 그러나 일부 외래어 사전 말고는 네덜란드어 프로센트procent 또는 독일어 프로첸트Prozent의 준말도 언급하는 사전이 거의 없다. 실제로 별로 안 쓰기 때문이다. 일본 웹사이트를 보면 오히려 한국어 '프로'가 무슨 뜻인지 묻는 질문도 많이 나온다.

독일어도 이탈리아어 per cento를 처음에 그대로 쓰다가 16세기 초부터 pro cento, 중반부터 pro cent, 17세기부터 붙여 procent를 썼고 현재 철자는 Prozent다. 어원이 같은 라틴어 전치사 per와 pro는 이탈리아어와 카탈루냐어에서 per 하나로 융합된 반면 프랑스어는 par/pour, 스페인어와 포르투갈어는 para/por로 다시 갈린다. 전치사 pro는 '~에 비하여'도 뜻하니 라틴어 뜻과 꼴만 따지면 독일어 프로첸트Prozent가 더 가깝다고 볼 수도 있다. 독일어 프로첸트Prozent는 북유럽 및 동유럽 거의 모든 언어로 들어가, 노르웨이어 prosent, 아이슬란드어 prósent, 핀란드어

prosentti, 에스토니아어 protsent, 라트비아어 procents, 리투아니아어 procentas, 체코어 procento, 네덜란드어·덴마크어·스웨덴어·폴란드어·크로아티아어·루마니아어 procent, 러시아어·우크라이나어·불가리아어 процент[protsent]의 뿌리가 된다.

한국어는 일본어의 영향으로 20세기 초부터 퍼센트, 퍼-센트, 파센트, 파-센트를 쓰기 시작했다. 프로센트는 매우 드물게 썼고 프로 또는 푸로는 1950년대 후반부터야 보인다. 일본은 파센토パーセント의 쓰임이 압도적이고 푸로プロ는 거의 전문가 집단만 썼는데 한국은 1950년대 후반까지는 전문가만 쓰던 프로가 일상어에도 들어간 것으로 보인다.

『**동아일보**』(1928년 3월 1일자): 二프로센트 되는 봉산수

『**동아일보**』(1958년 7월 27일자): 陸軍의 兵力 伍「프로」삭감 운용방침

『**동아일보**』(1960년 12월 20일자): 요구조건은 노임인상(현재월수 三만환「베이스」에서 伍○프로인상)

『**경향신문**』(1960년 12월 24일자): 상여금 伍十푸로 인상에 노사 쌍방이 합의함으로써

『**경향신문**』(1962년 7월 6일자): 세계 각국의 마권매상에 대한 세율을 비교해보면, 영국이 12프로

남한 책에서는 잘 안 나오던 프로가 북한 책에서는 1960년대부터 나온다.

『**조국의 품속에서: 로력영웅 투쟁실기**』(1960): 백 프로의 찬성투표로 최고 인민 회의 대의원

『**붉은 녀성들**』(1960): 법적으로 어느 물건은 감모량이 몇 프로요

1976년 나온『조로대사전』에는 영어 차용어 퍼센트 및 퍼센테지와 더불어 러시아어 процент의 차용어 프로쩬트의 준말로 프로가 나오지만 실제로 본딧말 프로쩬트는 거의 안 쓰인다. 북한도 기존 일본어 영향으로 쓰던 프로가 러시아어 유사 형태 덕에 쓰임이 더 강화된 것으로 추정된다. 남한은 이런 강화 요소가 없었으나 공교롭게도 남북한 공히 원산지 일본보다 프로를 훨씬 많이 쓰게 되었다.

백분율을 일컫는 영어 percentage의 차용어 퍼센티지와 더불어 한국어는 퍼센티지를 퍼센+티지로 재분석해 티지를 접미사처럼 프로에 붙여 쓰기도 한다. 프로테이지를 비롯한 여러 혼성어 형태는 '프로'보다 조금 늦게 1960년대 중반부터 나온다. 이른바 '국적 불명'의 잡종어라는 오명 탓에 자주 지탄받음에도 나름 끈질긴 생명력을 지녀 좀 놀랍다.

『**동아일보**』(1965년 6월 3일자): 半(반)이상의「프로테이지」

『**매일경제**』(1969년 3월 24일자): 자기자본의 비중이 얼마나 차지하느냐 하는「프로테지」에 따라

『**경향신문**』(1973년 3월 31일자): 금액이 오름에 따라 프로티지가 낮아

인도네시아어는 표준어 persen에서 나온 persentase와 더불어 비표준어 prosen에서 나온 prosentase도 쓰며 영어 percentage가 어원이다. 네덜란드어는 procent와 달리 영어 꼴과 같은 percentage [pɛrsɛnˈtaʒə]만 쓴다. 포르투갈은 영어에 가까운 percentagem, 브라질은 por cento의 파생어 porcentagem을 주로 쓴다. 프랑스어 pourcentage, 스페인어 porcentaje, 카탈루냐어 percentatge는 각각 퍼센트라는 말에 어미가 붙었고 모두 영어가 모델이다. 루마니아어는 독일어 차용어 procent에 프랑스어 차용 어미 -aj를 붙인 procentaj고 이탈리아어는 딴 로망스어 형태와 달리 percentuale다. Satz(율)를 붙인 독일어 Prozentsatz는 로망스어 어미와 살짝 비슷한 느낌의 발음이다.

일본어는 파센토ㅍㅡㅅㅔㄴㅌ를 파ㅍ-로 줄여 쓰기도 한다. 한국어도 최근 인터넷 말투나 입말에서 퍼센트를 퍼로 줄여 '백 퍼', '오십 퍼' 같은 표현이 보이는데 일본어 영향일지도 모르지만 한국어 자체적인 준말 같다. 일본어 영향보다는 한국어 자체적으로 줄인 말로 보인다. '프로'는 일본어처럼 프로페셔널, 프로그램의 준말도 되지만 일본어에서 이제 거의 안 쓰는 퍼센트의 뜻도 된다. 궁극적으로는 라틴어와 독일어를 어원으로 하고 일본어도 거쳐 세계의 다채로운 언어가 스며든 '프로'는 이제 남북한에서만 쓰는 백 프로 '순수한' 한국어라고 볼 수도 있겠다.

더치페이

나라나 지역 이름이 붙는 낱말은 실제로 관련된 경우도 있지만 무관할 때가 많다. 오해, 편견, 상술 따위로 생기기도 하고 어떠한 사물이나 개념의 유래를 한 곳으로 특정하기 어려울 때도 많기 때문이다. 미국에서 생긴 러시안 룰렛Russian roulette은 러시아군에서 유래했다는 소문만 있을 뿐 실제로는 아무 상관도 없다. 그냥 러시아인의 무지막지할 듯한 이미지를 차용한 것뿐이다. 이태리타올은 이탈리아에서 수입한 천을 썼기에 붙은 이름이다. 프랑스 사람이 자유분방한 연애로 유명하다지만 프렌치 키스의 진짜 시초는 알 수 없다. 영어 Danish pastry(덴마크 페이스트리)는 덴마크어로 wienerbrød(빈/비엔나 빵), 독일어로 Kopenhagener Gebäck/Plunder(코펜하겐 과자/파이)다. 세 언어가 서로 토스해주는 형국인데

19세기 후반 덴마크에 온 오스트리아 제빵사들이 만든 빵이 시초라 결국은 이들 언어에서 모두 일리가 있는 이름이다. 비엔나 커피와 일본어 윈나·코히ウィンナ·コーヒー는 정작 빈에서 프란치스카너Franziskaner로 부르는데 프랑스어 카페 비에누아café viennois가 이와 비슷하며 독일어 비너 멜랑주Wiener Melange가 카푸치노의 일종이니 아예 무관한 것은 아니다. 반면 일본에서 생긴 더치커피Dutch coffee는 네덜란드와 무관하다.

각출, 추렴, 각자내기의 뜻인 더치페이Dutch pay는 1960년대부터 쓰였다고 짐작된다.

『**동아일보**』(1959년 3월 12일자): 이무영 계절의 풍속도: 요새 "이취·페이"란 말이 유행한다지만 난 절대 찬성입니다. 친구간이고 애인간이고 점심 한끼, 구경 한번 하는 것두 그야말루 "이취·페이"하는 것이 좋은 풍습이라구 생각합니다.

『**경향신문**』(1961년 2월 27일자): 이성과의 교제에 있어서도 돈이 없어서 걱정인 것이 대부분 (중략) 습관상 여자가 페이를 잘 하지 않으므로…… (이성 교제 고민은 남학생 70퍼센트, 여학생 8퍼센트로 차이가 크다는 뜻).

『**경향신문**』(1962년 7월 19일자): 「더치·어카운트」라는 말이 있다. 자기비용은 자기가 진다는 「네델란드」式 계산. 요새 젊은이들은 아무 부담 없이 "극장에 가자"고 제안할 수 있다. 가자는 편이 언제나 돈을 물어야 했던 흐리터분한 계산…….

『**동아일보**』(1963년 3월 27일자): 이들의 한국여행은 한국에 흥미를 가진 ICU 학생들이 각자 자비로 하는 것인 만큼 모든 것이 더취·페이.

『**동아일보**』(1971년 7월 19일자): 한국 사람은 더치페이 정신없이 숫제 혼자 전부 부담하든지…….

신문에 딱 더치페이가 나온 것은 1971년이지만 원형으로 볼 수 있는 말들은 전부터 쓰인 셈이다. 1963년 터취는 더취의 오타로 추정되니 더치페이는 이미 1960년대 초에 나온 듯싶다. 영어 to go Dutch 또는 Dutch treat에서 더치Dutch만 차용한 것이다. 동사 go는 관용구 느낌이고 treat(대접)보다는 pay(지불)가 이미 외래어로 쓰이던 말이라 더치페이라는 콩글리시가 생긴 것 같다. 이런 지불 관습을 일컬을 때 더치Dutch가 들어간 표현을 현재도 많이 쓰는 언어는 영어와 한국어뿐이다. 네덜란드 식민 지배를 겪은 인도네시아와 근대 초 네덜란드와 직접 교류가 있던 일본도 이런 표현이 없다. 다만 더치페이에 해당하는 닷치아카운토ダッチアカウント(Dutch account) 및 닷치카운토ダッチカウント(Dutch count) 같은 일본식 영어 표현이 1950년대 중반에 나왔으나 매우 드물게만 쓰인다. 한국보다 더치페이가 더 흔한 일본도 예전에는 그런 관습을 서양식으로 여겼는데 차용어 대신 와리칸割り勘을 쓴다. 네덜란드에 대한 구체적인 인상을 가진 이가 드문 한국에서 어원이 주는 큰 느낌은 없다. 영어를 절반만 차용한 더치페이는 한국에서 생겨난 순수한 콩글리시로 볼 수 있다.

17세기 이래 영국과 네덜란드의 경쟁 관계 탓에 이런저런 영어 표현에 다소 조롱조로 더치Dutch가 붙었다. 영국인보다 네덜란드인이 식민지 토착민에게 쌀쌀맞은 축일 뿐더러 체면을 중시하던 영국인은 개인주의적인 네덜란드인이 못마땅해 Dutch treat라는 말을 만들었다지만 북서유럽 문화권인 두 나라의 차이가 그리 큰 것도 아니고 유럽 언어는 이웃 나라를 일컫는 형용사를 이유가 있든 없든 안 좋은 말에 붙이는 경우도 많다. 영어는 Dutch courage(술김에 내는 용기), Dutch reckoning(엉터리 계산서), Dutch uncle(잔소리꾼) 등 유독 Dutch 표현이 잡다한 반면 네덜란드어는 En'gels(영어, 영국의)가 붙는 말이 적다. 영국이 해양 주도권을 잡기 전까지 열등감이 커서 그랬던 게 아닐까도 싶다. 좀 예스러운 een Engelse brief schrijven(영어 편지를 쓰다)은 낮잠 자다의 뜻인데 어려운 영어 편지를 쓰려면 혼자 곰곰이 생각해야 하다 보니 이런 다소 귀여운 표현이 생겼다. 그런데 영국-네덜란드 전쟁은 17세기 중반에서 18세기 말까지 몇 차례에 걸쳐 이어진 반면 Dutch treat는 19세기 후반, to go Dutch는 20세기 초반 미국서 나온 말이므로 영국과 네덜란드의 경쟁 내지 적대 관계와 밀접한 관계는 없다고 봐야겠다. 그럼 혹시 다른 이유가 있을까?

1999년에 나온 『교수 57인의 외국유학과 문화체험 이야기』라는 책에는 나름 재밌는 유래 설명이 있다.

우리를 안내하는 KLM 직원은 덧취페이Dutch pay라는 표현이 어디에서 연유되었는지 아느냐고 물었다. 필자는 순간적으로 네덜란드인들은 인정이 없고 야박하나 뒤끝이 깨끗하고 합리적인 국민성에서 가장 합리적인 방법을 선택한 것이 아니냐고 자신 없이 대답하였다. 놀랍게도 그의 대답은 네덜란드인들의 결혼 풍속에서 기인한다는 것이었다. 네덜란드의 젊은 남녀는 부부가 되기 전에 (중략) 이혼을 막아 보자는 데서 실험 결혼을 한다는 것이다. 이때의 집세, 생계비, 공과금을 비롯한 모든 비용은 둘이 공평하게 반분하는 데서 덧춰페이라는 표현이 일반화되었다는 것이다.

네덜란드 항공사 직원이 저런 얘길 했다면 농담이거나 한국인에게 맞춘 각색일 테고 아니라면 글쓴이의 창작일 뿐이다. 미국 영어 표현이 나온 때가 19세기 말인데 네덜란드에서 동거가 널리 퍼진 것은 대략 1970년대부터고 다른 서유럽 나라도 일러야 1960년대부터다.

이탈리아어 pagare alla romana(로마식으로 돈 내다), 스페인어 pagar a la catalana(카탈루냐식으로 내다)처럼 나라 안에서 좀 더 잘살거나 깍쟁이 이미지를 주는 지역이 붙기도 하고, 이탈리아어 pagare alla genovese(제노바식으로 내다), 포르투갈어 fazer contas à moda do Porto(포르투식으로 계산하다)처럼 항구도시에 들르는 선원들의 성격 탓에 붙기도 한다는데 추측에 가깝다. 남미 스페인어 pagar a la americana(미국식으로 내다), 루마니아어 a plăti nemțește(독일식으로 내다), 터키어 Alman usulü ödemek(독일식으로 내다), 러시아어 на немецкий счёт(독일식 계산)처럼 잘사는 나라가 붙기도 한다. 칠레 스페인어 속어 pagar/ir a la inglesa(영국식으로 내다/가다)는 각자 내거나 먹고 튄다는 뜻이다. 독일, 네덜란드, 영국, 미국만 등장하는데 대개의 언어는 그냥 '각자 내다'로 표현하지 특별히 나라, 민족, 지역을 지칭하는 경우는 드물다.

더치페이가 이제 점점 널리 퍼지고 있지만 세계 다른 곳과 견줘도 영국, 독일, 네덜란드, 스칸디나비아 등 게르만어파에 속한 중유럽과 북유럽은 각자내기가 기본이라서 각자 낸다고만 표현하는데 더치Dutch가 붙는 영어만 예외다. 위에 예시한 관용어가 있는 언어에서 가장 많이 나오는 민족은 독일이다. 영어와 더불어 서게르만어에 속하는 네덜란드어와 독일어는 계통상 서로 가장 가깝고 두 언어권은 문화적으로도 차이보다 공통점이 많다. 영어 더치Dutch(네덜란드)는 한때 독일German을 뜻하기도 했다.

다른 한편 Dutch treat는 미국 안에서 네덜란드 이민자의 인상이 영향을 미쳤을지도 모르며 또한 더치Dutch가 독일 이민자를 지칭한 것일 수도 있다. 미국 펜실베이니아 주 독일계 이민자 후손은 Pennsylvania Dutch라 일컫는데 독일어 도이치Deutsch(독일)와 영어 더치Dutch가 어원이 같고 발음이 비슷해 생긴 명칭이다. 세인트루이스를 비롯해 더치타운Dutchtown이라 불리는 몇 군데 마을은 대개 독일인이 많이 정착한 곳이기에 더치Dutch는 여기서 도이치Deutsch를 뜻한다. 미국에서 가장 많은 혈통은 독일계다. 일반적으로 독일인은 검소하다고 정평이 나 있다. 헤프게 돈 쓰기를 싫어하고 가족과도 반주 비슷하게 맥주를 즐기는 독일인들은 술집에서 마시고 싶은 만큼 각자 돈을 내고 마셨다. 친구들끼리 퍼마시기를 좋아하는 아일랜드인들은 이런 관습을 특히 눈꼴사납게 여겼기에 19세기 후반 미국에서 그런 표현이 나왔을 수도 있다. 그리고 이 표현을 수입하여 가공한 언어는 한국어밖에 없다.

한국도 점점 각자내기가 널리 퍼져 가니 원래 한국어에서 큰 의미가 없던 더치의 원뜻은 더더욱 퇴색될 텐데 더치페이는 어원 상 겉으론 네덜란드지만 속으론 독일의 흔적이 감추어졌으면서 도 일본의 매개를 지나 해방 후 미국을 규범으로 삼은 한국의 서 구화가 비교적 잘 반영된 콩글리시라는 점이 이채롭다.

네덜란드에서 온 말

한국어도 네덜란드어 차용어가 있는데 주로 일본어와 영어를 통해 받아들였다. 영어 block, dam, drill, drum, cruise, pack, plug, skate, sketch, slip, snap, spray 등 한국어에도 들어온 말들이 알고 보면 네덜란드어가 기원이고 boss, cookie처럼 미국의 네덜란드 이민자들이 들인 말도 있다. 영어가 수많은 어휘를 차용한 프랑스어, 라틴어, 스칸디나비아어 외에 중세 영어에 적지 않은 영향을 미친 언어가 바로 네덜란드어 및 저지독일어다. 이 두 언어에 차이가 있기는 하나 중세에 아직 표준어가 확립되지 않았고 매우 흡사하다 보니 어원 연구에서 구별되지 않을 때도 많다. 저지독일어는 한자동맹 시대에 유럽 북부의 무역을 주도하면서 주로 스칸디나비아어와 발트어 등에 큰 영향을 끼쳤고 영어에도 꽤 흔적을 남겼다. 네덜란드어는 식민주의 시대에 인도네시아, 남아프리카, 카리브 해 연안 지역의 여러 언어에 영향을 미쳤고 표트르대제 시절 러시아어에도 해운 분야를 중심으로 많은 어휘를 보탰다.

한국어에서 영어 외래어는 뿌리가 네덜란드어라도 대개 영어로만 인식되는데 여기서는 일본어를 거쳐서 의미나 형태가 꽤 달라진 말들을 위주로 살펴보겠다. 일본에서 서양 연구를 난학蘭學이라 불렀던 데서 알 수 있듯이 맨 처음 스페인 및 주로 포르투갈과 접촉한 뒤로 네덜란드에서 본격적으로 서양 문물을 받아들였다. 포르투갈어가 16세기 중반에서 17세기 중반까지 비교적 짧은 기간 동안 일본어에 들어온 반면 네덜란드어는 17세기 초부터 19세기 말까지 상당히 오랜 기간 동안 들어왔다. 영향을 미친 기간으로만 따진다면 영어, 독일어, 프랑스어보다 긴 셈이다. 물론 한국어는 일본어를 통해 간접적인 영향만 받았을 뿐이다.

가랑/가란

네덜란드어 크란kraan(수도꼭지)은 일본어에서 구란クラン이 아닌 가란カラン이다. 네덜란드어의 트랍trap에서 온 다랏푸タラップ 및 그라스glas에서 온 가라스ガラス처럼 근대 초기 서양어 차용어는 일종의 모음조화 현상이 보인다. 러시아어 кран[kran], 인도네시아어 keran으로도 차용됐는데 한국의 건설/인테리어 현장에서도 수도꼭지를 가랑/가란으로 부르는 경우가 많다. 영어 크레인crane, 독일어 크란Kran과도 어원이 같다. 수도꼭지든 크레인이든 두루미 모가지 생김새와 닮았기 때문이다.

가방

일본어 가반かばん이 직접 어원이고 네덜란드어 카바스kabas에서 왔다. 장바구니나 쇼핑백의 뜻인 카바스는 프랑스어 카바스cabas가 어원이며 의미도 비슷하다. 뿌리는 프랑스 남부 프로방스어다. 손잡이가 달린 바구니를 뜻하는 카탈루냐어 cabàs, 스페인어 capazo도 어원이 같다. 일본어 비음의 유래는 카바스kabas의 복수 또는 방언 형태 kabassen이 아닐까도 싶지만 확실히 단정할 수는 없다. 대만 민난어閩南語도 일본어에서 온 카방khabáng이 있다.

란도셀

이제 한국어에서는 거의 안 쓰고 일본식의 네모난 초등학생 책가방 란도세루ランドセル를 언급할 때만 나온다. 네덜란드어 란셀ransel에서 유래하며 독일어 란첸Ranzen과 어원이 같다. 현재는 란첸Ranzen도 책가방이란 뜻으로 많이 쓰지만 란셀ransel과 마찬가지로 군용 배낭을 뜻하기도 하며 란도세루ランドセル도 예전에는 군용 배낭을 뜻했다. 란도셀이 등장하는 한국어 사전도 있긴 한데 70대 이상의 세대에서나 쓰인 듯싶다. 1970년대 신문에도 간헐적으로 나오지만 그때도 많이 쓰인 말은 아니었다. 인도네시아어 란셀ransel은 넓은 뜻의 배낭이다.

마네킹

국어사전에는 달랑 영어 mannequin이 어원이라 나오지만 일본어 마네킨マネキン을 거쳤기에 마네킹이 된 것이다(ン은 표기상 ㄴ이지만 우동うどん처럼 흔히들 ㅇ으로 인식함). 영어를 바로 들였다면 어말 ㄴ이 됐겠고 프랑스어 표기법으로 본다면 만캥이며 민간 표기는 마느깽쯤 될 것이다. 중세 네덜란드어 mannekijn에서 프랑스어 및 영어 mannequin을 거쳐 일본어로 들어갔다. 프랑스어 만캥mannequin은 마네킹과 패션모델의 뜻이 다 있지만 영어, 일본어, 한국어는 대개 마네킹만 뜻한다. 현대 네덜란드어는 다시 프랑스어를 역차용하여 mannequin을 패션모델의 뜻으로만 쓰며 etalagepop이 마네킹을 뜻한다. 중세 네덜란드어 mannekijn은 사람 man에 지소형 어미 -kijn이 붙어 작은 사람, 인형, 모형을 뜻했다. 현대 네덜란드어는 -tje를 지소형 어미로 많이 쓰는데 mannetje는 독일어 Männchen(Mann과 지소형어미 chen)처럼 사람을 단순하게 그린 막대인간stick figure을 뜻한다.

메스

네덜란드어 메스mes에서 왔고 독일어 메서Messer도 어원이 같은데 원래는 넓은 뜻의 칼knife이지만 일본어를 거치면서 수술칼로 의미가 축소되어 한국어도 그렇게 쓴다. 따라서 무엇을 고치거나 손질한다는 뜻의 메스를 대다/가하다 및 'メスを入れる' 같은 숙어도 한국어와 일본어에만 존재한다. 다만 네덜란드어는 onder het mes zitten(직역하면 '칼 밑에 앉다'로 이발소 등에서 '면도 받다')이 관용적으로 '검사받다'의 뜻을 지녀 얼핏 유사하다. 그리고 영어 go under the knife, 네덜란드어 onder het mes gaan, 독일어 unters Messer kommen도 '수술받다'의 뜻이니 통하는 구석이 있다. 일, 노동

의 뜻인 독일어 아르바이트Arbeit가 한국어와 일본어에서 부업으로 좁아진 것도 메스의 의미 축소와 비슷한 경우다. 참고로 메스실린더, 메스플라스크 같은 말의 메스는 '재다/측정하다'의 뜻인 독일어 messen의 합성어형 접두사 mess-로 네덜란드어 mes와는 관련이 없다. 국어사전에서는 영어 measuring cylinder가 어원이라고 나오지만 명백한 오류다. 독일어는 Messzylinder, Messkolben이므로 메스실린더, 메스플라스크는 독일어와 영어의 혼합차용이다.

모르모트

이 말은 약간 복잡한 구석이 있다. 일단 네덜란드어 marmot는 한국어에서 요새는 영어 영향으로 모르모트와 더불어 기니피그로도 부르는 천축서과 실험동물을 뜻하기도 하고 다람쥐과인 영어 marmot, 프랑스어 marmotte, 독일어 Murmeltier를 뜻하기도 한다. 둘 다 설치류이지만 과가 다르다. 즉 네덜란드어 marmot가 어원이고 기니피그를 뜻하는 것은 한국어 모르모트, 일본어 モルモット, 인도네시아어 marmot다. 공교롭게도 인도네시아어에서 기니피그의 공식 명칭은 tikus belanda(네덜란드 쥐)다. 이런 혼동 탓에 네덜란드어도 기니피그Guinea pig에서 따온 Guinees biggetje를 쓰기도 하는데(독일어 Meerschweinchen) 비유에서는 일본어나 한국어와 달리 marmot가 아니라 proefkonjin(독일어 Versuchskaninchen 시험 토끼)을 쓴다.

수금푸/수금포/수군포/수굼푸

표준어가 아니고 경상도 지역만의 사투리다 보니 표기가 중구난 방일 수밖에 없다. 삽의 뜻인 일본어 스콧푸スコップ에서 왔고 네 덜란드어 스홉schop이 어원이다. 네덜란드어 pek(역청, 영어 pitch, 독일어 Pech)은 일본어에서 비음이 첨가된 벤키ペンキ가 뺑끼로 들어와 페 인트라는 뜻으로 쓰는데 수금푸는 일본어가 아니라 한국 경상도 방언에서 비음이 첨가된 것으로 보인다. 국자나 삽을 뜻하는 영 어 스쿱scoop도 중세 저지독일어 또는 네덜란드어에서 왔다. 인도 네시아어도 네덜란드어 차용어 sekop를 쓰는데 음절은 다르지만 수금푸와 비슷하게 비음이 첨가된 singkup의 형태도 있다.

스포이트

네덜란드어 spuit에서 유래했으며 영어 spout(내뿜다, 주전자 따위 주둥 이, 물꼭지, 홈통)와 어원이 같다. 원뜻은 주사기이고 일본어 스포이토 スポイト는 액체를 조금씩 떨어뜨리는 기구를 일컫는다. 프로이트 Freud를 프로이드라고도 하듯이 스포이트를 스포이드라 부르기도 하는데 일본어도 스포이도スポイド로 잘못 쓰는 경우도 많다. 스포 이트는 영어 dropper 또는 pipet, 네덜란드어 druppelflesje 또는 druppelteller에 가깝다. 네덜란드어 brandspuit에서 온 러시아어 брандспойт는 소방 호스를 뜻한다.

온스

이제 거의 모든 나라에서 미터법을 쓰지만 여러 나라나 문화권마

다 도량형이 있듯이 야드파운드법의 여러 단위도 영어권에서만 쓰던 것이 아니라 조금씩 기준은 달라도 유럽 여러 지역에서 썼기에 언어마다 이름이 따로 있어서 예컨대 파운드는 영어 pound, 독일어 Pfund, 프랑스어 livre, 이탈리아어 libbra다. 한국어와 달리 일본어는 네덜란드어 pond를 차용해 폰도ポンド를 쓰며 온스도 네덜란드어 ons에서 온 온스ォンス다. 한국어 온스도 아운스가 아니므로 영어 ounce보다는 네덜란드어와 일본어가 어원이다. 인도네시아어와 말레이시아어는 여기서도 네덜란드어와 영어의 차이가 드러나 각각 pon, ons 및 paun, auns다. 온스 기호 oz는 중세 이탈리아어 onza에서 왔다(현대 이탈리아어 oncia, 스페인어 onza). 프랑스어 once를 차용한 터키어도 ons다.

우유팩

국립국어원 '온라인가나다'를 보면 우유곽, 우유각, 우유갑 가운데 뭐가 맞느냐는 질문에 차라리 우유팩이 낫다는 답변이 나온다. 곽과 각은 갑의 비표준어인데 성냥갑, 분필갑, 담뱃갑에 쓰이는 갑은 우유 같은 액체에 안 어울리기 때문이다. '팩'은 비닐 또는 종이로 만든 작은 용기이고, 영어 pack은 꾸러미, 보따리, 짐짝, 포장 용기, (담배)갑 등을 뜻하는데 우유팩은 영어로 milk carton이다.

중세 네덜란드어 pak은 영어뿐 아니라 대다수 유럽 언어에 차용되었다. 12세기 이래로 네덜란드와 플란데런(네덜란드어 Vlanderen, 프랑스어 Flandre 플랑드르, 영어 Flanders 플랜더스)을 중심으로 활발했던 모직

물 공업과 양모 무역 덕에 유럽 곳곳에 퍼진 네덜란드어 가운데 하나가 바로 pak(짐 꾸러미)이다.

1982년 7월 15일자 『매일경제』에서 처음 확인되고 1990년대부터 본격적으로 쓰인 '우유팩'은 아마 1970년대부터 쓰인 일본어 규유팟쿠牛乳パック의 영향을 받은 것도 같고 우유팩을 비롯한 식품 포장재 및 용기 제조사로 유명한 스웨덴의 테트라팩Tetra Pak에서 따왔을지도 모르겠다. 흥미롭게도 영어 carton과 비슷한 '카톤팩'이 1970년대 후반부터 업계 용어로 쓰였으나 우유카톤이 우유팩의 자리를 차지하진 못했다. 영어로 milk carton 대신 milk pack이라 하면 오류이지 우리말 표준어로 자리 잡은 '우유팩'은 아무 문제가 없다.

한국어와 일본어 말고도 팩pack과 뿌리가 같은 말이 이런저런 포장 용기를 뜻하다 보니 우유팩과 같은 얼개로 일컫는 언어가 꽤 있다. 네덜란드어 melkpak, 독일어 Milchpackung(오스트리아 Milchpackerl), 스웨덴어 mjölkpaket, 페로어 mjólkarpakki, 에스토니아어 piimapakk, 라트비아어 piena paka, 리투아니아어 pieno pakelis, 러시아어 пакет молока(paket moloka) 등 중세 네덜란드어 pak에서 여러 언어에 퍼진 말이 영어의 전매 특허가 됐을 리는 없다.

쿠키, 쿠크다스

영어 케이크cake와 어원이 같은 네덜란드어 쿡koek은 지소형 어미 -je가 붙은 koekje가 영어 쿠키cookie가 되었다. 북프랑스와 벨기에에

에서 즐겨 먹는 couque도 네덜란드어 쿡koek이 어원이다. 벨기에 아스에서 온 쿠키라는 뜻인 한국 상표 쿠크다스Couque d'Asse는 일본어 굿쿠닷세ククダッセ(Couque d'Asses)에서 온 것으로 보이는데 한국 상표가 프랑스어를 제대로 표기한 셈이다.

트랩

국어사전에는 트랩이 두 표제어로 나온다. 하나는 배나 비행기를 타고 내릴 때 쓰는 사다리이고, 다른 하나는 배수관 역류 방지 장치, 응결수 배출 장치, 사격 표적 발사 장치, 축구에서 공 멈추는 동작 등 뜻이 여럿이다. 둘 다 영어 트랩trap이 어원으로 나오지만 첫째 표제어는 네덜란드 트랍trap에서 왔다. 일본어 다랏푸タラップ가 직접 어원이다. 네덜란드어 트랍trap에서 왔으니 트랍이 알맞겠으나 사전에 어원이 잘못 나왔듯이 영어로 오해받아 과잉 수정으로 트랩이 굳어졌다. 영어 표준어 트랩trap은 사다리나 층계란 뜻이 없고 스코틀랜드 영어는 그런 뜻이 있으나 일본어에 들어온 trap은 네덜란드어다. 층계의 뜻인 스코틀랜드 영어 trap도 네덜란드어에서 왔을 수 있다. 독일어 Treppe, 스웨덴어 trappa와 어원이 같은 네덜란드어 trap은 광의의 계단인데 맥락에 따라 배나 비행기에 올라가는 계단을 뜻할 수도 있다. 한국어 트랩, 일본어 タラップ, 러시아어 трап[trap]은 공항 착륙장에서 비행기로 올라가는 계단(독일어 Fluggasttreppe) 또는 배로 올라가는 사다리 따위의 좀 더 좁은 뜻이다. 영어는 트랩을 airstair 또는 gangway라고도 하며 후자는 공항 건물과 비행기를 잇는 탑승교를 일컫기도 한다.

핀트

초점을 뜻하는 brandpunt(독일어 Brennpunkt, 덴마크어 brændpunkt 등에 해당)에서 앞부분 brand(불, 화재)가 잘려 punt(점)만 남아 일본어 핀토ピント가 되었다. 원래는 렌즈의 초점만 뜻하다가 이제는 주로 말의 요점을 뜻해 '핀트가 (안) 맞다' 및 'ピントが合わない(핀트가 안 맞다)' 따위로 많이 쓰는데 네덜란드어는 punt든 brandpunt든 이런 뜻이 없는 반면 오히려 영어 come to/miss the point가 여기에 들어맞는다. 네덜란드어 u는 한글 표기법상 ㅟ인 [y]라서 일본어를 거치면서 푼트 대신 핀트가 된 것인데 가령 인도네시아어 및 말레이시아어는 네덜란드어 및 영어의 영향을 따로 받아 철자가 조금씩 다르기에 버스는 각각 bis(또는 bus) 및 bas이다.

이 밖에도 네덜란드어 차용어가 더 있지만 한국어와 네덜란드어의 직접 접촉이 적다 보니 특히 일본어를 지나온 낱말들은 언젠가 사라지거나 교체될 가능성이 높다. 반면 와플, 쿠키, 보스처럼 영어를 지나온 말들은 당분간 계속 쓰일 것으로 보이는데 앞으로도 네덜란드어가 들어온다면 아마 영어를 거칠 확률이 더 높을 것이다. 그리 많지 않은 네덜란드어 차용어를 통해서도 한국어가 세계 여러 언어와 맞닿는 접점이 적지 않다.

히아신스와 하이에나

유럽에서 가장 보수적인 언어는 뭘까? 여기서 보수적이란 고전 라틴어와 고전 그리스어의 수용 정도를 기준으로 하고, 간단히는 어휘에 고전어 철자와 형태론이 어떻게 반영되느냐로 보겠다. 고전 그리스어의 라틴어 전사 철자 ae, oe, y, h, ch, ph, rh, th, ps, x 따위를 거의 그대로 쓰는 언어가 바로 독일어, 프랑스어, 영어 딱 셋이고 네덜란드어가 이에 버금간다. 네덜란드어는 ph 대신 f를 쓰는 것 말고는 거의 비슷하다. 다른 로망스어, 게르만 언어, 슬라브 언어 및 기타 유럽 언어는 음성학적 철자가 우세한 반면 독불영 세 언어는 어원학적 철자가 좀 더 우세하다. 이를테면 정신분열증의 뜻인 독일어 Schizophrenie, 프랑스어 schizophrénie, 영어 schizophrenia 및 노르웨이어 skizofreni, 스페인어 esquizofrenia, 크로아티아어 shizofrenija, 터키어 şizofreni 등에서 차이가 잘 드러난다. 영어와 노르웨이어 z의 [ts] 발음 및 터키어 ş 철자 [ʃ]는 독일어의 영향을 받은 것이다.

독일과 프랑스는 유럽 각지로 문화를 전달하는 중심축이고 자칭 고전문화의 적통이었기에 보수적 철자를 쓰게 되었다. 영국은 지리적 변방임에도 후발 문화강국이었고 기왕에도 철자와 발음의 간극이 크다 보니 어원학적 철자를 따랐다. 독일어는 최근 철자 개혁을 통해 기존에도 쓰던 Foto, Telefon과 더불어 Geografie, Grafik 등도 ph를 f로 고쳤는데 Philosophie, Physik, Sphäre 따위는 그대로 둬서 살짝 혼란스러운 느낌도 주지만 큰 틀에서 고전어 차용어 철자는 거의 그대로다.

철자법이 상대적으로 늦게 마련된 여러 북유럽 및 동유럽 언어들은 고전어 차용어에서 독일어와 프랑스어 철자 및 라틴어 발음 등을 물론 참고했으나 굳이 그대로 따를 필요가 없었다. 에스토니아어 füüsika의 üü[y:] 소리는 독일어 Physik의 y[y], 장모음 [y:]는 라틴어 physica → 폴란드어 fizyka → 러시아어 физика[fizika]의 전달 과정 언어들의 끝에서 셋째 음절 즉 첫음절 강세가 반영되었고, 같은 우랄어족 발트핀어파인 핀란드어 fysiikka의 y[y]는 스웨덴어 및 독일어 발음, 둘째 음절 장모음 ii는 프랑스어 physique → 독일어 Physik → 스웨덴어 fysik의 끝음절 강세가 반영된 것이다. 뿌리인 그리스어 φυσική[physiké]는 라틴어에 전달되면서 라틴어 강세 법칙에 맞게 바뀌어 남유럽 및 동유럽 언어에 퍼졌고 이후 프랑스어 강세에 맞춰 독일어 등 북유럽 언어에 퍼졌으므로 현대어들에는 간접적 영향만 줬다. 영어 physic, music, rhetoric 따위의 첫음절 강세는 라틴어의 직접적 영향보다는 게르만어파의 어두 강세 법칙 영향이 더 큰데 (라틴어 rhetorica 강세는 o) 물론 mathematics의 경우처럼 이 규칙은 굉장히 복잡하다.

후발주자 언어, 소수민족 언어 또는 방언을 보면 위세가 더 큰 언어 또는 표준어에 대비되는 정체성이 더 도드라지도록 음성학적 철자를 더 많이 쓴다. 그런데 사실 독불영 세 언어의 이런 의고주의는 보수적인 게 아니라 오히려 혁신적이라고 볼 수도 있다. 예컨대 현대 프랑스어 physique에 해당하는 중세 프랑스어, 독일어, 영어 철자는 각각 fisique, fisike, fisike 등을 비롯한 변이형으로 나타나는데 14~15세기 이전까지는 발음에 가까운 철자를 쓰다가 르네상스 이후에 그리스어 및 라틴어를 재차용하면서 철자를 되돌린 것이다. 이는 이탈리아, 스페인, 포르투갈 등 다른 로망스어에서도 나타났으나 이들 언어는 이후 현재처럼 음성학적 철자로 또다시 되돌아갔다. 따라서 독불영 세 언어의 그리스어 차용어 철자는 관점에 따라 보수적이거나 혁신적인 양면을 지닌다.

로마자 언어의 철자를 따지는 것이므로 아이러니컬하게도 현대 그리스어는 이 논의에서 제외되는데 당연하지만 현대 그리스어는 고전 그리스어 발음과 이런저런 차이가 있다. 코이네 그리스어는 4세기 이전부터 어두 [h]가 사라졌고 윕실론 υ의 [y]는 15세기 이후 현대음 [i]로 바뀌었다. 르네상스 이후 대개의 학술어 차용어는 고전 그리스어 발음 및 수용 언어 철자에 따라 발음이 정해졌지 그리스어 자체의 역사와는 비교적 무관하다. 그리스어 차용어에서 hy-로 시작하는 말의 발음은 독일어 [hy], 프랑스어 [i], 영어 [hai] 등 다른데 공교롭게 고전 그리스어는 현대 독일어, 현대 그리스어는 현대 프랑스어와 비슷하나 이는 해당 언어의 철자에 따른 발음일 뿐이다.

한국어는 hydro-를 고전 그리스어, 고전 라틴어, 독일어, 일본어를 거쳐 들어온 '히드로'라 쓰다가 최근은 영어 영향으로 '하이드로'라 쓰는 경향이 많다. 굳이 따지자면 '히드로'와 발음이 비슷한 언어가 더 많은데 hyper는 하이퍼만 쓰듯이 한국어에 미치는 영어의 영향이 계속 커지니 점점 더 영어를 기준으로 삼을 듯하다. 그런데 영어에서 hy-로 시작하는 말의 차용어 가운데 하이에나는 hyena[haɪˈiːnə]의 y 발음과 같은 반면 히아신스는 hyacinth[ˈhaɪəsmθ]와 다르다.

그리스신화의 나르키소스가 죽어 수선화가 되었듯 히아킨토스가 죽어 히아신스가 되었다. 일제강점기부터 쭉 쓰인 철자 히야신스는 1980년대까지만 해도 우세했다. 1950년대 중반부터 꾸준히 쓰인 히아신스는 1990년대 이후 표준어로서 더 널리 쓰이게 됐다. 히야신스는 물론 일본어 히야신스ヒヤシンス의 영향인데 1934년 3월 13일 및 5월 29일 『동아일보』 기사에는 히야신트라는 표기도 나온다. 일본은 19세기 중반 네덜란드에서 히아신스를 들여왔기에 네덜란드어 hyacint의 발음에 가깝게 히야신토ヒャシント로 불렀고 1878년 나온 『일본중국자연박물사전Les produits de la nature japonaise et chinoise』에도 hiyashinto라는 표기가 보인다. 그러다가 메이지유신 이후 영어의 영향이 커지면서 끝 자음 th 발음만

영어에 가깝게 바뀌어 한국어에도 들어왔다. 하이에나는 1926년 신문 기사에서도 한 번 언급되지만 1960년대가 돼서야 본격적으로 나오고 1990년대부터 비유로도 자주 등장하게 되었다.

이런 히아신스와 하이에나의 발음 및 철자 차이는 프랑스어 jacinthe, hyène, 이탈리아어 giacinto, iena, 스페인어 및 포르투갈어 jacinto, hiena, 카탈루냐어 jacint, hiena처럼 로망스어도 비슷하게 나타난다. 히아신스의 경우처럼 고전 그리스어 hie-는 서부 로망스어에서 [je]를 거쳐 경구개자음 [dʒe]나 [ʒe]로 바뀌기도 하는데 예컨대 히에로니무스Hieronymus는 이탈리아어 제롤라모 Gerolamo, 프랑스어 제롬Jérôme, 포르투갈어 헤로니무Jerônimo, 스페인어 헤로니모Jerónimo 따위로 나타나고, 영어 hierarchy에 해당하는 스페인어 jerarquía 및 이탈리아어 gerarchia에서도 잘 드러난다. 프랑스어는 15세기에 gerarchie라는 철자를 썼다가 다시 고전어에 가깝게 바뀌어 현재는 hiérarchie를 쓴다.

루마니아어는 이와 달리 [je]를 유지하기에 예로님Ieronim이다. 하이에나와 히아신스는 후자가 좀 더 먼저 유럽 여러 언어에 퍼지기는 했으나 시기상 큰 차이는 없다. 그런데 루마니아어 ierarhie와 hienă의 차이에서 보이듯 어두 [h]를 유지하는 그리스어 차용어는 대개 동화가 덜 된 낱말이다. 헝가리어도 15세기에 들어온 jácint 및 17세기에 들어온 hiéna처럼 차이가 있다. 이 두 낱말의 장모음은 라틴어의 강세를 그대로 반영한다. 그리스어 야킨토스ὑάκινθος의 a 강세는 라틴어에 그대로 옮겨졌지만 야이나 ὕαινα의 강세는 라틴어에서 그다음 음절로 바뀌었다. 로망스어에서 히아신스 어휘 강세는 규칙대로 /i/로 바뀌었다. 히아신스는 유럽, 사하라 이남 아프리카, 남아시아, 동아시아에 분포하는 반면 하이에나는 아프리카, 중동, 남아시아에 분포하므로 유럽에서는 히아신스가 먼저 더 익숙했고 언어적 변화도 컸다. 한국어도 히야신트, 히야신스, 히아신스의 표기가 있었다.

구글 Ngram Viewer로 영어 책을 검색하면 19세기 전반까지는 hyacinth가 많다가 이후는 hyena가 좀 더 많이 나온다. 구글 뉴스 검색으로는 거의 모든 언어에서 하이에나가 히아신스보다 많다. 영어 hyacinth는 변이형 jacinth와 더불어 보석의 일종도 뜻하는데 아랍어 루비 ياقوت[yaqut]도 그리스어에서 왔다. 꽃과 보석을 뜻하는 이 말들을 다 합쳐도 이제 하이에나에는 못 당한다. 하이에나를 비유적으로 쓸 일이 훨씬 더 많기 때문이기도 하다.

몽타주와 앙코르

한국어에 별로 많지 않은 프랑스어 차용어 중에서도 원어와 뜻
이 꽤 달라진 말이 몇 개 있다. 프랑스어 monter(올라타다, 맞추다, 끼우
다)의 파생어 montage(조립)는 몽타주 기법 같은 영화 용어로도 쓰
이는데 일본어를 거치면서 한국어 몽타주는 목격자 진술을 바탕
으로 조합한 용의자의 초상화를 주로 일컫는다. 프랑스어/영어
photomontage, 독일어 Fotomontage, 스페인어 fotomontaje 따
위의 여러 유럽 언어는 범인 찾는 몽타주가 아니고 예술적 또는
유흥적 합성사진을 뜻한다.

몽타주는 영어로 facial composite 또는 identikit라 하며 후자는
얼굴 그림을 합성하는 장치에서 나온 말이다. 몇몇 유럽 언어는
유령 또는 로봇으로 나타낸다.

유령 그림	독일어 Phantombild, 덴마크어 fantombillede,
	노르웨이어 fantombilde, 스웨덴어 fantombild
로봇 초상화	프랑스어 portrait-robot, 스페인어 retrato robot,
	루마니아어 portret-robot
로봇 사진	러시아어 фоторобот[fotorobot]

아직 실체 파악 안 된 인물의 얼굴이라 유령이나 로봇이 붙은 것 같다.

네덜란드어는 몽타주의 뜻으로 compositiefoto(조립사진) 또는 compositietekening(조립그림)을 더 자주 쓰지만 아래 번역문처럼 montagefoto 또는 montagetekening(몽타주 그림)도 쓴다.

영국 작가 팀 팍스Tim Parks의 『카라 마시미나Cara Massimina』 영어 원문 및 네덜란드어 번역

- There was Signor Cartuccio who might have seen the identikit of the Rimini murders suspect.
- Er was Signor Cartuccio die de montagefoto van de verdachte van de Rimini-moorden kon hebben gezien.

독일 작가 넬레 노이하우스Nele Neuhaus의 『바람을 뿌리는 자Wer Wind sät』 독일어 원문 및 네덜란드어 번역

- »Ich habe den Mann schon mal gesehen«, unterbrach er Cem, der gerade vorschlug, einen Polizeizeichner mit der Anfertigung eines

Phantombildes zu betrauen.

- 'Ik heb die man al eens gezien,' onderbrak hij Cem, die juist voorstel-
de een politietekenaar een montagetekening te laten maken.

대략 1970년대 용법까지 다룬 네덜란드어 최대 사전 『Woorden-
boek der Nederlandsche Taal』은 montage 및 compositie에 용
의자나 초상화의 뜻이 없고 『Van Dale』 사전은 montagefoto 및
compositiefoto가 나온다. 벨기에는 프랑스어 영향으로 robotfoto
를 많이 쓰는데 네덜란드어에 montagefoto가 처음 나타난 때는
1979년이다. 한국 신문 검색으로 보면 최초로 출현한 연도가 몽
타쥬 1957년, 몽타주 1962년, 몽타지 1963년이다. 일본어는 モン
タージュ写真(몬타주사신)으로 많이 쓰는데 1950년에 처음 나온다.
프랑스어 montage가 조립/합성의 뜻이니 일본어 용법이 충분히
나올 법한데 한국어는 일본어를 들였겠지만 네덜란드어는 우연
의 일치 같다.

일본어를 거쳐 쓰임이 달라진 몽타주 외에 영어를 거쳐 쓰임이
달라진 앙코르도 있다. 프랑스어 encore는 이탈리아어 ancora처
럼 '아직, 더, 다시'를 뜻하는 부사라서 의미만 보면 공연에서 재
청을 요구할 때 쓸 만하나 프랑스어나 이탈리아어 등 여러 유럽
언어는 이때 주로 라틴어 bis(두 번)를 쓴다.

영어는 이미 1700년대 초부터 재청의 뜻으로 대개 프랑스어
encore 및 간혹 이탈리아어 ancora를 썼으나 정작 이 두 언어권
에서는 그런 뜻으로 쓴 적이 없기에 오직 영어만의 용법이다. 이

렇게 유럽어 중 영어에서만 뜻이 바뀐 프랑스어 차용어가 몇 개 있는데 résumé(요약)는 영어에서만 이력서를 뜻하며, compère(대부, 친구, 공범)는 영어에서 사회자를 뜻한다. 유사한 사례로 대개 유럽식 카바레 등의 사회자를 뜻하고 여러 게르만 및 슬라브 언어에도 퍼진 독일어 Conférencier의 원래 프랑스어 뜻은 강연자다.

영어 encore는 일본어 안코루アンコール를 거쳐 다시 한국어 앙코르 또는 앵콜 따위로 들어온 셈인데 이 말은 일제강점기부터 쓰였고 처음 나온 때는 앵콜 1930년, 앙콜 1934년, 앙코르 1956년이다. 그리스어 ανκόρ [ankor]는 『표준현대그리스어사전λεξικό της κοινής νεοελληνικής』에는 안 나오고 속어 사전 및 1998년판의 또 다른 현대 그리스어 사전에는 나오는 것으로 보아 20세기 후반부터 쓰인 말 같다. 핀란드어 encore도 역시 1990년대 후반부터 쓰였다. 이 두 언어는 물론 영어에서 차용했을 것이다.

그런데 중국어도 앙코르를 安可 [ān kě]라 한다. 하지만 한국에서 2000년대 초까지 나온 중한/한중 사전 및 1998년 나온 『朗文當代高級英語詞典Longman Dictionary of Contemporary English(English-Chinese)』에는 再来一个 같은 말만 있고 安可가 없다. 물론 1984년에 나온 『漢語外來詞詞典』에도 安可는 없다. 태국어 อังกอร์ [angko] 역시 외국어대학교출판부 『태국어-한국어사전』 및 주요 태국어 사전에 안 나온다. 이 두 언어의 앙코르는 모두 위키피디아에 나오는데 2000년 이후 용법으로 보이고 상당수는 케이팝K-pop과 관련된 맥락에서 나온다.

일본 한자어와 겹치긴 하지만 사진, 화장실, 관광, 요리, 한식 같은 한국 한자어가 최근 중국 젊은이들 사이에서 꽤 쓰이는데(『The Oxford Handbook of Chinese Linguistics』, 2015), 일본 대중문화가 좀 더 먼저 들어왔으나 한류가 급격히 퍼진 1990년대 후반부터 더 널리 통용되는 것으로 볼 때 한국어의 영향일 가능성이 좀 더 높다. 따라서 앙코르가 2000년대 이후 주로 쓰이기 시작했고 영어나 일본어에서 거의 안 쓰는 '앙코르 콘서트' 같은 용법이 중국어 安可演唱會나 태국어에서 쓰이므로 직접적 영향은 한국어로 짐작된다. 즉 앙코르는 프랑스어→영어→일본어→한국어→중국어/태국어로 이어진다.

클래식

한국어에서 클래식은 바로크, 고전주의, 낭만주의를 아우르는 서
양 고전음악 또는 고급 예술 음악을 일컬으며 비표준어 변이형
클라식, 크라식, 크래식도 있다. 수식어로는 고전적인 예술과 관
련된 클래식 발레나 클래식 기타 따위에서 나오고 클래식하다 같
은 형용사도 있다. 기원은 로마 시대 시민 중 최상층을 뜻하는 라
틴어 클라시쿠스classicus다. 영어 명사 클래식classic은 우선 그리스
와 로마의 고전문학 작품이고 여기서 확대돼 특정 시대와 무관한
예술의 걸작이나 명작을 뜻한다. 그러다가 수집 가치가 있는 중
고차 클래식 카classic car처럼 물건도 가리키게 되어 한국에서도 영
어 용법을 따라 클래식 카메라 같은 말도 쓴다. 따라서 영어 클래
식은 재즈 클래식jazz classic(재즈 명작)처럼 어떤 음악 걸작을 가리킬

수는 있어도 서양 고전음악이라는 뜻은 없다. 고전음악은 영어 classical music, 독일어 klassiche Musik, 프랑스어 musique classique다. 발레나 기타 앞에 붙는 클래식도 영어 형용사는 클래시컬classical이다.

일본어 クラシック는 고전음악의 뜻도 있고 シ 앞에 촉음이 없는 [kurashikku]이니 현재 한국어의 뜻 및 클래씩보다 우세한 발음 클래식에 간접적 영향도 미쳤을 것이다. 그러나 1921년판『언천言泉』및 1936년판『대사전大辭典』의 クラシック는 고전 예술 작품의 뜻은 있으나 지금처럼 딱 고전음악을 가리키지는 않는다. 처음에는 영어 classic과 비슷하게 문학, 미술 등 예술 전반의 고전풍, 명작을 일컬었고 1956년 12월호『중앙공론中央公論』의 '大衆の頭のなかにある「クラシック」は一部の高級音楽愛好家の定義とはだいぶズレているのである(대중의 머릿속에 있는 클래식은 일부 고급 음악 애호가의 정의와는 꽤 어긋나 있는 것이다)'처럼 1950년대 이후 クラシック音楽(클래식 음악)을 줄여 클래식만으로 고전음악도 가리키게 되었다.

한국어도 일본어와 시기가 비슷하게 나온다.

『동아일보』(1925년 3월 16일자): 클래식은 거의 전부가 이식되야 시가의 시조 호머의 일리야드…….

『동아일보』(1935년 12월 28일자): 작품에서도 그 클라식한 수법과 어데인지 모르게 잠재한 색채의 고삽미가…….

클래식은 대략 1950년대부터 고전음악의 뜻으로 쓰이기 시작하여 1960년대쯤에 정착된 것 같다.

『**동아일보**』(1957년 7월 10일자): 그러나 째즈는 째즈이고 클라식은 클라식이고 하니까 미국에서도 교양받은 사람은 「모찰드」 「베토오벤」의 썸포니같은 것을 좋아합니다.

『**경향신문**』(1962년 9월 4일자): 골든아워에 고전음악을 보내주어 이 프로는 클래식팬에게 소중한 시간이다.

1937년 이다 다다스미飯田忠純가 쓴 『서양음악사개설西洋音楽史概説』에는 クラシック가 독일어 Klassik의 음역으로 고전주의를 뜻하기도 한다. 특히 하이든, 모차르트, 베토벤 등 빈고전파Wiener Klassik로 알려져 있듯 독일어 여성명사 Klassik은 원래는 서양 고전음악의 통칭이 아니었고 그리스·로마 시대의 문화 예술 및 여러 예술 사조의 고전주의를 뜻한다. 그러다가 1971년 9월 24일 『디 차이트Die Zeit』 기사의 문구 Klassik und Pop(클래식과 팝)처럼 1970년대 이후 주로 입말에서 서양 고전음악도 의미한다. 프랑스어는 musique classique에서 후자가 형용사지만 남성명사 classique은 고전 명작과 더불어 1940년대부터 서양 고전음악의 뜻도 생겼다.

영어 클래시컬 뮤직classical music은 19세기부터 나오는데 classic을 형용사로 쓰지는 않았다. 독일어 Klassik이 영어 classicism 또는 classical period로 표현되듯이 문맥에 따라 영어 classical은 약 1750년부터 1830년까지의 고전주의 또는 그 앞뒤 시기를 포함

한 고전음악 전체에 적용된다. クラシック는 classic을 흔히 어원으로 보지만 영어는 고전음악에서 classical만 형용사로 쓴 반면 독일어 Klassik은 고전주의에서 고전음악 전체로 확장됐듯이 독일어가 적어도 간접적 어원일 가능성이 있다. 독일어보다 일본어에서 고전음악의 통칭이 먼저 생겼지만 낱말을 받아들인 언어가 새 뜻을 먼저 만들기도 한다. 프랑스어는 명사 classique이 클래식 음악으로 가장 먼저 쓰였고 형용사가 똑같은 형태라는 점도 생각해볼 만하다.

그렇다면 클래식 전문 채널 KBS Classic FM은 콩글리시인가? 한국, 네덜란드, 체코, 핀란드 등 비영어권뿐 아니라 미국, 영국, 호주, 남아공 등 영어권도 고전음악을 틀어주는 Classic FM이 있으며, 클래식classic을 형용사로 보면 고상한, 유서 깊은, 고전적인, 일류의, 명사로 보면 고전 명작을 뜻하니 영어에서도 잘 통한다. 음운 및 형태가 유사한 독일어 Klassik, 프랑스어 classique, 일본어 クラシック, 한국어 클래식 모두 라틴어 classicus가 뿌리인 단일어로서 서양 고전음악을 뜻한다. 각각 서유럽과 동아시아에서 서로 맞닿은 이들 네 언어에만 있고 다른 언어에는 없다.

프롤레타리아와
부르주아

프롤레타리아의 최초 어원인 라틴어 proles는 '자녀, 자손, 새끼'를 뜻하며 여기서 파생된 형용사 proletarius는 아이 낳을 일밖에 없는 하층민을 일컫는다. 국어사전을 보면 프롤레타리아는 프랑스어 prolétariat, 프롤레타리아트는 독일어 Proletariat가 어원인데, 프롤레타리아는 "자본주의 사회에서, 노동력 이외에는 생산 수단을 가지지 못한 노동자", 즉 개인을 뜻하고, 프롤레타리아트는 "자본주의 사회에서, 생산 수단을 소유하지 않고 노동력을 판매하여 생활하는 계급", 즉 추상적·집합적 의미의 노동자 집단을 뜻한다.

그러나 prolétariat와 Proletariat의 뜻이 두 언어에서 모두 무산계급이고 프랑스어 악센트 기호만 빼면 뜻과 꼴도 똑같기 때문에 국어사전에 나온 어원은 잘못되었다. 의미와 형태가 같은 낱말이 두 가지 출처로 한국어에 들어와서 뜻이 달라졌다고 보기는 석연치 않다. 독일어 Proletariat보다 프랑스어 prolétariat가 좀 더 먼저 생긴 말이긴 한데 마르크스의 1844년 『경제학 철학 초고』 발표를 전후로 독일어 및 프랑스어에서 영어 등 여러 유럽 언어로 퍼졌다. 라틴어 –atus, –atum에서 유래한 접미사는 영어에서 syndicate, mandate처럼 대개 –ate인데 poletariat처럼 –at 꼴은 프랑스어에서 곧바로 온 낱말들이다. 독일어를 비롯한 북유럽, 동유럽 언어들은 –at, 프랑스어는 –at(묵음 t), 기타 로망스어는 –ato를 쓴다.

독일어 프롤레타리아트는 일본어를 거쳐 한국어에 들어왔고 프롤레타리아도 프랑스어가 아니라 독일어 Proletarier(표기법대로 쓴다면 프롤레타리'어')가 일본어 푸로레타리아プロレタリア를 거치면서 프롤레타리 '아'라는 표기가 정착된 것인데 프랑스어 prolétariat의 발음 프롤레타리아 때문에 어원이 오해된 것이다. 무산계급 노동자 개인을 뜻하는 말은 프랑스어 발음 프롤레테르prolétaire, 영어 발음 프롤러테리언proletarian, 러시아어 발음 프롤레타리пролетарий이니 프롤레타리아는 독일어 Proletarier에서 왔다고 보는 게 가장 합당하고 실제로 일본어 사전들의 어원도 대개 그렇다. 이탈리아어나 스페인어에서 proletario의 여성형 proletaria가 있지만 이렇게 한국어로 들어왔을 가능성은 없다. 독일어는 명사 Proletarier, 형용사 proletarisch가 다른 반면 프랑스어, 영어, 스페인어 따위는 품사가 달라도 같은 꼴을 쓴다.

부르주아bourgeois와 부르주아지bourgeoisie가 프랑스어에서 왔듯이 프롤레타리아Proletarier와 프롤레타리아트Proletariat는 독일어에서 왔다. 하지만 실제 한국어 용법에서는 몇 가지 문제가 생긴다. 부르주아는 개인, 부르주아지는 계급이지만 '부르주아혁명', '프롤레타리아혁명'처럼 수식어로는 큰 차이가 없다 보니 프롤레타리아와 프롤레타리아트도 명확히 가려서 쓰는 사람이 많지 않다. 정치학자의 글에서조차 무산계급을 뜻하는 '프롤레타리아트'가 알맞을 때도 '프롤레타리아'로 쓰는 경우가 있기도 하다. 유럽 언어에서는 이 낱말들이 접미사를 통해 품사의 성격이 구별되는 반면 한국어에는 그냥 개별적인 외래어라 그런 어감도 없고 음절이 길어서 그리 입에 붙지 않는 것도 같다. 또는 '재는 소인배다'에서 재와 소인배가 동격이 아닌 소속 관계이므로 '소인배'가 무리를 뜻한다고 해서 이 문장이 틀린 게 아니듯이 한국어 특성상 단복수 구분이 분명치 않고 주제어가 발달돼 있어서 집합명사의 경계가 아리송하다고 볼 수도 있겠다.

다음 번역을 보자.

Labour is identified with the proletariat and the proletariat is breaking up……
노동당이 프롤레타리아와 동일시되고 프롤레타리아가 붕괴하고 있기 때문에……

처음의 프롤레타리아는 별 문제가 없어 보인다. 우리말의 특성상 프롤레타리아를 프롤레타리아 '들'로 봐도 되기 때문이다. 그러나 두 번째는 좀 이상한 게 '붕괴'라는 추상명사와 어울리려면 계급을 뜻하는 프롤레타리아트가 나오며 프롤레타리아로 쓰고 싶다면 프롤레타리아 계급이라는 말로 바꾸는 쪽이 낫겠다.

a proletariat may be factually created by an industrial system, but it is only politically created by political action……
프롤레타리아는 산업 시스템에 의해 사실상 창조되었을 것이지만 정치적 행위에 의해서 정치적으로 창조된다…….

'노동자'라는 말도 추상적으로 쓸 수 있으니 프롤레타리아 대신 반드시 '프롤레타리아트'로만 써야 한다는 것은 아니다. 다만 원어에서 나타내는 집합성과 추상성이 희석된다는 단점이 생긴다.

원문은 proletariat가 몇 번 나오는데 번역본은 프롤레타리아트가 안 나온다. 굳이 집합성이나 추상성을 따로 안 나타내도 된다고 여겨서 그랬을지도 모르지만 아마 옮긴이가 몰라서 그랬을 가능성이 더 높다.

비록 학자들조차 가끔 헷갈릴 만큼 거추장스러운 말이기도 하나 그렇다고 이제 와서 프롤레타리아를 프롤레타리어로 고치기도 어렵고 프롤레타리아트 대신 차라리 무산계급을 쓰는 쪽이 낫기도 할 텐데, 그래도 프롤레타리아와 프롤레타리아트 두 낱말은 쓰임이 다르며 국어사전 어원 표시가 틀렸음을 알아두는 것은 괜찮다고 생각한다.

책세상에서 나온 마르크스와 엥겔스의『공산당선언』을 보면 '부르주아'가 '시민'으로 적절치 못하게 옮겨졌다. 개념사(Begriffsgeschichte, 槪念史)는 여러 언어 사이의 번역 및 시대에 따른 의미 변천을 넘나들어야 하기 때문에 여간 어렵지 않은데 여기서는 간단히만 논하겠다.『공산당선언』에는 Bürger와 Bourgeois가 따로 나오고 명사로는 후자가 주로 나온다. 독일어 Bürger는 도시의 시민Stadtbürger, 국가의 시민Staatsbürger을 일컬을 때는 영어에서의 시민(citizen)과 비슷한데 프랑스어에서의 시민(citoyen) 및 부르주아bourgeois(유산자)도 포괄한다. 프랑스어와 대비하면 이중적이고, 도시 거주자·국가 시민(국민)·경제적 시민Wirtschaftsbürger으로 보면 삼중적 의미다. 프랑스어 부르주아bourgeois는 성, 도시 bourg(게르만어가 어원)에 사는 자유인이니 Burg에 사는 Bürger와 뿌리는 같은 말이다.

경제적 의미로 중산계급인 부르주아는 프랑스혁명 이후 유산자로 한정되고, 보편적 정치 참여 권리를 지닌 이들을 일컫는 말은 citoyen(시민)으로 대체되었는데, Bürger는 19세기까지만 해도 보편적 의미의 시민이 아니라 유산자 부르주아의 뜻에 가깝다가 이후 프랑스어 citoyen(시민)의 뜻이 생겼기에 시대에 따라 여러 함의를 넘나든다.

책세상 역서는 독일어 원문의 Bürger와 Bourgeois를 기계적으로 시민과 부르주아로 구별하여 moderne bürgerliche Gesellschaft를 현대 시민 사회, Abschaffung des bürgerlichen Eigentums를 시민적 소유의 폐지로 직역했다. 위에 말했듯『공산당선언』에서는 Bourgeois가 주로 나오고 Bürger가 단독 명사로 나온 것은 딱 두 번 중세 도시민(영어 burgher) 및 한 번 소시민을 일컬을 때다. 그런데 bürgerliche Gesellschaft(부르주아/시민 사회) 및 bürgerliches Eigentum(부르주아/시민적 소유)의 형용사 bürgerlich는 명사 Bürger처럼 여러 뜻이라서 시민, 부르주아, 중산층, 보수 중도 우파 등 맥락에 따라 달리 해석된다.

독일어 Bürger와 어원이 같은 스웨덴어 borgare는 이제 대개 부르주아를 뜻하기에 borgerlig parti는 부르주아 당, 즉 보수정당 내지 중도우파 정당을 뜻한다. 극우파와 좌파 정당은 아닌데 스웨덴 또는 서유럽 보수정당은 한국으로 치면 좌빨이라는 우스개도 있지만 어쨌든 엄연히 보수정당이다. 『공산당선언』의 bürgerlich는 마르크스가 계급적으로 프롤레타리아와 대비해 쓴 경우가 많기에 대개 시민보다는 부르주아로 풀이해야 알맞다. 독일어 bürgerliche Gesellschaft는 영어 civil society, 한국어 시민사회를 뜻할 수도 있지만 『공산당선언』이 나온 시대적 맥락에서 마르크스가 쓴 말은 부르주아 사회가 더 가깝다.

여러 언어 번역을 보자. 독일어 원문의 bürgerlich 또는 Bourgeois는 영어 bourgeois, 스웨덴어 borgare, 핀란드어 porvari, 스페인어 burgués, 이탈리아어 borghese 등 모두 프랑스어 bourgeois와 어원이 같은 말로 번역되었다. 이 가운데 이탈리아어만 bürgerliche Gesellschaft가 società civile다. 일본어 및 기존 한국어 여러 번역도 대개 부르주아로 옮겼다. 따라서 새날에서 나온 『공산당선언』의 번역어 '시민'은 독일어 Bürger(lich)의 기계적 대응이라 볼 수 있다. 물론 백 프로 오역은 아니겠으나 한국어 '시민'은 부유층을 일컫는 부르주아와 꽤 다름을 염두에 둬야겠다.

스웨덴어 borgare는 부르주아라서 시민은 접두사 med(함께)가 붙은 medborgare로 일컫는다. 사실 이 접두사는 정치언어적으로 미묘한 문제를 제기한다. 얼개가 같은 독일어 Mitbürger는 이민자를 달리 부르는 이름이다. 즉 다 같은 '동료 시민'이라는 뜻인데 어찌 보면 그냥 '원래' 시민Staatsbürger 및 동료 시민Mitbürger이 따로 있어서 후자가 상대적인 명칭이 되는 느낌도 준다. 한국어에서 정치적 공정성을 잘못 적용해 장애인을 장애우로 상대화하는 것과도 비슷한 느낌이다. 어떤 집단을 더 큰 공동체 또는 시민사회 안에 동등한 자격으로 참여시키는 것을 언어로 드러내기도 그리 쉽지 않다는 방증이다. 언어 사이의 번역뿐 아니라 시대·사회 사이의 번역도 그만큼 어렵다.

커플룩

경제성장 및 민주화와 더불어 한국에서 1989년부터 해외여행이
자유화됨에 따라 1990년대 중반 이후로 해외 신혼여행은 비교적
흔한 일이 되었다. 1993년 문민정부 출범 후 더욱 자유스러워진
사회 분위기로 말미암아 자연스럽게 연애를 드러내려는 젊은이
도 그전보다 늘었다. 그런 표현 방식 중 하나가 커플룩이다. 커플
룩은 주로 신혼여행을 비롯한 휴가지에서 부부나 애인이 재미 삼
아 디자인이 같은 옷을 입다가 일상에서도 입게 된 패션이다. 한
국에서는 커플룩이 등장할 충분한 요건들이 1990년대에 갖추어
지게 된 것이다. 1990년『경향신문』에 '커플룩'이 나오지만 널리
쓰이게 된 것은 1990년대 중반부터다.

일본은 1964년에 해외여행 규제가 공식적으로 풀렸다. 도쿄 올

림픽이 여행 자유화의 물꼬를 튼 셈이다. (한국의 경우 서울 올림픽이 그 계기가 된 것처럼 말이다.) 제2차 세계대전 후 경제 부흥으로 쌓인 돈을 들고 일본인이 해외로 나간 것이다. 처음에는 중년 이상의 단체 관광이 많았지만 1970년대부터 신혼부부의 비율이 점차 늘었다. 1970년대 초에 페아룻쿠ペアルック가 생겼다. 콩글리시 커플룩에 해당하는데 couple+look과 달리 페아ペア(pair, 페어)+룻쿠ルック(look, 룩)의 얼개인 일제 영어다. 시기상 20년쯤 늦은 한국이 비슷한 과정을 겪은 셈이다. 페아룻쿠ペアルック는 1970년대에 유행을 탔으나 이후에는 매우 특별한 옷차림새로 여겨질 만큼 한국보다는 드문 편이다.

거품경제가 꺼지며 일본은 1990년대 불황기를 맞이하지만 그래도 1990년대 중반까지는 그동안 축적된 부 덕분에 세계 관광 산업에서 소비 규모가 미국과 독일 다음으로 컸다. 그런데 당시 해외 관광 소비 규모가 일본의 10여 퍼센트 수준밖에 안 되던 호주와 브라질에게도 2014년 현재 따라잡히고 말았다. 해외여행자 많기로 둘째가라면 서러울 독일은 물론 여전히 미국 다음인데 이제 1위가 중국이라 3위다. 독일은 1950~60년대에 이룩한 경제 기적 이후로 1970년대부터 여행 강국의 입지를 더욱 굳히게 된다. 독일식 영어 파트너룩(partner+look)이 나온 때가 1970년대 초다. 한편 1970년대부터 달러의 가치는 떨어지고 마르크와 엔의 가치는 올라가 1980~90년대까지 독일과 일본의 여행객이 더욱 느는 데 일조했다.

커플룩, 페어룩ペアルック, 파트너룩Partnerlook 모두 사용 빈도가 서

로 큰 차이는 없는데 독일은 휴양지나 파티 같은 특수한 경우에 입기도 하는 반면 한국에서는 연애 기념일 챙기기와 더불어 의례화된 느낌도 준다. 정확한 비율을 따지기는 어렵지만 상대적으로 일체감과 애정을 드러내기 좋아하는 한국 연인이 더 커플룩을 즐겨 입고 일본인은 부끄러움을 더 많이 타서 그런지 덜 입는 것으로 보인다.

룩look뿐 아니라 반지 링ring이 붙어 커플링, 페아링구ペアリング(페어링), 파트너링Partnerring 같은 표현도 쓴다. 독일어 링Ring은 영어 링ring과 계통이 같은 게르만어파 고유어다. 동사로도 쓰이는 커플couple, 페어pair, 파트너partner는 현재분사나 동명사 커플링coupling, 페어링pairing, 파트너링partnering도 되는데 공교롭게도 모두 유음 l/r로 끝나다 보니 링ring과도 잘 이어지고 반지 링ring이 붙든 어미 -ing이 붙든 한글 표기로는 다 똑같이 커플링, 페어링, 파트너링이 된다.

영어는 룩look을 안 쓰기에 정해진 말이 하나 있는 게 아니라 his-and-hers 또는 matching shirts/outfits/clothes 따위로 나타내며, 생김새가 비슷한 사람을 뜻하는 닮은꼴 look-alike에서 나온 dress-alike 같은 표현도 쓴다. 이탈리아 패션 디자이너 니노 체루티는 자신이 만든 유니섹스 스타일 카우보이 모자를 완곡하게 더 커플 룩The Couple Look으로 일컬은 적도 있다. 1960년대에 잠깐 언급된 이 말이 1990년대에 한국어로 들어와 커플룩이 됐다고 보기는 힘들고 우연의 일치다.

커플룩은 여자가 바지와 티셔츠를 입고 운동화를 신는 경우는

많지만 웬만하면 남자가 치마와 블라우스를 입고 하이힐을 신지는 않으므로 편한 실용적 캐주얼 유니섹스 패션과 맞물려 있다. 서양은 1970년대 초부터 페미니즘의 영향으로 바지에 대한 금기가 사라지기 시작해 그전까지는 치마만 입던 사무직 여성들이 바지도 입는 경우가 늘어났다. 물론 1950년대 이전에도 여가 활동에서는 여자들도 바지를 입었으나 1960년대가 돼서야 오트쿠튀르에 여성 바지가 도입되었고 1970년대 이후 거의 모든 영역에서 여자의 바지도 자연스럽게 되었다. 독일어 파트너룩Partnerlook 및 일본어 페아룻쿠ペアルック가 1970년대에 나온 것도 이런 흐름과 일치한다.

결속 정도로 본다면 커플은 서로 연결된 것이므로 딱 붙어 있고, 페어는 양말이나 신발처럼 떨어져 있는 짝도 많고, 파트너는 서로 독립적인 개체다. 그래서 페어룩과 파트너룩보다 나중에 생겼으나 더욱 끈끈한 한국의 커플룩이 연애 의례로 자리 잡기에 더 안성맞춤인 표현이 아닐까 싶다. 남들과 똑같은 옷은 제복처럼 특수한 경우만 입을 뿐이지 길거리에서 옷차림이 같은 누군가를 본다면 대개는 서로 멋쩍어할 텐데, 커플룩은 몰개성하고 식상한 취향이나 감정적 예속의 증거일 뿐이라는 비판도 받지만 부부나 연인뿐 아니라 가족끼리 또는 애완동물과도 가끔씩 함께 입는다면 가끔씩만 쑥스러워지니 생활의 활력소도 될 것이다.

졸지에 루주를 바른
맥아더 장군

언젠가 브라질 법률 문서의 번역문을 한번 살펴보기만 해달라는 요청을 받은 적이 있다. 별거 아니라기에 어차피 죽 거래하던 데니까 그냥 해주겠다고 했는데, 원문을 전혀 모르는 의뢰자와 번역 회사의 호기로운 착각이었다. 법이 권리가 되고 법령이 성문법이 되는 등 용어부터 엉망진창이라 정식으로 수정 작업이 필요하다고 얘기했다. 시스템, 아이디어, 콘텐츠, 프로그램, 프로세스, 프로젝트와 공통 어원인 말들은 포르투갈어를 비롯한 대다수 유럽어에 있다. 이제 한국어에서도 낯익은 영어 외래어들이지만 아무 데서나 쓰면 문제가 생긴다. 예컨대 입법 절차를 프로세스라고 한 것은 넘어갈 만하나 법안projeto de lei을 법률 프로젝트라고 한 것은 봐주기 힘들다. 한마디로 기본이 안 된 번역이었다. 이건 극

단적인 사례겠으나 어원이 같거나 뜻이 비슷해서 번역할 때 헷갈리는 외래어가 왕왕 있다.

　루주, 포마드, 크레용은 프랑스어가 어원이지만 한국어는 원어의 주된 뜻인 rouge(빨강), pommade(연고), crayon(연필)과 다르다. 바르거나 칠하는 물건이라는 공통점도 있다 보니 많은 언어로 차용되어 여러모로 미묘한 의미 변화도 겪었다. 프랑스어 크레용crayon은 백묵craie도 뜻하지만 주로 연필을 일컬으며 crayon de couleur(색연필), crayon à sourcils(눈썹연필) 등이 있다. 한국어는 눈썹연필보다 아이브로 펜슬이라고 많이 쓰는데, eyebrow의 영어 발음['aɪˌbɹaʊ]에 가까운 브라우 대신 브로인 것은 일본어 아이부로펜시루アイブローペンシル의 영향일 수도 있다. 영어 크레이언crayon, 일본어 クレヨン[kureyon], 한국어 크레용은 프랑스어 craie de cire 또는 crayon de cire이므로 크레용과 프랑스어 crayon은 완전한 거짓짝false friend은 아니고 일부만 거짓짝이다. 크레용의 ㅇ은 마네킹처럼 직전 어원이 일본어임을 드러낸다(51쪽 참조). 그리스어 κραγιόν[krayion]은 립스틱이다. 난 어릴 때 막연히 크레용보다 크레파스가 좋은 것이라고 생각했다. 크레용과 파스텔의 성질을 합친 것이 크레파스(일본어는 クレパス[kurepasu])다. 프랑스어는 pastel à l'huile, 영어는 oil pastel 또는 wax oil crayon이다.

　이탈리아어 pomata에서 온 프랑스어 포마드pommade는 연고 및 포마드의 뜻인데 영어 포메이드pomade와 일본어 포마도ポマード는 포마드만 뜻한다. 한국어는 영어에 가까운 포메이드가 아닌 포마드이므로 프랑스어 발음을 따른 일본어의 간접적 영향을 받았

다고 할 수 있다. 러시아어 губная помада(gubnaya pomada, 입술 포마드)는 립스틱의 뜻이다. 아르헨티나와 우루과이 스페인어 포마다 pomada는 구두약도 뜻한다.

프랑스어 루주rouge는 화장의 뜻도 있고 립스틱도 rouge à lèvres 라 하지만 립스틱을 루주rouge로만 부르는 경우는 드물다. 한국어에서 루주(표기법에 어긋난 루즈도 자주 통용)는 립스틱이 득세하는 바람에 요새는 그렇게 많이 쓰지 않는다. 영어 루주rouge는 블러시blush 또는 블러셔blusher를 뜻하는데 한국에서 흔히들 볼터치라고 부르는 얼굴 화장이다. 한국어 루주는 립스틱만 뜻한다.『옥스퍼드영어사전』에는 루주에 입술연지의 뜻도 있긴 한데『옥스퍼드영어사전』은 학술적 사전이므로 역사적인 뜻을 다 담는다는 점을 염두에 둬야 한다. 학습용 영어 사전 대부분에서 루주는 얼굴 화장을 뜻한다.

프랑스어 루주rouge는 여러 언어에 퍼져 영어, 독일어, 네덜란드어, 스웨덴어, 덴마크어 같은 게르만 언어 및 폴란드어, 체코어, 그리스어, 에스토니아어 등은 얼굴 화장을 뜻하고 슬로바키아어, 크로아티아어, 루마니아어, 헝가리어, 터키어, 페르시아어, 아랍어, 일본어, 한국어 등에서는 립스틱을 뜻한다. 정작 프랑스어에서 루주 자체가 명사로서 화장을 뜻하는 것은 다소 낡은·용법이 됐다. 사실 영어에서도 요새는 대개 블러시(셔)blush(er)고 루주는 드문 편이지만 아무튼 루주가 나오면 거의 대부분이 얼굴 화장이다. 그런데 한국어 번역을 보면 이걸 그냥 루주로 옮긴 경우가 많다.

윌리엄 맨체스터 William Manchester, 『**아메리칸 시저: 맥아더 평전**American Caesar: Douglas MacArthur 1880-1964』

So remarkable was his youthful appearance that gossips claimed he wore rouge.

그가 지닌 놀라울 만큼 젊은 모습으로 인해 심지어 그가 루주를 바른 다는 가십이 나돌 지경이었다.

맥아더가 젊고 팽팽해 보여서 얼굴에다 화장한 게 아니냐는 소문 이 나돈다는 뜻인데 마초의 대명사 맥아더 장군을 순식간에 여장 남자로 만들어버렸다. 물론 아무리 강성 마초라도 가슴속에는 소 녀의 감성을 품고 있을지도 혹시 모르고 볼에 바르나 입술에 바 르나 거기서 거기 아니냐고 볼 수도 있겠다. 하지만 다른 의도라 면 또 몰라도 젊어 보이려고 립스틱을 칠할 것 같지는 않다.

마거릿 미첼 Margaret Mitchell, 『**바람과 함께 사라지다**Gone with the Wind』

"Cheeks lak ze rose, eyes lak ze emerald!" he said, kissing Scarlett's hand and paying tribute to the rouge upon her face.

- "장미 같은 뺨, 에메랄드 같은 눈!" 그는 스칼렛의 손에 키스할 때에 그녀의 루즈 빛을 찬미했다.
- "장미 같은 볼, 에머랄드 같은 눈!" 그는 스카알레트의 손에 키스하면 서 그녀의 루우즈(볼연지)를 찬미했다.

원문에 face가 있듯이 볼에 바른 화장인데 첫째 번역처럼 루즈라고 하면 헷갈릴지도 모른다. 둘째 번역은 괄호 안에 볼연지라고 설명을 했는데 한국어의 루즈 뜻만 생각한다면 역시 혼동을 일으킬 수도 있다.

"And—er, Mammy, while you are downtown, you might get me a—a pot of rouge."

"Whut dat?"

"Never you mind. Just ask for it."

"Ah ain' buyin nuthin' dat Ah doan know whut 'tis."

"Well, it's paint, if you're so curious! Face paint."

"마미 시내에 가거든 그것을 사다줄 수 없겠어……. 루즈 말이야."

"뭐라고요?"

"알 것 없어. 그냥 루즈를 달라고만 해."

"전 뭔지도 모르는 것을 사러 갔다 올 수는 없습니다."

"좋아, 그렇게 알고 싶다면 말해주지, 화장품이야, 얼굴에 바르는 것!"

말뜻을 모르는 하녀에게 설명하는 장면이라서 그냥 루즈라고 해도 될 것 같긴 한데 헷갈릴 수도 있으니 좀 아쉽기도 하다.

이탈리아어판은 적당하게 의역했다. 이탈리아어는 립스틱이든 볼터치든 프랑스어 rouge에서 온 차용어를 쓰지 않는다.

-Guance di rosa, occhi di smeraldo! - esclamò baciando la mano di Rossella, rendendo omaggio al suo bel colorito

Mammy, mi prenderai anche... hm... un vasetto di rouge.

첫째 예문의 bel colorito는 화장이 잘 먹은 얼굴빛이란 뜻이고 둘째 예문은 하녀가 프랑스어 외래어 rouge를 모르는 상황이라 그대로 썼다.

서머싯 몸W. Somerset Maugham, 『**페인티드 베일**The Painted Veil』

She looked in the glass; she was very pale and she put on some rouge.

Al verse tan pálida en el espejo decidió aplicarse un poco de colorete.

그녀는 거울을 들여다봤다. 얼굴이 창백해서 립스틱을 약간 발랐다.

입술을 붉게 강조함으로써 시선 분산의 효과를 준다고 볼 수도 있겠으나 창백한 얼굴을 발그레하게 만들었다고 보는 쪽이 낫겠다. 이 번역에서 보이다시피 루주를 요즘 잘 안 쓰다 보니 립스틱으로 옮기는 경우도 있는데 괜한 수고를 한 셈이다. 스페인어 번역은 얼굴 화장의 뜻이다.

존 스타인벡 John Steinbeck, 『**분노의 포도**The Grapes of Wrath』

영어 Minnie or Susy or Mae, middle-aging behind the counter, hair-curled and rouge and powder on a sweating face.

독일어 Minnie oder Susy oder Mae, meist mittleren Alters, hinter der Theke, das Haar gewellt und Rouge und Puder auf dem schwitzenden Gesicht.

네덜란드어 Minnie of Susy of Mae, niet al te jong meer, achter het buffet, met gekruld haar, en rouge en poeder op een transpirerend gezicht.

독일어와 네덜란드어는 루주_{rouge} 뜻이 영어와 같으니 문제없다.

프랑스어 Derrière le comptoir, Minnie, Susy ou Mae, entre deux âges, cheveux bouclés, rouge et poudre sur une face en sueur.

좀 아리송하긴 한데 루주_{rouge}에 화장의 뜻이 없지는 않으니 굳이 오역까지는 아니다.

이탈리아어 Dietro al banco Minnie, o Susy, o Mae, sulla trentina, capelli inanellati, ciprie e belletti sui visi lucidi di sudore.
스페인어 Minnie o Susy o Mae, alcanzando una edad madura tras la barra, el pelo rizado, colorete y polvos sobre el rostro sudoroso.

이탈리아어와 스페인어는 같은 로망스어인 프랑스어의 루주_{rouge} 를 차용하지 않아서 별 문제 없이 둘 다 얼굴 화장의 뜻으로 제대 로 옮겼다.

포르투갈어 Minnie, ou Susy ou Mae, geralmente uma mulher de meia idade, atrás do balcão, de cabelos ondulados, rouge e pó de arroz no rosto suado.

얼굴 화장을 주로 뜻하는 루주rouge이므로 큰 문제는 없다.

루마니아어 În dosul tejghelei stă Minnie, Susy ori Mae, femei de vîrstă mijlocie, cu păr cîrlionţat şi feţe asudate, acoperite de ruj şi de pudră.

터키어 Tezgâhın arkasında orta yaşma yaklaşan Minnie, ya Susy; ya da Mae vardır. Saçlar ondüleli, terleyen yüzde ruj ve pudra.

헝가리어 Középkorú hölgy a pult mögött, Minnie vagy Susy, vagy May, haja felgöndörítve, izzadó arcán rúzs és púder.

루마니아어 ruj, 터키어 ruj, 헝가리어 rúzs는 한국어 루주처럼 립스틱을 뜻하므로 오역이며 동일 어원의 말을 헷갈린 것이다.

폴란드어 Za kontuarem podstarzała Minnie, Suzy czy Mae – zaondulowane włosy, róż i puder na spoconej twarzy.

러시아어 Минни, или Сузи, или Мэй, увядающая за стойкой, волосы завиты, на потном лице слой пудры и румян.

폴란드어는 róż가 영어와 같은 뜻이고 러시아어 румян [rumyan]은 아예 어원이 다르기 때문에 헷갈리지 않고 제대로 옮겼다.

중국어 柜台后面站着的渐近中年的米尼，苏西，或是梅伊，她们都烫了头发，流汗的脸上涂着脂粉.

중국어 脂粉은 연지와 분을 뜻하는데 아래 한국어 셋째 번역문처럼 정확한 셈이다.

1. 이름이 미니인지 수지인지 메이인지 모르겠지만, 카운터 뒤에서 중년이 되어 가고 있는 여자는 머리를 둥글게 말았고, 땀이 흐르는 얼굴에는 립스틱과 파우더를 발랐다.
2. 미니인지 수지인지 메이인지 모르지만, 중년이 다 되어가는 여자가 카운터 뒤에 서 있다. 고수머리에다 입에는 루즈를 바르고 땀이 난 얼굴에 분칠을 하고 있다.
3. 카운터 안에 있는 중년 여인, 미니와 수지와 매이는 머리를 지지고 땀밴 얼굴에 연지와 분을 발랐다.

사실 연지와 분이 다소 예스러운 느낌이 나긴 하는데 rouge and powder를 현대식 어휘인 볼터치와 파우더로 구별하는 것도 뭔가 좀 아리송하다. 특별한 경우가 아니라면 그냥 얼굴 화장이라고 뭉뚱그릴 수도 있겠으나 더 생각해봐야겠다. 영어는 연대순으로 페인트paint, 루주rouge, 브러셔blusher인데 요즘은 드문 루주도 텍스트의 시대 배경에 따라 아직은 쓰는 말이다. 한국어 루주나 립스틱과는 다르다.

세르비아어와 마케도니아어는 루주rouge에서 유래한 ruž가 립스틱을 뜻하지만 주로 karmin을 쓴다. 프랑스도 루주rouge 자체만으로는 얼굴 화장과 립스틱의 뜻으로 잘 안 쓰고, 나머지 유럽 언어에서는 루주rouge와 같은 어원의 말을 안 쓴다.

따지고 보면 넓게는 입술도 얼굴에 있고 볼이든 입술에 바르든 어차피 화장이니까 큰 문제는 없을지도 모른다. 다만 얼굴에 루주를 바른다고 하면 보통의 화장이 아니라 마치 무슨 광대 분장 내지 장난을 하는 분위기가 연상되므로 특히 나처럼 화장과 백만 광년 떨어진 사람은 잘못하다가 변장을 넘어 변신까지 갈지도 모르니 더욱 문맥을 꼼꼼히 봐야 한다.

유럽에서 온 초콜릿 복근

선명하게 드러나는 복근을 예전에는 흔히 왕王자라 불렀는데 이
제는 빨래판과 식스팩도 있다. 가장 최근의 초콜릿 복근은 훨씬
늦게 생긴 말 같지만 사실 '왕王자' 말고는 거의 비슷한 시기에 나
왔다.

왕王자

『**동아일보**』(1983년 2월 24일자): 단전호흡으로 복부에 기를 불어넣으면 어
느새 「王」자가 솟는다.

빨래판 복근

『**한겨레신문**』(2004년 2월 19일자): 역삼각형 상체, 빨래판 같은 복근…….

『**경향신문**』(2005년 6월 17일자): 빨래판 복부 근육이 당신 것이 된다.

식스팩

『**문화일보**』(2004년 5월 20일자): 복부의 식스팩이 그 어떤 특수효과보다 더 큰 스펙터클을 제공한다.

『**한국일보**』(2007년 6월 15일자): 각선미 대신 식스팩을 뽐낸 73명 쿨 가이.

초콜릿 복근

『**경향신문**』(2005년 2월 4일자): 햇볕에 그을린 건강미 넘치는 초콜릿색 피부에 조각된 듯한 복근.

『**경남신문**』(2007년 8월 21일자): 초콜릿 복근, S라인, M라인 등의 신조어.

맥주 캔 6개들이 종이 상자 칸 생김새를 복근에 비유한 영어 식스팩six-pack을 그대로 차용한 한국어 식스팩 및 일본어 싯쿠스팟쿠シックスパック는 맥주캔 상자보다는 복근을 가리킬 때만 주로 쓴다. 폴란드어 sześciopak, 중국어 六块腹肌[liùkuàifùjī]처럼 번역 차용어도 있다.

그런데 빨래판 역시 영어 washboard의 번역 차용어일 가능성이 크다. 주로 washboard stomach, washboard abs 따위로 나오며 1950년대에 생겨 1960년대부터 본격적으로 쓰이기 시작했다. 독일어 Waschbrett, 네덜란드어 wasbord, 덴마크어 vaskebræt, 노르웨이어 vaskebrett, 스웨덴어 tvättbräda 등 다른 게르만 언어도 빨래판으로 복근을 가리키며 대개 1990년대부터 쓰이기 시작했다. 아르헨티나 스페인어 tabla de lavar도 마찬가지고 브라질 포르투갈어는 빨래판이 달린 소형 세탁기 tanquinho를 이런 뜻으로 쓴다. 빨래판은 단단하고 주름이 있는 납작한 판이라서 선명한 복근을 일컫게 됐으니 여러 언어에서 자생했을 수도 있겠으나 보디빌딩 문화라든가 발생 시기가 대개 1990년대 이후인 점을 따져볼 때 미국 영어의 번역어일 가능성이 매우 크다.

빨래판 말고 다른 표현을 쓰는 언어도 많다. 글자 그대로는 복부 압박인 러시아어 брюшной пресс [bryushnoy press]는 그냥 пресс로 줄여서 쓰기도 한다. 이탈리아어 palestra는 헬스장, palestrato는 근육질인 사람을 뜻하는데 빨래판과 앞의 두 음절의 소리가 얼추 비슷하다. 배의 근육이 갈라지면 거북이 등껍질의 생김새와 비슷해서 이탈리아어는 tartaruga(거북이)라는 표현이 있다.

어떤 한국 소설들을 보면 갈비뼈가 보일 만큼 삐쩍 마른 사람을 빨래판으로 일컫기도 했다. 빨래판 복근을 가진 사람이 뚱뚱하지는 않으니 둘이 통하는 구석이 없지는 않다. 이 표현은 일본어 센타쿠이타洗濯板에서 왔다. 일본어는 깡마른 사람의 비유로 빨래판을 널리 쓰다 보니 영어를 번역한 洗濯板腹筋(빨래판+복근)가 들어가기 어려웠고 한국어는 일본어 번역 표현 빨래판을 드물게 쓰기는 했으나 널리 퍼지지는 않았기에 빨래판 복근이 비교적 쉽게 자리 잡을 수 있었을 것이다.

초콜릿 복근은 밖에서 운동을 하고 그을린 살갗 색깔도 은연중에 암시하기는 하지만 칸칸이 나뉜 초콜릿 바의 모양에서 나온 말이다. 한국어와 비슷하게 초콜릿바를 복근의 비유어로 쓰는 언어들이 있다. 프랑스어 tablette de chocolat, 유럽 스페인어 table-ta de chocolate, 콜롬비아 스페인어 chocolatina도 초콜릿 복근을 가리킨다. 프랑스어는 적어도 1984년부터 des abdominaux en tablettes de chocolat가 나오므로 스페인어 표현은 프랑스어 번역으로 보인다.

다음은 프랑스 작가 프레데리크 베그베데가 2000년 발표한 『99 francs』의 원문 일부 및 번역이다. 한국어는 2004년 『9900원』으로 번역되었다.

> **프랑스어** Nous nous battons pour ressembler à la joyeuse Hitlerjugend, avec des tablettes de Galak sur l'abdomen.
>
> **스페인어** Luchamos por parecernos a la feliz Hitlerjugend, con unas tabletas de chocolate Galak por abdomen.
>
> **영어** We all strive to look like the joyful Hitlerjugend, with chocolate-bar abdomens.
>
> **한국어** 또 우리는 초콜릿 바처럼 단련된 복근을 가진 나치스 청년단을 닮으려고 애쓰고 있지 않은가.

Galak는 초콜릿 상표다. 프랑스어와 스페인어는 원래 쓰는 표현이고 한국어 '초콜릿 바처럼 단련된 복근'은 프랑스어 표현의 설명이며 영어 chocolate-bar abdomens는 일상 표현이 아니라 이 소설에서만 나오는 번역투다. 한국에 프랑스 문화가 직접 영향을 미치는 경우가 적다 보니 초콜릿 복근을 프랑스어의 번역 차용어로 단정하기는 힘들지만, 시기상 한국어보다 프랑스어에서 꽤 먼저 나온 말이니 일말의 가능성을 염두에 두어도 괜찮겠다.

중국어 六块腹肌보다 덜 쓰이며 주로 한국 연예 기사에 등장하던 巧克力腹肌[qiǎokèlìfùjī]의 巧克力은 초콜릿의 뜻으로 한국어 초콜릿 복근의 번역 차용어일 가능성이 높은데 이제는 꽤 널리 쓰이는 말이 되었다. 일본어도 초코레토하라스지ㅊㅋㅋㅋㅋㅋㅋ腹筋가 있기는 하지만 중국어 巧克力腹肌보다 사용 빈도가 훨씬 낮고 한국 연예 기사에만 나온다. 태국어를 비롯한 동남아시아 언어들도 초콜릿 복근의 번역어가 나오긴 하나 아직 쓰임은 적은 듯하다. 한국어 '왕자 복근'의 번역어 王字腹肌[wángzìfùjī]는 중국에서 드물게 쓰이고 고유명사처럼 한국인 보디빌딩 트레이너가 연관 검색어로 나온다.

한국에서 헬스클럽이 대중화되고 이른바 몸짱이 주목을 받으며 남녀노소 안 가리고 몸매 만들기 열풍이 불면서 그전까지는 지칭될 일이 적었던 복근이 더 많이 노출되어 2000년대 이후 여러 가지 별칭으로 불리게 되었다. 세계 여러 언어에서도 복근 비유어는 인접 언어끼리 유사한 면도 보이지만 대개 20세기 후반부터 나오기 시작했기에 역사가 깊지는 않아 언어 지리적 관련성은 비교적 적은 듯싶다. 한국어는 자생적 한자어 왕王자, 영어 번역 차용어 빨래판, 영어 직접 차용어 식스팩, 프랑스어 번역 차용어로 짐작되면서 중국어에도 번역 차용어로 들어간 초콜릿 복근 등을 두루 갖추어 무척 다채로운 복근 언어를 가지게 되었다.

02

일본식 영어가
아닌 말들

일제 영어와 본토 영어

제2차 세계대전이 끝날 때까지 한동안 일본 식민지였던 남태평양 섬들의 몇몇 언어에는 일본어 및 일제 영어 낱말이 꽤 많이 남아 한국어의 외래어와 비슷한 것도 적지 않다. 예컨대 팔라우어 donats, ranninggu, siats는 도나쓰(도넛), 란닝구(러닝셔츠), 샤쓰(셔츠)를 뜻한다. 양동이를 뜻하는 baket는 일본어를 거쳤다면 빠께쓰처럼 bakets가 됐을 테니 donats와 달리 영어 bucket의 직접 차용어로 보인다. 이 밖에도 오토바이otobai 등 일제 영어가 꽤 많다.

일본어로 와세이에이고和製英語라 불리는 일제 영어는 콩글리시에서 적지 않은 부분을 차지한다. 일본 식민지였던 대만도 그런 어휘가 남아 오토바이オートバイ의 차용어가 있으나 이제 표준어 摩托車[mótuōchē]를 많이 쓴다. 한국은 아직 일상어로 오토바이

를 많이 쓴다. 1989년 7월 26일자 『경향신문』에도 '바이크족'이 언급되는데 오토바이 전문잡지 『모터바이크』가 창간된 1998년 이래 2000년대부터 인터넷 동호회 문화 확산과 맞물려 '오토바이'의 촌스러운 느낌 및 일제 영어에 대한 거부감 탓인지 특히 오토바이 동호회원을 중심으로 '바이크'가 점점 더 널리 퍼지는 추세다. 공교롭게도 이제 일본어는 바이쿠ᵇⁱᵏᵘ를 더 많이 쓰는 편이다. 영어 bike는 자전거와 오토바이 두 가지 뜻이 다 있는데 한국과 일본에서는 오토바이만 일컫는다. 국어사전에는 오토바이와 모터사이클만 있고 아직 바이크는 없으며 모터바이크는 원동기장치자전거를 뜻한다. 영어는 motorbike(오토바이)와 motorized bicycle(원동기장치자전거)로 구별하는데 전자가 moped(모터 달린 자전거)도 뜻하므로 모터바이크(원동기장치자전거)가 콩글리시는 아니지만 이제 이 말도 거의 오토바이를 일컫는 것 같다.

아직 비표준어인 바이크가 언어 정책과는 무관하게 오토바이보다 점점 더 많이 쓰이리라고 예상되는 것과 달리 정책적으로 일제 영어의 요소를 없애기도 한다. 팔라우어를 비롯하여 사용 인구가 적은 언어를 가진 남태평양 나라들과 세계에서 언어 인구로 열 손가락 안에 들을락 말락 하는 한국어가 공용어인 한국을 언어 정책 면에서 견주면 좀 경우에 안 맞겠지만 어쨌든 이들 남태평양 언어에서는 일제 영어를 딱히 본토 영어에 가깝게 하려는 노력은 없다. 그런데 한국에서는 일제 영어를 '본토' 영어에 조금이라도 더 가깝게 적으려 한다.

부정행위를 뜻하는 커닝은 영어 형용사 cunning(약삭빠른)이 어원

인데 일제 영어 간닌구ヵﾝﾆﾝｸﾞ에서 들어왔기에 대개 '컨닝'으로 발음한다. 그러나 영어는 [nn] 같은 겹닿소리가 없어 표기는 '커닝'으로 정했다. 한글 표기로 summer[ˈsʌmə]도 '서머'가 맞지만 철자 영향 탓에 흔히들 '섬머[썸머]'로 발음한다. 러닝셔츠와 와이셔츠도 어원상 영어 running shirt 및 white shirt이지만 일제 영어 란닌구샤쓰ﾗﾝﾆﾝｸﾞｼｬﾂ 및 와이샤쓰ﾜｲｼｬﾂ에서 왔고 실제로 영어에서는 각각 sleeveless shirt, A-shirt 및 dress shirt다.

흔히 '런닝'으로 발음하는 running은 표기법상 '러닝'이다. 런닝머신도 일제 영어인데 국어사전에는 러닝머신도 없고 2004년 신어 자료집에 트레드밀만 나온다. 아마 러닝머신도 콩글리시고 어차피 사전에 안 실렸던 말이니 영어 treadmill의 차용어를 받아들였을 것이다. 아직은 런닝/러닝머신보다 쓰임이 덜하지만 '헬스(클럽)'도 요즘은 영어 gym의 차용어 '짐'이라 부르는 이가 늘어나듯 '트레드밀'도 쓰임이 늘 것 같다. 일본어도 란닌구마신ﾗﾝﾆﾝｸﾞﾏｼﾝ과 더불어 도렛도미루ﾄﾚｯﾄﾞﾐﾙ도 많이 쓴다. 일본어에 가까운 란닝구/난닝구(한국어 두음 법칙) 내지 칸닝구/간닝구 발음도 있으나 한국인의 언어 감각에는 런닝/컨닝보다도 훨씬 일본어처럼 들리므로 현재는 대개 노년층 혹은 희화화의 경우에만 쓰인다.

셔츠는 '샤쓰'로 많이 발음했지만 요새는 '셔츠'가 거의 정착된 듯하다. 일본어 [tsu]는 '쓰'로, 영어 및 독일어를 비롯한 여러 언어의 [ts]는 '츠'로 적는데 일제 영어의 발음도 영어 기준으로 표기하게 되었다. 그런데 '셔츠'가 영어에만 바탕을 뒀다고 보면 단수 shirt가 아닌 복수 shirts인 셈인데 윗도리 한 벌은 영어로 그냥

shirt일 뿐이다. 따라서 러닝셔츠, 와이셔츠의 명칭뿐 아니라 '셔츠'라는 표기도 '본토' 영어에서 벗어난다. 전에 어떤 텔레비전 쇼에서 누가 '노란 샤쓰의 사나이'를 불렀는데 어이없게도 자막에 샤쓰 대신 셔츠라고 나왔다. 노래 제목은 고유명사인 것은 물론이려니와 '샤쓰'도 엄연히 표준말로 사전에 올라와 있다는 사실도 모른 채 애먼 데서 오지랖 넓은 꼴을 보여 실소가 안 나올 수 없었다.

셔츠와 비슷한 보기로 doughnut에 대한 도나쓰, 도너츠, 도넛이 있다. 표준 표기는 도넛인데 옛날에는 도나쓰로 불리다가 요새는 도너츠, 도넛이 두루 통용된다. 이 역시 영어는 scissors(가위), shears(큰 가위), tongs(집게), trousers(바지) 따위처럼 절대복수형이 아니라 그냥 doughnut이 기본형이다. 따라서 표준말 도넛과 달리 도너츠는 영어에 어긋나는 셈이다. '스포츠'도 단일 종목만 가리킨다면 영어로 sport고 여러 종목을 함께 이를 때는 sports다. '축구는 팀 스포츠다'는 영어로 'Football is a team sport'다. 그런데 '스포츠'는 집합적으로도 쓰므로 영어도 sports가 자주 나온다. 그리고 sportsman 같은 복합어에 −s가 붙기도 하는데 속격(genitive) −s로 추정되지만 sport(s) studies/medicine처럼 복수와 단수가 오락가락하는 경우도 있다. 스포츠카를 뜻하는 영어 sports car, 독일어 Sportwagen, 네덜란드어 sportwagen, 스웨덴어 sportbil, 프랑스어 voiture de sport, 포르투갈어 carro esporte에서 보이듯 주요 유럽 언어는 단수형 sport를 쓴다. 덴마크어 sportsvogn, 노르웨이어 sportsbil의 −s는 복합어에 붙는 속격 접사다.

부츠도 좀 애매한 경우다. 신발은 보통 짝을 이루니 이것도 trousers처럼 절대복수일 것 같지만 그렇지 않다. 가위나 바지는 하나의 물건에서 두 쪽으로 갈라지는 부분이 있는 반면 신발은 한 짝만으로도 존재하기 때문이다. 따라서 영어에서도 물론 boots 라는 꼴을 쓸 때가 더 많기는 하겠으나 신발 한 짝만을 가리키거나 boot maker처럼 boot가 수식어이면 boots를 쓰지 않는다. 스포츠와 부츠는 일본어 스포쓰スポーツ 및 부쓰ブーツ를 거쳐서 들어왔을 가능성이 높다. 신발을 일컫는 '슈즈'도 슈즈シューズ처럼 영어 복수형 shoes의 차용어를 쓴다. 이와 달리 '하이힐'은 하이히루ハイヒール와 마찬가지로 한 켤레라 해도 영어 high heels와 달리 단수형만 쓴다. '스니커즈'와 스니카スニーカー는 각각 sneakers와 sneaker를 들여 상이하다.

〈굿모닝 팝스〉라는 인기 라디오 영어 학습 프로의 제목에서 '팝스'도 따지고 보면 대중음악, 팝송을 뜻하는 일본어 폿푸스ポップス에서 온 말이다. 영어로 대중음악을 가리키는 pop은 주로 불가산명사로 간주되어 복수형을 거의 안 쓴다. 물론 팝송 한 곡을 뜻할 때 a pop이라고도 하고 top of the pops 같은 표현도 있으나 대중음악을 이를 때는 대개 그냥 pop이라고 한다.

딴 언어에서 영어를 받아들일 때 복수형이 되는 경우가 왕왕 있다. 예컨대 '코크스'의 뿌리는 영어 coke지만 독일어 Koks를 거쳐 모든 게르만어파·슬라브어파·발트어파·우랄어족·튀르크어파(터키어 제외) 언어와 루마니아어(로망스어 중 유일), 히브리어, 알바니아어, 몽골어, 일본어, 한국어 등은 이 꼴을 쓴다. 코크스처럼 매우 넓게 퍼진 말도 있고 rail에 해당하는 스웨덴어 räls 및 러시아어 рельс(rel's)처럼 좀 더 제한적으로 퍼진 말도 있는데, 20세기 초반 이전에 영어를 외래어로 수용한 언어에서 영어 형태론이 제대로 파악되지 않은 상태였기에 원어와 다르게 복수 꼴이 생겼다.

일본어가 영어 어말 -t를 [tsu]로 받아들인 것을 복수 형태 -ts 의 수용으로만 보기는 어렵다. 일본어는 음절이 모음으로 끝나므로 음절이 자음으로 끝나는 외래어는 대개 -u를 붙이는 반면 t의 경우는 -o를 붙이는데 일본어에서 u행의 t는 [tu]가 아니라 [tsu] 이기에 [to]가 원어에 더 가까울 수 있다. 그러나 꼭 일관성이 있었던 것은 아니다. 예컨대 양동이를 뜻하는 바케쓰バケッ는 스포츠, 부츠, 도너츠처럼 집합적으로 부를 일도 딱히 없고 개수를 세기에도 쉬운 말이라 복수형 buckets의 차용어가 아닐 것이다. 영어 cutlet을 가쓰레쓰カッレッ로 차용했듯이 복수형이라기보다는 초기에 들어온 영어 낱말 -t에 -to보다는 -tsu를 할당했다고 보인다.

그렇다면 굳이 '원래의 올바른' 영어에서도 벗어나는 낱말의 발음 내지 표기만 '본토' 영어에 가깝게 하려는 노력은 어떻게 봐야 할까? 어떤 측면에서는 좀 우스꽝스러워 보이기도 하지만 좋든 싫든 바로 이런 것도 일본어의 잔재를 지우고 싶은 한국인의 마음이 반영된 한국어의 사회언어학적 특징이다. 어차피 언어란 언어 공동체의 명시적·묵시적 합의로 계속 변한다. 콤플렉스나 상처가 사라져 굳이 애써서 지우지 않더라도 별다른 거리낌이 없는 때가 오기를 바라 마지않는다.

빠꾸는 진짜 콩글리시다

어렸을 때는 빠꾸를 그냥 일본말로 잘못 알았고 어른인지 아이인지 잘 기억 안 나지만 누군가는 마빡이 일본말이라는 헛소리도 했다. 일본어로 오해를 받는 말은 크게 세 가지다. 구라나 에누리처럼 고유어인데 어감상 얼핏 일본말 같은 느낌도 드는 경우, 빠꾸처럼 영어가 원어지만 일본어를 거쳐서 원래 일본어인 줄로 아는 경우, 알레르기처럼 독일어나 다른 외래어에서 왔지만 영어와 발음이 좀 달라서 오해받는 경우 등이다.

한국말 빠꾸는 영어 백back이 일본어 밧쿠バック를 거쳐 들어온 것으로, 주로 퇴짜 및 자동차 후진을 뜻한다. 퇴짜의 경우는 빠꾸 맞다/먹다/당하다 및 빠꾸 놓다, 후진의 경우는 빠꾸 하다/시키다 따위로 주로 쓴다. 이 가운데 후진의 뜻은 정확히 말하자면

콩글리시만은 아니다. 자동차를 후진시킨다는 뜻으로 영어는 to reverse와 더불어 to back도 쓰기 때문이다.

그런데 영어 백back과 마찬가지로 일본어 밧쿠バック도 후진이라는 뜻은 있어도 퇴짜는 없다. 물론 과거에 일본어에서 퇴짜라는 말뜻으로 쓰였는지 찾아봐야겠지만 그런 적이 없다면 이 말뜻은 한국어에서 자생적으로 생긴 순수 콩글리시라고 볼 수도 있겠다.

스웨덴어, 덴마크어, 노르웨이어, 아이슬란드어 등 스칸디나비아어도 영어 백back을 부사 및 동사로 차용하여 예컨대 스웨덴어 backa는 '후진하다'를 뜻한다. 사실 스웨덴어는 bak(뒤로), bak(엉덩이), tillbaka(뒤로, 뒤쪽으로)처럼 영어 백back과 어원도 같은 고유어가 이미 있는데 항해 용어로서 영어 백back을 또 차용한 것이며—항해 용어는 영어, 네덜란드어, 스칸디나비아어 모두 서로 영향을 주고받았다—자동차 후진의 뜻도 된 것이다.

이 스웨덴어를 다시 차용한 핀란드어 pakki는 한국어처럼 후진과 퇴짜라는 뜻이 모두 있는데, 이 두 언어의 매개어가 되는 스웨덴어와 일본어는 퇴짜의 뜻이 없다는 점을 볼 때 우연의 일치 치고는 참으로 공교롭다. 핀란드어로 빠꾸 먹다/맞다/당하다는 saada pakit(빠꾸 받다), 빠꾸 놓다는 antaa pakit(빠꾸 주다)의 꼴로 쓰인다.

영어 back과 관련된 콩글리시로는 역시 일본어를 거쳐서 온 백미러도 있다. 영어는 리어뷰미러rear-view mirror라 이를 번역해 후사경으로도 부르지만 백미러가 차라리 나은 것도 같다. 그런데 덴마크어, 노르웨이어, 스웨덴어도 각각 bakspejl, bakspeil, backspegel이라서 백back+미러mirror의 얼개고 독일어 Rückspiegel도 마찬가지다.

백넘버 및 이를 번역한 등번호는 영어로 uniform/shirt/jersey/squad number 따위로 부르며 일본어는 등번호의 뜻으로는 이제 세반고背番号를 주로 쓰고 밧쿠난바バックナンバー는 영어 백넘버back number처럼 대개 과월호를 뜻한다. 독일어 Rückennnumer, 네덜란드어 rugnummer 역시 등+번호의 얼개고 스페인어 dorsal 및 프랑스어 dossard도 등을 뜻하는 말에서 왔다. 사실 등+번호는 이런 여러 언어에서 드러나듯 쉽게 떠올릴 만한 조합인데 영어는 그런 말이 없다는 게 오히려 의아하기도 하다.

독일어 Rückspiegel에서 rück는 '뒤로'를 뜻하고 Rücken-nummer의 Rücken은 '등'을 뜻한다. 영국은 독일어를 차용한 rucksack을 '배낭'으로 많이 쓰는데 독일어 Rucksack의 Ruck은 Rücken(등)의 스위스 방언 형태고, 배낭은 그냥 Rucksack이 표준 독일어가 되었다. 그런데 이 독일어를 차용한 러시아어 рюк-зак(ryukzak) 및 일본어 륫쿠삿쿠リュックサック는 표준 독일어 Rücken의 움라우트 ü를 받아들여 일종의 과잉 교정인 셈이다.

그리고 그냥 배낭을 뜻할 뿐인 미국 영어 백팩backpack이 한국에 들어와 요즘 들어 많이 쓰이며 콩글리시 같기도 한 말처럼 됐다. 배낭은 등산, 여행용이고 백팩은 출퇴근, 패션용을 가리키는 뜻으로 세분된 듯하다. 카레는 일본식/한국식, 커리는 인도식/서양식을 가리킬 때 쓰기도 하는 것과 비슷한 양상이다. 굳이 배낭과 카레를 그렇게 나눠서 부를 필요가 있을까 싶기도 하지만 언어라는 게 많은 사람이 쓰다 보면 바뀌게 마련이니 앞으로 지켜볼 일이다.

웨하스와 와플

국립국어원 온라인 소식지 '우리말 사랑하기' 코너에 나온 웨하스를 웨이퍼로 바꿔 쓰자는 주장이 MBC 트위터에 실려서 많은 빈축을 산 적이 있다. 언어 정책을 맡는 일부 전문가보다 견식이 높은 일반인도 많음을 알 수 있다. 물론 국어사전에는 웨이퍼의 잘못이라고 나와 있긴 한데 일본 냄새가 조금이라도 풍기면 무조건 갈아치워야 할까?

낙인찍힌 일본계 외래어는 일단 그렇다 치고 우리말 다듬기에서 주요 대상인 외래어를 다소 생소한 한자어로 바꾸면 어차피 둘 다 고유어도 아닌데 뭔 상관이냐는 의문도 제기된다. 이건 반만 맞는데, 넓게 보면 외래어든 한자어든 차용어 범주에 들지만 전자보다 후자가 한국어 체계에 내재적이다. 티컵teacup이나 찻잔

茶盞이나 똑같은 차용어라고만 할 수는 없다. 일본어는 서양 찻잔 디캇푸ティーカップ와 동양 찻잔 자완茶碗(ちゃわん)을 구별하는 편인데 한국어는 티컵이 표준어도 아니고 제한적으로만 쓰인다. 이렇듯 외래어를 한자어로 순화하는 근거도 있으나 차용 요소 분별이 늘 쓸모가 있진 않다. 뿌리가 포르투갈어인 담배와 빵, 네덜란드어인 가방은 이제 고유어와 다름없는 귀화어로 분류되며 구두와 마찬가지로 직접 어원은 모두 일본어다. 아직 녹아들지 않은 외국어냐 이미 녹아든 귀화어냐를 가르는 기준은 영속적이지 않다.

웨하스를 웨이퍼로 바꾸자는 것은 왜색 배척의 일환인데 이렇게 따지면 수많은 한자어나 앞서 보기를 든 귀화어도 칼바람을 맞아야 할 뿐더러 잘 쓰던 말을 바꿔봤자 고작 영어이니 반발이 안 생길 리가 없다. 이미 탤런트, 커닝 따위로 재영어화된 탈렌트, 컨닝 같은 상당수 일제 영어는 어차피 이른바 본토 영어와 의미가 다르므로 좀 우스운 꼴인 셈이다. 발음만이라도 가까워지려는 몸부림의 발로다. 거의 텔레비전으로 대체된 '테레비'는 이와 달리 음운적 차이만 있고 티브이(표준어로 글자 v는 브이) 또는 티비(teevee가 아닌 TV가 어원이므로 비표준어)로도 불린다.

그럼 테레비-텔레비전처럼 음운적 차이만 있는 웨하스-웨이퍼 교체도 괜찮을까? 영어 wafer는 노르만프랑스어 waufre, 네덜란드어 wafel로 거슬러 올라가며 여기서 waffle도 나왔고 한국어에서 와플로 통용된다. 그렇다면 영어 wafer도 원래 어원인 네덜란드어식으로 다시 돌아가는 게 옳을까? 아무도 그리 생각하지 않을 것이다. 이미 영어에서 wafer와 waffle은 비슷하지만 서로

다른 종류의 과자를 일컫는다. 영어는 그 안에서 수많은 언어가 교차하면서 생긴 이런 쌍형어doublet가 무수히 많아, 예컨대 뜰을 일컫는 가든garden은 프랑크어에서 프랑스어를 거쳐 들어왔고 야드yard(길이 단위 yard는 다른 뿌리)는 앵글로색슨 고유어인데 결국 둘 다 게르만어파에 속해 있다. 일본어 웨하스ウェハース를 거쳐 온 웨하스는 과자만 일컫고 영어 wafer에서 바로 온 웨이퍼는 반도체 만들 때 쓰는 실리콘 원판만 일컬으니 의미가 분화된 쌍형어로 존재한다고 보면 된다. 일본어도 웨이퍼는 웨하ウェハー나 웨하ウェーハ로 웨하스와 달리 일컫는다. 한국어도 고유어 머리와 마리, 한자어 산행과 사냥 같은 쌍형어가 있는데 외래어도 마찬가지다. 웨이퍼, 웨하스에 와플까지 더하면 어원이 같은 말이 삼중으로 있는 것이다. 와플도 원래 네덜란드어니까 바펄로 바꿔야 할까? 원래 맞는 말이란 없다. 낱말은 여러 언어를 거치며 이런저런 색을 덧입기도 하고 벗기도 한다. 웨하스도 한국인이 먹는 과자를 뜻하는 낱말의 색을 띤다. 세월이 흐르면서 다시 웨이퍼로 돌아갈 수도 있겠으나 고작 왜색 때문에만 당장 바꾼다면 억지스러운 탈색이다.

　음식 이름은 복수가 기본형인 경우가 왕왕 있다. 웨하스ウェハース처럼 차용 과정에서 단복수가 혼동되기도 한다. 스파게티와 마카로니의 이탈리아어 스파게티spaghetti와 마케로니maccheroni(프랑스어와 영어를 비롯한 여러 언어는 방언 형태 macaroni로 수용됨)는 각각 국수 가락 스파게토spaghetto와 대롱 마케로네maccherone의 복수다. 영어로 스파게티spaghetti는 불가산명사지만 스파게티 몇 접시라고 할 때는 스

파게티스_{spaghettis}로 왕왕 쓰기도 하는데 원래가 이탈리아어 복수형임을 인식하지 않는 영어 화자도 많기 때문이다. 스페인어처럼 음운 및 형태상 단수 espagueti 및 복수 espaguetis가 자연스러운 언어도 있다.

영어 potato chip(미국) 및 crisp(영국)도 한 조각만 뜻하니 음식을 일컬을 땐 자연스레 복수 chips 및 crisps를 쓰게 마련이다. 한국어 포테이토칩 또는 감자칩과 달리 일본어는 영어 복수형을 그대로 취한 포테토칫푸스ポテトチップス가 으뜸꼴이다. 러시아어도 영어 chips를 그대로 단수 чипс(čips)로 차용하고 복수는 다시 러시아어 어미가 붙어 чипсы(čipsy)이며 폴란드어도 마찬가지로 단수 chips, 복수 chipsy다. 스웨덴어도 단복수 구별 없이 영어 복수형 chips를 그냥 쓴다. 토르티야칩 여러 조각과 각종 재료를 곁들인 멕시코 음식 나초도 영어 nachos, 러시아어 начос(načos), 일본어 나초스ナチョス이다. 이들 모두 스페인어 nacho의 복수 nachos를 기본형으로 차용했다. 스페인어는 물론 칩 하나는 단수 nacho, 요리는 복수 nachos를 쓴다. 여러 재료를 토르티야 안에 감싸서 먹는 멕시코 음식 타코는 스페인어·영어 taco, 러시아어 тако(tako)처럼 주로 단수를 쓴다. 일본어는 이 경우도 다코스タコス를 많이 쓰는데 다코タコ(문어)와 구별이 되는 전략일 수도 있다. 웨하스ウェハース는 조금 다른 경우지만 과자 한 조각만이 아닌 여러 개를 기본으로 가리킨다고 하면 복수를 으뜸꼴로도 얼마든지 취할 만하다.

한국어 들, 일본어 다치たち는 복수에 늘 붙는 말이 아니므로 유럽언어 복수와 문법적으로 전혀 다르다. 영어에서 장화 한 짝만

일컬으면 a boot지만 보통은 둘이 한 켤레를 이루니 boots를 쓸 때가 많아 '부츠'로 차용됐을 가능성이 높다. 한국어는 여러 켤레를 특별히 강조할 때 말고는 장화들, 부츠들이라고 할 까닭도 없고 한 짝만 일컬을 때도 단수인 boot에 해당하는 '부트'는 전혀 안 쓴다. 영어 information은 불가산명사지만 독일어 Information, 프랑스어 information은 각각 복수 Informationen, informations도 되듯이 단복수를 정하는 기준은 비슷한 언어라도 조금씩 다르기에 어휘 차용에서 수 혼동은 당연히 생긴다. 고체 탄소 연료의 하나인 코크스는 직접 어원이 일본어 코쿠스ㅋㅡ가ㅈ 및 독일어 Koks다. 영어는 단수형 coke로 쓰는데 복수꼴이 독일어를 거쳐 북유럽, 동유럽, 동아시아 등 유라시아 여러 언어로 퍼진 것이다.

영어 doughnut의 차용어는 도넛이 표준어지만 도너츠도 흔히 통용되고 한때 많이 쓰인 도나쓰는 일본어 도나쓰ド−ナッ의 영향인데 이를 doughnuts의 직접 차용으로 볼지 아니면 어말 [t]가 일본어에서 [to]와 더불어 근대 차용어 도입 초기에 [tsu]로 실현되던 현상 때문인지는 다소 불확실하다. 비교적 이른 시기에 차용된 축이라 음운 현상일 가능성도 높다. 카레(표준어)는 한국화된 음식 또는 일본 음식, 커리는 원래 인도 음식의 느낌이 난다고들 하듯이 도나쓰는 시장에서 파는 한국화된 음식이고 도넛과 도너츠는 원래 미국 음식의 느낌도 난다. 나름의 뉘앙스 차이도 있겠으나 앞으로 얼마나 이런 어감이 지속될지 단언하기 어렵고 웨이퍼나 웨하스 같은 쌍형어로 보기도 힘들다. 한국어 셔츠는 영어 shirt의 복수가 으뜸꼴이 아니므로 일본어 샤쓰シャッ의 차용어 샤쓰를 더 영어

발음에 가깝게 만든 것일 뿐이니 경우가 조금 다르다.

영어 wafer의 직접 어원인 노르만프랑스어 waufre는 현대 프랑스어에서 gaufre의 꼴로 나타나며 gaufre는 와플, 지소형 어미가 붙은 gaufrette는 웨하스에 가깝다. 프랑스어 gaufre는 일본어에 고푸르ゴーフル로 차용되었는데 전병 사이에 크림을 넣은 일본식 과자가 됐다. 한국에서 통용되는 고프르나 고프레는 이런 일본식 과자를 일컬을 때가 많다. 그런데 일본어는 원래 프랑스어 발음대로 어말 [e]가 없는 반면 한국어는 고프르보다 고프레가 더 많이 통용된다. 철자 발음일 텐데 프랑스어를 차용한 스페인어 gofre도 이와 비슷하다. 어말 자음 둘이 겹치다 보니 스페인어는 모음을 뒤에 붙이는 쪽의 발음이 자연스럽다.

음식 또는 천의 종류를 일컫는 프랑스어 crêpe는 영어를 통해 한국으로 들어왔기에 크레이프가 표준어인데 프랑스어 발음에 따른 크레프 및 철자식 발음 크레페 등 크게 세 가지가 통용된다. 표기상 천은 크레이프, 음식은 크레페가 가장 많이 쓰인다. 정작 원래 프랑스어 발음에 가장 가까운 크레프 사용 빈도는 두 경우 모두 일등이 아니다. 음식 이름으로서는 1980년대 후반부터 크레이프가 언론에서 언급되지만 1990년대 이후 주로 크레페로 통용된다. 영어도 천을 뜻하는 말은 발음 [ei]를 반영해 철자를 crape로 쓸 때도 많은데 음식은 프랑스어 그대로 crêpe 또는 기호 ^를 뺀 crepe로 쓰고 발음도 이중모음과 더불어 프랑스어에 가까운 단모음 [ɛ]도 통용된다. 한국에서 먹는 크레페는 식사로서의 프랑스 음식보다는 디저트로서의 일본 음식에 더 가까운데 일

본어 표기는 구레푸クレープ고 구레페クレペ/クレーペ는 거의 안 쓰므로 크레페는 고프레와 비슷하게 한국어 자체적으로 생긴 표기로 보인다. 스페인어는 crepe를 프랑스어처럼 발음할 때가 많지만 한국어 크레페처럼 어말 e를 넣는 경우도 있고 프랑스어 crêpe가 여성명사라서 crepa로 변용해 쓰기도 하고 특히 천을 가리킬 땐 crepé로 많이 쓴다.

크레페와 크레이프의 궁극적 어원인 라틴어 crispus는 원래 '돌돌 말린'의 뜻인데 영어에도 crisp로 차용되어 원래는 천처럼 돌돌 말린 것에서 천처럼 빳빳한 것을 뜻하다가 바삭한 것도 뜻하게 되었다. 재료는 다르지만 타코와 비슷하게 감싸거나 말아서 먹는 프랑스어 crêpe는 영국 영어 crisp(포테이토칩)와 뿌리가 같다.

직물은 주로 영어에서 들어왔으니 영어 발음에 가까운 크레이프가 우세하다. 크레페는 crêpe나 crepe의 단순 철자 발음이거나, 영어는 대개 어말 철자 e가 발음 안 돼도 프랑스어는 된다고 헷갈려 생긴 발음일 수도 있다. 영어 forte(장점)는 뜻이 같은 프랑스어 남성명사 fort에 다시 여성형 어미가 붙어 원래 현대 프랑스어에 없는 [t]도 발음이 되다가 나중에 다시 e까지 발음되어 이제 [-tei]나 [-ti]가 [-t]보다 우세하다. 그런데 이렇게 되다 보니 역시 장점을 뜻하는 이탈리아어 및 포르투갈어 forte와 공교롭게도 발음이 비슷하게 되었다.

일본어는 스케이트를 스케토スケート라 하듯 영어 [ei]를 대개 장모음 [e:]로 받는다. 외래어가 아닌 일본어 고유어라든가 한자어 先生(센세, せんせい)의 경우도 글자 그대로는 이중모음 [ei]가 실제 표

준어 발음에서 단일 장모음 [eː]가 되는 것과 비슷하다. 한국어는 일본어를 통해 받은 독일어에서 예컨대 호르몬, 엔도르핀 대신 홀몬, 엔돌핀이 통용되는 것도 음절 축약일 수도 있으나 [l] 및 [r] 모두 일본어에서 [r]가 되다 보니 한국어에서 [r]를 [l]로 과잉 수정한 것일 수도 있다. 프랑스어 enquête(조사, 설문)에서 온 앙케트를 흔히 앙케이트라고 더 많이 쓰는 것도 일본어 안케토ｱﾝｹｰﾄ의 과잉 수정일 수도 있다. 일본어는 영어 crape를 들였든 프랑스어 crepe를 들였든 표기는 구레푸ｸﾚｰﾌ이므로 크레이프는 앙케이트의 경우처럼 일본어의 간접적 영향이 과잉 수정으로 나타난 것일 수도 있다. 크레이프는 영어와도 비슷해 표준어로 인정된 반면 앙케이트는 enquête가 영어에서도 거의 안 쓰이다 보니 프랑스어에 더 가까운 앙케트에 밀렸으나 여전히 많이 통용된다.

프랑스어 enquête는 이탈리아어 inchiesta, 스페인어 encuesta와 어원과 뜻이 같고 형태도 마찬가지로 속라틴어 과거분사에서 전성轉成된 명사다. 영어 inquest(사인 규명)도 어원은 같은데 역시 뿌리가 같은 inquiry(조사, 연구)가 뜻으로는 enquête에 더 가깝다. 라틴어 crispus, 영어 crisp, 프랑스어 crêpe 그리고 라틴어 forestis, 영어 forest, 프랑스어 forêt이듯 중세 프랑스어 /es/에서 음절 끝 s가 탈락한 ê는 한때 장모음이었다. 이제 프랑스어는 장·단모음 변별성이 거의 없기에 일부 방언 말고는 철자 흔적만 남은 셈이다. 이런 보상적 장음화는 한국어 무수-무우-무(방언 무수)에서도 잘 드러난다. 한국 표준어도 장·단모음 변별성이 사실상 사라졌기에 [무ː] 발음은 임의적이다.

장·단모음 변별이 있는 언어를 보면 enquête와 crêpe의 차용 양상에 조금 차이가 있다. 독일어 Enquete, 스웨덴어 enkät, 에스토니아어 ankeet는 장모음인데 독일어 Krepp, 스웨덴어 kräpp, 에스토니아어 krepp은 단모음이다. 다음절어는 끝음절 강세가 장모음으로 인식된 반면 단음절어는 따로 음절 강세가 생길 수 없기에 일어난 차이다. 일본어에서 안케토アンケート와 구레푸クレープ로 모두 장모음으로 수용한 것도 현대 프랑스어 모음 발음 때문보다는 어휘 강세를 장모음으로 인식한 것이다. 웨하스/웨이퍼/와플/고프르/고프레, 앙케트/앙케이트, 크레프/크레이프/크레페도 이렇게 여러 언어의 복잡한 양상과 맥을 같이한다.

웨하스든 크레페든 맛있으면 그만 아닐까? 어떤 낱말이든 그렇게 생긴 데는 다 이유가 있다. 어원을 단순히 영어 또는 한 언어로만 여겨 그것과 조금만 다르면 막무가내로 뜯어고치거나 몰아내기보다는 여유와 아량으로 낱말의 역사와 현재의 쓰임을 두루 살피는 것이 이 21세기에 걸맞지 않을까.

망고와 탱고

현대 한국어의 차용어는 대개 일본어 및 영어를 거쳐 들어왔다. 외래어의 기원이 유럽, 아메리카, 아프리카, 아시아 어디든 직수 입보다는 두 언어가 중계한 것이 훨씬 많다는 뜻이다. 그런데 언어 순화에서는 일본식의 영어 또는 기타 외래어를 배격하는 경우가 대부분이고 영어의 색채가 묻은 비영어권 외래어는 별로 눈길을 끌지 않는다. 대개 영어 차용어는 지나치게 쓰일 때만 타박을 받지 그 자체로는 별 문제가 없다 여겨지고 영어를 통해 들어온 다른 외래어는 뿌리가 크게 인식되지 않기 때문이다.

아르헨티나 춤 탱고는 스페인어 tango가 어원이므로 '탱고'가 알맞겠지만 한국어는 영어 발음 [æ]를 따라 탱고다. 그런데 탱고라는 표기도 잠시 쓰였다. 『동아일보』 1936년 7월 24일자 소설「밀림」의 한 대목 "탱고 도롯드 왈즈 부로스 춤들이 갈릴때마다 사람들은 의장실로 달려 갓다."에서 드러나듯 일본은 1930년대에 탱고를 받아들였고 한국에도 들어왔지만 그리 널리 퍼지지는 않았기에 해방 이후 '탕고'는 거의 보이지 않는다. 『경향신문』 1949년 7월 27일자 소설「파도」의 "아름다운 탱고의 멜로디가 쉬지않고 흐른다. 사나이와 계집들은 쌍쌍이 되어, 미끄러지듯 돌아가고 있다. 이곳은 명동 ××구락부다. 오늘밤도… 탱고가 끝나고, 연달아 왈쓰가 돌아간다. 부루스가 돌아간다."에 이미 '탱고'가 나온다. 미국은 1910년대에 탱고가 들어왔는데 일본과 마찬가지로 유럽 탱고의 영향을 받았고 한국어는 미국 유흥 문화로 인해 탕고 대신 탱고를 쭉 쓰게 되었다. 스페인어식 발음에 가까운 '땅고'는 한국에서 대개 전문가 발음일 뿐인데 탱고 문화가 더 퍼진다면 스페인어 발음도 익숙해지고 스페인어식 표기 '탕고'가 쓰일 가능성도 있겠다. 한국어처럼 탱고에서 영어 [æ]를 따르는 언어는 힌디어 등 인도 언어 및 태국어 말고는 거의 없다.

탱고와 어형이 비슷한 망고는 타밀어 mankay가 어원이고 말레이어 mangga 및 포르투갈어 manga를 거쳤다. 이들 언어 및 프랑스어 mangue를 제외한 대부분의 언어는 영어 망고mango를 받아들였는데 또 다른 열대과실 망고스틴mangosteen의 영향으로 어말 a가 o로 바뀐 듯하다. 망고는 한국에 널리 퍼진 지 얼마 안 됐지만 『동아일보』 1932년 8월 16일자 기사의 "파이나플, 망고, 메론" 및 『동아일보』 1933년 9월 9일자 기사의 "퀸스란드를 여행할때는 나흘동안 망고만 먹엇다고 합니다."처럼 생각보다는 오래전부

터 알려진 과일이다. 『경향신문』 1956년 2월 6일자 기사 "길바닥
에 오렌쥐, 맹고, 배, 석류…"에 나오는 맹고는 이후 1990년대 초
까지만 드문드문 쓰였을 뿐이다. 표기는 딱히 영어의 영향이 없
었든지 일본어의 간접적 영향이 있었든지 망고로 자리 잡았다.

그런데 한국어 탱고-망고의 미묘한 차이는 세계 여러 언어에
서도 유사한 모습을 보인다.

루마니아어 tangou[tangóu]/mango[mángo]: 탱고는 프랑스어, 망고
는 영어 영향으로 각각 뒤와 앞에 강세가 온다. 전자는 중성명사, 후자
는 남성명사다.

그리스어 ταγκό[tangkó]/μάγκο[mángko]: 역시 탱고는 프랑스어, 망
고는 영어 영향으로 각각 뒤와 앞에 강세가 온다. 망고는 영어 연구개
비음 [ŋ]을 더 강조하고자 [n]이 덧붙여졌다.

일본어 タンゴ/マンゴー: 스페인어는 장·단모음 구별이 없고 [ou] 같
은 이중모음도 없지만 영어는 [mæŋgou]처럼 이중모음이 있기에 망고
는 이를 반영해 장모음 표시가 되었다.

중국어 探戈[tàngē]/芒果[Mángguǒ]: 탱고는 순수한 음역인데 망고는
果에 의미 요소도 있다.

독일어 Tango/Mango: 어두음 말고 발음 차이는 없으나 탱고는 남성,
망고는 여성명사다. 독일어는 사과Apfel 및 복숭아Pfirsch처럼 남성명사
과일도 있지만 바나나Banane, 파인애플Ananas, 키위Kiwi 같은 열대과실
은 여성명사가 많다. 동물 키위는 남성명사다.

겉보기로 일본어에 가깝다고 틀린 말도 아니고, 영어에 가깝다고 올바른 말도 아니다. 스페인어 탕고보다 영어 발음에 가까운 탱고든 영어보다 일본어 (및 다른 언어들) 발음에 가까운 망고든 한국 안에서 한국어로 통용되면 그 자체로 옳은 것일 뿐이다.

사라다가 포르투갈어라고?

요새는 '사라다'보다 '샐러드'를 더 많이 쓰는 것 같고 이게 표준어이긴 한데 마치 커리/카레 구별처럼 일본에서 건너와 한국화된 요리는 카레/사라다, 좀 더 '오리지널'에 가까우면 커리/샐러드라 부르는 경향이 있다. 이건 특히 매우 쓸모 있는 구글 이미지 검색을 해보면 잘 드러난다. 흥미롭게도 표준어는 각각 카레와 샐러드다. 일본어 영향을 많이 받은 서남태평양 팔라우어도 카레와 샐러드는 공교롭게도 한국어처럼 일본어 차용어 kare 및 영어 차용어 salad를 쓴다.

표준국어대사전 기준으로 커리는 그냥 '콜레'의 사투리만 있을 뿐 표제어가 아예 없고 어원 설명을 보면 카레는 '카레(←curry)'라서 경유 언어 일본어 カレー가 안 나오는 반면 샐러드의 비표

준어 항목으로 나오는 사라다는 '사라다(⟨일⟩sarada)'만 있어서 이번에는 유럽 원어가 없다. 한국어는 그나마 드물게만 있는 어원 사전도 고유어를 중심으로 계통 관계를 다루는 언어학적 전문 어원 사전이고 일반 사전은 한자어조차도 달랑 한자만 달아놓은 게 대부분이라 외래어 어원 설명까지 기대하기는 어렵다.

  물론 주요 서양 언어 사전의 어원 설명과 견주기는 힘들다. 서양 언어들은 최종적으로 인도유럽어족 공통 조어까지 거슬러 올라가도록 엄청나게 연구가 되어 있고 수많은 어휘의 상호 교류 역사가 기록으로 확인되는 반면 한국어는 별로 그렇지 못하다. 그리고 어원 설명이 매우 뛰어난 일반 사전인 『Webster's New World Dictionary of the American Language』를 보면(예컨대 『옥스퍼드영어사전』 및 『두덴독일어사전』의 어원 설명도 물론 훌륭하지만 상당히 전문적임) salad 뿐 아니라 프랑스어 유래 sauce, 라틴어 유래 saline, 그리스어 접두사 halo-(halogen 할로겐에 붙는) 따위가 모두 영어 고유어 salt와 한 뿌리임을 알 수 있다. 한국에서 나온 일반 사전 중에서는 이휘영의 『엣센스불한사전』이 어원을 가장 잘 다룬다.

  일단 사라다サラダ는 영어 샐러드salad의 일본어 발음으로 여기는 이가 많지만 여러 일본어 사전에서 나오듯 포르투갈어 사라다salada에서 왔다. 일반 국어사전에 어원 설명을 달아놓는다면 샐러드/사라다, 소스, 소시지, 할로겐 따위가 결국 인도유럽어 한 뿌리임을 나타내야 할까? 다소 '오버'로 보일 수는 있는데 음식 이름의 경우는 뿌리가 라틴어 소금sal임을 알려주는 것까지는 괜찮겠고, 대부분은 직접 전달 언어 및 그 직전 언어까지만 설명하면 될 듯

싶다. 영어 샐러드salad와 포르투갈어 사라다salada 둘 다 직접 어원은 프랑스어 salade고 이 역시 북부 이탈리아어 salata 또는 salada에서 왔다. 표준 이탈리아어 insalata는 스페인어 ensalada에 영향을 미쳤고 북부 이탈리아어 salata는 독일어 Salat에 차용되어 스칸디나비아어 및 여러 슬라브 언어로 들어갔다.

포르투갈어 사라다salada는 힌디어 सलाद[salād] 및 인도네시아어 selada를 비롯한 여러 인도 및 인도네시아 언어에도 차용되었다. 그런데 두 지역 모두 포르투갈과의 접촉 이후 인도는 영국, 인도네시아는 네덜란드의 식민 지배를 받았기에 벵골어를 비롯한 몇몇 인도 언어는 영어 영향도 있으며 인도네시아어는 네덜란드어 형태 sla, salat, salad도 함께 차용돼서 복잡한데 selada는 독일어 Salat를 비롯한 여러 유럽 언어처럼 이제 샐러드의 주 재료인 상추의 뜻으로 더 많이 쓰인다.

터키어와 페르시아어는 서양 언어 가운데 주로 프랑스어에서 근대 어휘를 차용한 점이 같지만 지리적 위치상 터키어는 이탈리아어와 그리스어의 영향도 많다는 점이 다르다. 샐러드의 경우도 프랑스어 살라드salade는 페르시아어 سالاد(salād)가 됐고, 그리스어 살라타σαλάτα에서 유래한 터키어 salata는 아랍 표준어 및 이집트 아랍어 سلطة(salaṭa)가 됐다. 모로코와 알제리 아랍어에서는 프랑스어를 차용한 salad로 쓴다.

그런데 사실 사라다는 몇몇 어원 사전 및 연구서의 설명에도 불구하고 포르투갈어 사라다salada가 어원이 아닐 가능성이 크다. 『Portuguese Vocables in Asiatic Languages』의 salada 항목에

는 일본어가 안 나온다. 비록 16세기 중반 포르투갈어가 일본어와 가장 먼저 만난 서양어이기는 해도 실제 접촉 기간은 네덜란드어, 독일어, 영어에 비해 훨씬 짧았고 사라다가 처음 등장한 때는 19세기 후반이다. 또한 포르투갈어 크리스탕cristão이 키리시탄キリシタン, 네덜란드어 그라스glas가 가라스ガラス, 프랑스어 크로켓croquette이 고롯케コロッケ, 영어 브레이크brake가 부레키ブレーキ 따위로 되듯이 20세기 초반 이전의 차용어는 일종의 모음조화 현상을 보인다. 따라서 사라다サラダ는 영어 샐러드salad 또는 프랑스어 사라드salade의 차용어로 봐야 한다.

언어들 사이에 차용 관계나 계통적 관련이 없음에도 우연히 비슷하게 생긴 낱말들을 언어학적 근거 없이 얼토당토않게 엮는 경우가 있다. 사라다는 이와 달리 계통 및 차용 관계 추적이 비교적 쉽다 보니 오히려 피상적 유사성에 따른 오류에 빠질 수도 있다. 뿌리가 같은 몇몇 유럽 언어 가운데 가장 생김새가 비슷하고 역사적으로도 밀접한 포르투갈어가 어원이라고 생각하는 것이 언뜻 자연스러워 보여도 역시 면밀한 검토를 거쳐야만 한다.

갸베쓰 소세지와
스코틀랜드 사투리

예전에는 양배추를 갸베쓰나 갸베츠로도 불렀다. 사라다는 갸베
쓰, 샐러드는 양배추가 어울릴 것도 같다. 일본어 갸베쓰キャベツ
는 팔라우어 갸베츠kiabets 및 대만어 입말 갸파치基亞別子도 되었다.
한국 어린 세대에서는 일본어 순화로 이제 이 말을 별로 안 쓰지
만 일본 문화나 요리의 유행 덕에 다시 알게 된 이도 적지는 않
다. 일본어의 영어 차용어 가운데 어말 '쓰ッ'는 한국 비표준어에
서도 아직 쓰는 샤쓰, 도나쓰, 빠께쓰처럼 shirt, doughnut, bucket
의 어말 t를 나타낸다. 표준어 셔츠도 복수 shirts에서 온 게 아니
라 일본어 흔적을 지우다 만 것이다. 근대화 초기에 들어온 cutlet
의 갸쓰레쓰カッレツ가 가쓰カッ로 짧아져 돈가스의 어원이 된 것도
마찬가지다. 현재는 외래어 어말 t가 대개 '토ㅏ'에 대응된다.

반면 캐비지cabbage처럼 어말 [dʒ]를 '쓰ッ'로 나타낸 경우는 매우 드물다. 게다가 영어로는 발음도 똑같은 철자 -age로 끝나는 소시지sausage는 소세지ソーセージ다. 그런데 갸베쓰キャベツ가 정착되기 전에는 갸베지キャベージ도 쓰였다. 다진 고기 민스mince는 이와 비슷하게 민치ミンチ 또는 멘치メンチ가 되어 마찰음 [s]가 파찰음 [tʃ]로 변했지만 역시 전에는 민시minshi 또는 민스minsu도 쓰였다. 한국어를 잠깐 보자면 소세지는 일본어에 더 가깝지만 소시지도 영어 직수입 단어 s가 모음 앞에서 대개 /ㅆ/로 실현되는 것과 달리 둘째 음절이 /ㅅ/이므로 일본어 영향이 남아 있다.

영어 캐비지cabbage의 어원인 카보슈caboche는 중세 프랑스어로, 당시 ch의 발음은 [ʃ]가 아닌 [tʃ]였다. 생김새가 머리통을 닮아 라틴어 카푸트caput가 기원이다. 중세 영어는 cabache, caboch, caboche 같은 철자에서 알 수 있듯 어말이 [tʃ]였다. 14세기에 들어온 이 말은 16세기에 근대 영어로 넘어가면서 강세 없는 음절 끝 [tʃ]가 [dʒ]로 유성음화되었다. 접미사 -ledge는 현대 영어에서 knowledge 말고 붙는 데가 없으나 -leiki로 얼개가 같은 아이슬란드어 kunnugleiki(아는 사이), 페로어 kunnleiki(앎) 또는 -lek인 스웨덴어 storlek(크기)처럼 북게르만어에서는 비교적 많이 쓰인다. 이 말도 고대 영어 -lác, 중세 영어 -læce, -læche를 거쳐 유성음화된 것으로 k-tʃ-dʒ의 변천이 잘 나타난다. 스코틀랜드어 kirk와 영어 church에서도 드러나듯 파열음의 파찰음화는 흔한 현상인데 한국 사투리도 기름-지름, 길-질처럼 연구개 파열음 ㄱ이 경구개음화로 자주 파찰음 ㅈ이 된다. 반대로 침채沈菜-딤채-짐치-김치 같은 경우도 있다.

　위에 언급한 낱말들과 cartridge(프랑스어 cartouche 및 이탈리아어 cartoccio 가 어원)처럼 근대 영어 초기에 철자가 바뀌거나 spinach처럼 철자 대신 발음만 [dʒ]로 바뀐 경우로 나뉘는데 한글로 그리니치라 표기되는 Greenwich도 근대 영어 표준 발음은 [dʒ]지만 철자 발음 탓에 spinach처럼 [tʃ]도 혼용된다. 일본어는 그리니치를 グリニッジ로 표기하여 유성음을 반영한다. 현대 영어 캐비지cabbage는 물론 표준어에서 [tʃ] 변이가 없으나 cabbitch로 표기도 되는 스코틀랜드 또는 아일랜드 등지의 방언에서는 아직 [tʃ]가 남아 있다. 중세 영어에 들어온 캐비지cabbage와 달리 소시지sausage(어원은 중세 프랑스어 saussiche)는 16세기에 들어와 이미 당시 영어에서 내적으로 진행되던 무강세 음절 어말 유성음화를 바로 겪어 [tʃ] 변이형이 없다. 외적으로는 프랑스어에서 16세기에 이뤄진 모음 앞 어말 장애음(파열음, 파찰음, 마찰음) 유성음화와 관련지을 수도 있겠다.

　일본어 갸베쓰와 소세지의 유무성음 차이는 이러한 영어 캐비지cabbage와 소시지sausage의 통시적 또는 지역적 차이가 반영된 것이다. 스코틀랜드인들은 19세기 후반 근대화된 일본의 여러 산업 분야에서 주도적인 역할을 했다. 19세기 중반에 캐비지cabbage가 일본에 들어왔으니 스코틀랜드를 비롯한 여러 방언의 발음에 아직 더 많이 남았던 [tʃ]가 일본어 갸베쓰에 반영된 반면, 소시지는 제1차 세계대전 뒤에 들어왔고 기왕에도 [dʒ]였기에 예컨대 영어 pig, peg의 모음이 pick, peck보다 길어지는 유성음 앞 모음의 음성학적 장모음화에 따라 소세지 [sōsēji]가 되었다. 다진 고기 민

치ミンチ나 멘치メンチ도 영어 민스mince에 해당하는 스코틀랜드 방언 minche, menche 등의 영향인 듯싶다.

동아프리카 스와힐리어 kabichi/soseji 및 남아프리카 치체와어 kabichi/soseji, 줄루어 (i)klabishi, ikhabishi/isoseji에서도 우연히 위와 비슷한 유무성음 대조가 눈에 띈다. 그러나 이를테면 영어 orange와 줄루어 iwolintshi, 포르투갈어 laranja와 치체와어 lalanje의 대응에서 드러나듯 여러 아프리카 언어에서 장애음의 차용이 늘 일관성을 보이지는 않는다. 오히려 웨일스어 cabatsien/sosej, 소말리아어 kaabash/soosayj, 말레이어 kubis/sosej 등의 사례를 볼 때 소시지sausage가 캐비지cabbage보다 늦게 수용되어 영어에 좀 더 가까운 발음 및 표기가 되는 것 같다.

양배추는 서유럽에서 독일어 Kohl, 프랑스어 chou, 이탈리아어 cavolo처럼 대개 영어 kale, cole과 같은 계통의 말들이 표준어이며 캐비지cabbage와 어원을 공유하는 낱말은 독일어 Kappes처럼 몇몇 방언에서만 나오는데 동유럽은 헝가리어 káposzta, 폴란드어 kapusta, 라트비아어 kāposti, 에스토니아어 kapsas처럼 표준어에서 나온다. 그리고 소말리아어 kaabash는 몰타어 kaboċċa에서도 보이듯 이탈리아어 남부 방언 cappuccio가 어원일 가능성도 있고 말레이어 및 인도네시아어 kubis도 영어 캐비지cabbage 또는 네덜란드어 고어 내지 방언 kabuis(표준어 kool) 중 어느 것이 어원이라고 단정하기는 어렵다. 위의 사례들에서 알 수 있듯이 어원을 제대로 파악하려면 옛말의 흔적이 많은 방언들도 잘 뒤져봐야 한다.

리폼은
일본어일까?

업계에서 손꼽히는 홍보 회사의 번역 일을 몇 년 전에 한동안 맡아 했다. 주로 한영 번역 및 한독 번역이었는데 번역 회사를 통하지 않아 단가는 일반 번역 업계보다 꽤 높은 수준이었다.

그런데 홍보 업계 특성인지는 몰라도 오늘 주고 내일 달라는 식으로 마감이 빠듯한 일이 상당수라 그 점만은 좀 별로였다. 마감을 칼같이 어기기로 소문난 나였지만 그래도 그 회사 일은 웬만하면 맞춰주려는 편이었다.

그러던 어느 날 촉박한 마감에 쫓기며 번역을 하다가 '리폼'이라는 낱말을 만났다.

콩글리시 '리폼'이란 헌 옷이나 가구를 수선해서 새롭게 입거나 써먹는 것인데 그 어원이 되는 영어 리폼reform은 추상적 제도

나 사회의 개혁이나 개량을 뜻하지 물건을 고친다는 뜻은 없다.

하지만 난 별 생각 없이 reform이라 옮기고 넘어갔는데 우연인지 필연인지 그다음부터는 그 회사 일이 뚝 끊겼다. 반드시 그 일 때문이라 단정할 수는 없어도 왠지 찜찜한 구석이 없지는 않았으나 뭐 어쩌랴.

리폼의 출처인 일본어 리호무リフォーム는 옷, 가구 리폼과 더불어 한국어 '리폼'에 없는 건물의 리모델링도 뜻한다. 옷의 리폼은 영어로 리패셔닝refashioning, 리메이킹remaking이고 물론 집의 리호무リフォーム는 리모델링remodelling, 리노베이션renovation이다. 영어 리폼reform과 어원이 같은 서양어 가운데는 포르투갈어 헤포르마reforma가 옷 리폼, 건물 리호무リフォーム를 모두 뜻한다.

처음엔 혹시 브라질에 많은 일본인 이민자가 리모델링 업계에 뛰어들어 저런 뜻이 생겼을까 괜한 통빡도 굴려봤지만 억측일 뿐이었다. 더 살펴보니 스페인어도 레포르마reforma가 한국어의 옷 리폼 및 일본어의 집 리호무リフォーム 모두에 해당하는데 후자를 주로 뜻하는 듯하다. 프랑스어와 이탈리아어는 그런 뜻이 없지만 스페인어와 포르투갈어 모두 늦어도 19세기부터 그런 뜻도 쓰였다.

그렇다면 이제 반대로 일본어가 포르투갈어나 스페인어의 영향을 받은 것이라 봐야 할까? 하지만 의미 변화에 반드시 외부 영향만 있는 것은 아니므로 우연의 일치일 수도 있으니 좀 더 연구해보자.

아무튼 콩글리시 '리폼'은 외롭지 않다.

'칼블럭'의
진짜 정체

목재 등의 부재部材를 잇거나 끼울 때 쓰는 작은 원통형 물체를
장부촉이라고 하는데, 이에 해당하는 영어 다월dowel은 저지독일
어 또는 네덜란드어 차용어로, 미국 영어에서는 벽에 나사못 박
을 때 구멍에 넣는 플라스틱 물체를 일컫기도 한다. 독일어는 듀
벨Dübel이고 러시아어, 루마니아어, 터키어, 히브리어도 이 독일어
낱말을 차용해서 쓰며 일본어 지베루ジベル도 마찬가지다. 다보ダ
ボ는 형태가 많이 변했어도 아마 독일어 듀벨의 변형일 텐데 다우
에루ダウェル는 영어에서 온 것이다.

　영한사전 dowel 항목에는 독일어 듀벨과 일본어 지베루를 거
친 '지벨'도 번역어로 나오지만 현재는 거의 안 쓰는 것 같다. 한
국 웹을 뒤져보니 오히려 독일어에서 바로 온 듀벨은 용어 사전

에도 나온다. 설날에 남동생한테 혹시 '듀벨'을 아느냐고 물어봤다. 내 설명을 듣고는 현장에서 칼블럭이라고 부른다고 알려주면서 유래는 모른다고 했다. 업계나 현장에서 쓰는 용어들 가운데 일반 사전에 없고 확실히 정리된 게 아니면 전문용어 사전에도 안 나올 때가 있다. 주로 일본어나 영어의 변형 또는 어원 불명의 한자어다. 대개 장부촉은 나무, 듀벨은 나무/쇠붙이, 칼블럭은 플라스틱으로 만든다.

일단 칼블럭/블록을 칼+블록의 얼개로 보자. 한국어는 블록이 표준어지만 블록, 블럭, 블락, 브럭, 부럭, 부록, 부로꾸, 블로크 등 변이형이 매우 다양하다. 영국 영어 차용어인데 미국 영어 및 일본어 영향도 있기 때문이다. 영어 block은 프랑스어 차용어고 뿌리는 중세 네덜란드어 또는 중세 고지독일어다.

흥미롭게도 칼블록 및 이의 변형은 크게 세 가지를 가리키는데 주로 쓰이는 철자가 정해진 것은 아니지만 대개 다음과 같이 나타난다.

1. **칼블록**: 대개 나무토막으로 된 칼꽂이로 영어는 knife block, 독일어로는 Messerblock
2. **칼블럭**: 벽에 나사못을 박을 때 먼저 구멍에 넣는 길쭉한 플라스틱 물체
3. **칼블락**: 트위터 등에서 상대방을 칼같이 차단하는 행위(칼퇴근에서 보이는 접두사 칼)

이 가운데 칼블록과 칼블럭은 정도는 달라도 두 가지 물건에 다 쓰이긴 하지만 칼블락은 블락이 훨씬 우세하다. 후대에 들어온 영어일수록 미국 영어 발음에 가까운 특징이 있는데 물체 블록과 행위 블락이 원어로 어원이 같지만 한국어 일상어에서 이렇게 발음이 갈리는 모습도 보인다. 물론 행위라 해도 스포츠에서 상대편을 막는 blocking은 이전부터 쓰던 말이기에 대부분 영국 영어 기준의 블로킹으로 쓰인다.

칼꽂이 칼블록과 칼같이 차단한다는 뜻의 칼블락은 어원이 확실하지만 나사못 박는 칼블럭은 도대체 어원이 짐작되지 않는데 혹시나 싶어 calblock을 찾아봤다.

1. 칼슘 통로 차단제 상표명
2. 수도꼭지에 끼우는 경수 연화 장치인데 작은 원통형이라서 언뜻 벽에 박는 물체처럼도 보임
3. 콘크리트 블록 만드는 브라질 회사 이름

따라서 칼블럭과는 아무 관계가 없다.

칼블럭은 주로 벽에 박는 것이고 영국 영어로 월 플러그wall plug다. 미국 영어로 월 플러그wall plug는 벽에 붙은 콘센트를 일컫고 칼블럭은 스크루 앵커screw anchor나 다월dowel이라 하는데 어쨌든 칼블럭의 블록/블럭은 플러그plug의 변형일 가능성이 가장 크다. 스웨덴어는 칼블럭을 plugg라 부른다. 영어 plug 및 스웨덴어 plugg 역시 네덜란드어 또는 저지독일어 차용어다. 칼플러그는

찾아보니 몇 가지 사례가 나오긴 하지만 거의 안 쓰는 말이다. 한국어에서 플러그는 마개나 막는 것을 가리키는 영어 본뜻보다 좁게 주로 전기기구에 한정되기 때문이다. 따라서 칼플러그가 칼블록이 된 것이 오히려 자연스럽다고 할 수도 있다.

그래서 블록은 플러그의 변형으로 여기고 과연 칼이 어디서 왔는지 여러 가지 추측을 해봤다.

1. 벽에 칼처럼 꽂는다? 칼은 베거나 자르는 것이니 아무래도 아닌 것 같다.

2. 월 플러그wall plug에서 w를 누가 처음에 k로 잘못 보고 이름이 굳어졌을까? 하지만 영국 용어가 들어왔을 가능성도 적고 좀 막 나가는 추측이다.

3. 독일어 카일Keil(쐐기)? 프랑스어 칼cale(고임목)의 어원이기도 하니 발음상 카일→칼도 무리가 없고 쐐기처럼 박는다면 뜻도 그럴싸하다. 게다가 영어 웨지 앵커wedge anchor 및 독일어 카일앙커Keilanker도 비슷한 구실을 하는 물건이다. 그러나 한국어는 독일어 직접 차용어가 드물기에 앞대가리만 따왔을 가능성 역시 희박한 편이다.

4. 업계에서 칼블럭을 앙카(앵커) 또는 앙카볼트라고도 하고 앵커 플러그anchor plug 같은 말도 있으며 드물지만 '카블럭'이라고도 하니 앙카플럭→카블럭? 역시 확실치 않다.

5. 일본어 가베(벽), 가라(빔, 껍데기)? 벽에 구멍을 내서 박는 것이고 껍데기 안에 나사못이 들어가니 의미상 끼워 맞출 만하지만 어림짐작일 뿐이다.

그런데 일본어 가베푸라구壁プラグ로 찾다가 결정적인 단서와 마주쳤다. 사실 가베푸라구를 검색하면 자동 번역되는 사이트에서 그냥 영어 월 플러그wall plug의 번역어로서만 나온 경우도 있어서 실제로 잘 쓰는 말인지는 확실히 알 수 없는데, 관련 사이트에서 카루 보루토 푸라구カールボルトプラグ라는 말을 발견했고 카루 푸라구カールプラグ라는 말이 실제로 많이 쓰임을 알 수 있었다. 여기서 카루カール는 상표 칼Carl, 즉 칼 플러그Carl plug고 이것이 한국 업계에서 칼블럭/블록으로 변형된 것이다. 따라서 플러그의 변형이라면 칼블럭이 칼블록보다 많이 쓰이는 것이 오히려 당연할 수도 있겠다. 지금으로서는 이 어원이 가장 유력하다.

커피, 카밀레, 로이보스

아이스커피

눈에 눈이 들어가서 나오는 눈물은 눈물[1] [눈물](눈알의 눈물샘에서 나오는 분비물)이냐 눈물[2] [눈:물](하늘에서 내린 눈이 녹은 물)이냐는 농담이 있다. 이 경우는 동음이의어 탓에 헷갈리는 것이지만 합성어 구성 요소 사이의 관계에 따라 중의적일 수도 있다. 유리집은 유리로 지은 집, 유릿집은 유리를 파는 가게라는데 사이시옷이 중의성을 해소하기도 하지만 다소 불안정한 요소라서 모든 경우에 이렇지는 않다.

　얼음물은 얼음을 넣은 물 또는 얼음이 낀 물이라서 크게 헷갈릴 여지는 없는데 영어 ice water, 네덜란드어 ijswater, 독일어 Eiswasser, 노르웨이어 isvann은 얼음이 녹은 물도 되고 얼음으로 식힌 물도 된다. 영어는 동사 to ice가 얼리다, 얼음으로 식히다, 얼음으로 덮다 따위를 뜻한다. 『Webster's Dictionary of English Usage』에 설명돼 있다시피 ice cream도 iced cream이 맞는다는 주장도 있었는데, 크림을 얼린 것이지 얼음으로 크림을 만들거나 얼음과 크림이 있는 게 아니며, 마찬가지로 얼음 녹은 물 ice water와 구별되도록 얼음으로 식힌 물인 얼음물은 iced water라고 해야 된다는 것이었다. 이렇게 따지면 아이스커피가 왜 iced coffee인지 이해된다.

하지만 구성 요소 사이의 관계가 늘 똑 떨어지는 것은 아니다. 영어 ice water를 얼음물의 뜻으로 써도 아무 문제가 없고 이제 iced cream이 더 이상하게 들린다. 그런데 아이스커피만 iced coffee가 영어에서 표준어다. 물론 ice coffee도 『옥스퍼드영어사전』에 나오다시피 예전에는 표준 영어로 쓰던 말이다. 게다가 냉차 또는 아이스티는 iced tea와 ice tea 둘 다 통용된다. 사실 iced tea는 [aɪst tiː]이니 t 소리가 하나 빠져도 자연스러운 발음이다. 이래서 유독 iced coffee만 튄다.

얼음을 넣어 차게 만든 커피를 예전에는 주로 냉커피로 불렀는데 요즘은 아이스커피라 부른다. 냉커피는 커피믹스로, 아이스커피는 원두커피로 만든 것 같은 느낌도 든다. 아이스커피는 iced coffee의 앞 요소에서 과거분사 어미가 빠진 것인데 차용어에서 이런 기능적 형태소의 탈락은 매우 흔한 일이다. 그러나 아이스커피가 iced coffee의 차용 변형이 아니라 ice의 차용어 아이스와 coffee의 차용어 커피가 따로 만나 한국어 안에서 자체적으로 합성된 것이라고 볼 수도 있다.

한국어 아이스커피와 비슷한 다음 사례를 보자.

일본어	アイスコーヒー (aisukōhī)
인도네시아어	es kopi
말레이어	kopi ais
히브리어	אייס קפה (ais kafe)

일본어 코히コーヒー, 말레이어 코피kopi는 네덜란드어에서, 히브리어 קפה(kafe)는 유럽 언어에서 왔고 여기에 영어 ice의 차용어가 붙었다. 인도네시아어 es(얼음)는 네덜란드어 ijs[εɪs]의 차용어고 어순에 맞춘 말레이어 kopi ais와 달리 es kopi는 어순이 어긋난다. 네덜란드어 ijskoffie를 그대로 차용했을 가능성도 있으나 아이스크림이 네덜란드어는 ijs 또는 지소사가 붙은 ijsje인 반면 인도네시아어는 es krim이므로 영어 영향으로 보는 쪽이 더 타당해보인다. 히브리어도 피수식어가 앞에 오므로 ais kafe는 인도네시아어 es kopi처럼 어순에 어긋나는데 유럽식 음료나 음식 이름을 영어 어순처럼 쓰는 셈이다.

영어를 제외한 다른 게르만 언어는 모두 명사 얼음+커피의 얼개다. 독일어 Eiskaffee, 네덜란드어 ijskoffie, 아프리칸스어 yskoffie, 덴마크어·스웨덴어·노르웨이어 iskaffe, 아이슬란드어 ískaffi. 영어에 맞춘답시고 한국어에서도 아이스트 커피라고 한다면 누구나 느끼다시피 매우 거추장스럽다. 그래도 혹시 아이스커피가 거슬린다면 냉커피를 마시면 된다.

브랜드 커피

언젠가 갔던 커피숍에서 '브랜드 커피'가 보였다. 이것이 블렌드 blend의 오기임을 알고 있었기에 나는 '블렌드 커피'를 주문했으나 두 번을 말해도 직원이 잘 알아듣지 못해 그냥 메뉴판을 가리켰다. 같이 갔던 친구한테 핀잔만 들었다. 일본어 부렌도코히ブレンドコーヒー에서 온 말이고 영어는 블렌디드 커피blended coffee이니 블렌드 커피든 블렌딩 커피든 콩글리시이기는 매한가지다.

차용어에서는 원어의 기능어, 접사, 어미 등이 빠질 때가 많다. 위스키에 얼음을 타는 온더록은 on the rocks에서 복수 어미 s, 발렌타인데이(표준어 밸런타인데이)는 Valentine's Day에서 속격 어미 's, 스크램블에그는 scrambled egg에서 과거분사 어미 -ed, 스펠과 해피엔드는 spelling과 happy ending에서 동명사 어미 -ing, 진토닉은 gin and tonic에서 접속사 and가 빠진 것인데 여러 유럽 언어와 일본어에서도 비슷한 현상이 나타난다.

진토닉은 독일어 Gin-Tonic, 네덜란드어 gin-tonic, 프랑스어·이탈리아어·스페인어·핀란드어 gin tonic, 유럽 포르투갈어 gin tónico, 브라질 포르투갈어 gim-tônica, 러시아어 ДЖИН-ТОНИК(dzhin-tonik), 그리스어 τζιν τόνικ(tzin tónik) 등 유럽 주요 언어 및 일본어 진토닛쿠ジントニック처럼 영어 접속사 and를 빼거나 체코어 gin s tonikem, 덴마크어 gin og tonic처럼 자국어식으로 바꾼다.

해피엔드를 키워드로 책 본문 검색을 하면 상당수는 독일어와 일본어 그리고 간혹 프랑스어 역서가 나온다. 우리말 책에서도 이제 해피엔딩이 훨씬 더 잦은데 번역자들이 해피엔드가 한국어에서 표준말임을 알아서 그랬다기보다는 출발언어 형태에 가까운 말을 도착언어에 썼을 가능성이 높다. 옛 신문을 뒤져도 1970년대부터 이미 해피엔딩이 앞선다. 이제 해피엔드를 검색하면 전도연 주연의 1999년 영화가 주로 나온다.

게르만어파, 슬라브어파, 로망스어 등 주요 유럽 언어는 happy end의 꼴을 쓰고 그리스어, 터키어, 히브리어도 그렇다. 최근 유입되는 영어와 달리 예전에는 변용을 많이 겪었다. 영어에서도 결말, 끝의 뜻으로 end와 ending이 크게 다르지 않아 유럽 언어 거의 대부분에서 -ing이 빠지는데 영어 본뜻이나 본꼴과 달라진 많은 차용어처럼 독일어나 프랑스어가 매개 언어다. 한국어에서 해피엔드가 표준어가 된 것도 영어가 곧바로 안 들어오고 일본어를 거쳤기 때문이다. 일본어는 외래어를 자주 자르는 경향을 볼 때 핫피·엔도ハッピー·エンド가 자체적으로 생겼다고 봐도 무방한데 이렇듯 독일어, 프랑스어, 일본어의 영어 차용어들이 우연이든 필연이든 공통점을 보일 때가 많다.

표준어 해피엔드보다 해피엔딩을 더 많이 쓰는 것은 한국의 문화지리적 위치가 변방이다 보니 외래어를 자체적으로 수용 및 흡수하는 데 확신이 없어서 영어랑 뭔가 다르다 싶으면 어원은 제대로 안 따지고 다 틀린 말인 줄 아는 다소 고약한 버릇 탓이기도 하겠다. 이제 매개 언어 일본어 없이 영어를 거의 직접 들이는 입장이니 원어에 수렴하는 경향이 더 커졌다. 화학 용어 변경이야 원어가 영어가 아님에도 벌어진 일이지만 이제 매개 언어 일본어 없이 영어를 직접 들이는 입장이니 원어에 수렴하는 경향이 커졌다. 한글 특성상 어차피 엔드/엔딩 둘 다 글자 수가 같으니까 영어에 가까운 쪽이 더 그럴싸해 보일 것이다.

가령 마이크로소프트 워드 2007에서도 해피엔드는 멀쩡하고 해피엔딩만 빨간 줄이 생기는데 웬만하면 영어 기준으로 바꾸려는 추세에서 해피엔드가 여전히 표준말인 것은 좀 특이하기도 하다. 별 관심을 안 받아 그냥 있는 듯 마는 듯 넘어가는 것 같다. 유럽 언어에서 약간 변방인 노르웨이어는 happy end와 ending을 둘 다 인정하고 요샌 후자를 더 많이 써서 한국어와 비슷하다. 추세를 굳이 거스르진 않더라도 아직은 표준어가 해피엔드임을 알아두면 나쁘진 않겠다.

요새는 프랜차이즈 커피 전문점이 여기저기 생기면서 메뉴에 딱히 블렌드 커피는 자주 눈에 띄지는 않는다. 아마 한 이삼십 년쯤 뒤에도 '브랜드 커피(글자 그대로!)'를 메뉴에서 본다면 추억을 되새기며 발음 안 바꾸고 군말 없이 시켜봐야겠다.

카밀레

카밀레 차를 시킬 때는 메뉴판에 적힌 카모마일이라고 말하기 싫어서 발음을 대강 얼버무리곤 한다. 그럼 점원이 확인할 때 고개를 끄덕이면 되기 때문이다. '블렌드 커피'의 경험이 있다 보니 발음 차이가 더 큰 '카밀레'는 더욱 못 알아들으리라는 짐작에 차마

말을 꺼낼 수가 없으니까. '카밀레'로 옛 신문을 뒤져보면 차 이름 보다는 레바논 수상 카밀 샤문Camille Chamoun이 카미유, 카밀레, 차 문 따위의 잘못된 표기가 뒤섞여 나오는 말 중에 있다. 레바논은 아랍어를 프랑스어식 로마자로 표기한다. 아랍 남자 이름 카밀을 왜 굳이 카미유Camille처럼 표기했는가는 살짝 의문이지만 프랑스 어에서 어말 -ille가 두 가지로 발음이 되니 큰 문제는 없다.

아무튼 한국에서 서양 차 마시기의 대중화는 그리 오래되지 않 아서 사전에 네덜란드어 내지 독일어 어원인 카밀레라는 말이 올 라와 있긴 해도 일상에서는 주로 영어 chamomile을 차용해 쓰는 데, 영어 발음 특성상 표기는 카모마일, 캐모마일, 캐머마일, 카모 밀 따위가 중구난방이고 이 가운데 카모마일이 가장 많다. 일본 어도 원래는 네덜란드어를 차용해 가미쓰레カミッレ라고 했으나 요새는 영어 영향으로 대개 가모미루カモミール다. 따지고 보면 그 리스어 카마이메론χαμαίμηλον이 라틴어 카모밀라camomilla가 되고 이 것이 프랑스어 카모미유camomille를 거쳐, 네덜란드어에서는 강세 가 가장 여린 두 번째 음절 mo가 다음 음절 mi와의 중첩 회피로 탈락돼 카밀레kamille가 됐으니 영어가 뿌리에 가깝긴 하다.

그런데 난데없이 국립국어원이 꼼꼼한 삽질을 해버렸다. 외래 어표기법상 네덜란드어 낱말에서 강세 없는 끝 홀소리 /e/[ə]는 ㅓ로 적게 돼 있다. 그러다 보니 Timmer는 티머르인데 Timmer- man은 티머르만 대신 티메르만이니 좀 이상해진다. 이거야 그 렇다 치더라도 카밀레라고 등재돼 있다가 어느새 카밀러가 됐다. 어원이 네덜란드어니까 그랬을 텐데 그럼 스포이트도 스파위트로 바꿔야 하는가?

웬만한 영한사전, 독한사전, 불한사전도 표준어였던 카밀레로 다 표기했고 영어에서 옮긴 책에서도 웬만하면 카밀레로 나온다. 하지만 대세는 카모마일인데 국립국어원에서는 이걸 또 뜬금없이 카밀러라고 쓰라니 좀 우스꽝스럽게 됐다. 차라리 카밀레와 더불어 카모밀 내지 카모마일을 동시에 쓰도록 한다면 몰라도, 과연 이렇게 쓸데없이 표기 규정을 적용해야 하는 일인지는 지극히 회의적일 수밖에 없다. 카밀레 차가 짜장면만큼이나 대중적일 수는 없으니 이 사실을 아는 사람도 거의 없을 테고 공론화될 일도 없을 것이다. 어쨌든 이런 억지스러운 규범 강요는 말글살이에 아무 도움도 안 된다.

카밀레도 드문데 아마 찻집에서 카밀러를 마주칠 일은 없어 보인다. 국립국어원에서 그냥 일하는 생색 좀 내려고 그랬는지는 몰라도 아마 차는 별로들 안 마시나 보다. 나도 전에는 카밀레 차를 왕왕 마셨는데 요즘은 거의 커피만 마신다. 이러다 보니 나중에는 '카밀러'를 보더라도 별 느낌이 없어질지 모르겠다.

로이보스

로이보스는 네덜란드어에서 갈라져 나와 남아공에서 쓰는 언어인 아프리칸스어 rooi(붉은)와 bos(숲)가 합쳐진 말이다. 영어나 독일어에서는 로이보스를 번역 차용해 redbush나 Rotbusch라고 일컫기도 한다.

한국어에서 루이보스가 된 까닭은 두 가지 가능성이 있겠는데,

첫째는 영어 oo가 [u]이므로 대개의 한국인에게 영어 철자처럼 인식이 돼서 그랬겠고, 둘째는 브랜드 커피처럼 일본어 루이보스ルイボス의 직접 영향일 수도 있다. 영어도 규범상은 [roi]지만 잘 모르는 사람은 [ru:i]로도 발음한다. 러시아어도 ройбуш(roybush) 또는 ройбос(roybos)다.

이와 비슷한 사례로 네덜란드계 미국 대통령 루스벨트Roosevelt 도 oo가 네덜란드어 장모음이라서 영어로 발음할 경우는 [rouz] 가 되지만 [ru:z]로 잘못 발음하는 사람도 있었고 한국어, 일본어, 러시아어, 그리스어 모두 영어 철자 oo의 [u:] 발음에서 유추한 표기를 한다. 즉 원칙대로 표기한다면 루스벨트가 아니라 로저벨트가 맞겠지만 관용적으로 굳었으니 이제 와서 시비를 걸 것까진 없어 보인다.

하지만 로이보스는 아직 사전에 오른 말도 아니고 관용이라고 할 뭐도 없으니 비록 루이보스가 아직 우세하긴 해도 뒤집을 여지는 있으리라 본다. 앞으로는 찻집에서 로이보스를 볼 수 있으면 좋겠다. 그렇다고 루이보스를 미워하진 않으리라.

전화박스와
전화부스

이제 누구나 핸드폰이 있다 보니 공중전화박스는 점점 줄어들 수밖에 없지만 스마트폰을 아예 몸속에 심어두지 않는 한 어쨌든 공중전화가 아예 사라지지는 않을 것이다. 그런데 언젠가부터 한국 언론에서는 전화박스보다 전화부스를 더 많이 쓴다. 한국에서 명시적·암묵적으로 벌어지는 콩글리시 몰아내기의 일환으로 일어난 현상이다.

이른바 콩글리시인 헤딩, 센터링, 골게터가 헤더(실패), 크로스(대략 성공), 스트라이커(골게터와 더불어 쓰고 번역어 골잡이까지 씀) 따위로 바뀌는 경향이지만 따지고 보면 다들 20세기 초 영국 영어에서 많이 썼고 지금은 다른 여러 유럽 언어에서도 쓰므로 온전히 한국에서 만든 콩글리시가 아니다. 즉 공시적으로는 콩글리시지만 통시적으로는 아니므로 원래부터 한국, 인도네시아, 말레이시아, 필리핀 등지에서 주로 쓰는 '핸드폰'과는 다른 경우다.

전화박스의 box는 틀렸고 전화부스의 booth가 올바른 영어라는 소리를 들은 지는 꽤 됐는데 이건 위와도 다른 경우다. 영어권에서 옛날에 썼다가 이제 덜 쓰는 말도 아니고 telephone box는 영국, telephone booth는 미국에서 주로 쓴다는 차이가 있을 뿐인데 미국에 경도된 한국의 영어 교육 시장에서 영어에 여러 변이형이 있다는 사실은 덮어두고 콩글리시 콤플렉스를 이용해 나름 성공한 사례라 볼 수 있다. 네이버 뉴스 라이브러리에서 옛 신문을 뒤져보니 그전까지 두드러지게 밀리던 전화부스가 1991년부터 전화박스를 뚜렷이 앞서기 시작했다.

영어는 실제로 축약형 폰phone을 붙인 폰 박스phone box나 폰 부스phone booth를 좀 더 많이 쓰는 편인데 『옥스퍼드영어사전』예문에 나오듯 19세기 말과 20세기 초 미국에서도 폰 박스를 썼다. 현재 호주, 뉴질랜드, 남아공은 박스/부스 빈도가 거의 비슷하지만 후자가 우세한 듯하다. 각각 미국 및 영국과 이웃해서인지 캐나다는 부스, 아일랜드는 박스가 압도적이다. 그래서 아일랜드 게일어도 박스와 어원이 같은 말을 써 bosca teileafóin이라 한다.

일본어도 덴와봇쿠스電話ボックス와 덴와부스電話ブース 둘 다 쓰지만 아직은 전자의 쓰임이 훨씬 잦다. 인도네시아어는 kotak telepon, boks telepon, kios telepon 순으로 많이 쓴다. 덴마크어, 노르웨이어는 telefonboks인데 영국 영어의 영향으로 볼 수도 있겠다. 체코어 telefonní budka, 슬로바키아어 telefónna búdka, 폴란

드어 budka telefoniczna, 러시아어 телефонная будка(telefonnaya budka), 우크라이나어 телефонна будка(telefonna budka)에 들어가는 슬라브어 budka, 리투아니아어 telefono būdelė의 būdelė, 에스토니아어 telefoniputka의 putka는 공교롭게도 영어 부스booth와 뜻도 비슷하고 어원도 같다. 물론 영어 부스booth는 고대 노르드어 차용어고 슬라브어 budka는 독일어 차용어인 점이 다르지만 거슬러 올라가면 한 뿌리다. 현대 아이슬란드어로는 búð, 독일어로는 Bude인데 두 언어에서 전화박스는 각각 símaklefi와 Telefonzelle다.

한국 언론은 전화부스가 이제 확실히 우세하고 출판은 전화박스를 많이 쓰긴 해도 21세기 이후 나온 책은 이제 전화부스가 더 많이 등장한다. 그런데 국어사전은 아직 전화박스만 있고 전화부스는 없다. 물론 공중전화만 있고 공중전화박스는 없으나 부스는 또 따로 있으니 '공중전화 부스'로 써도 될 일이긴 하다. 사전에 전화부스가 없으니 한국어 어법상 전화박스만 맞는 말이라는 얘기도 아니다. 어차피 언어는 변하게 마련이니 전화박스가 전화부스보다 덜 쓰인다고 나쁠 일도 아니다.

예컨대 독일어에서 온 알레르기와 함께 최근은 영어식 알러지(또는 드물게 앨러지)도 많이 쓰지만 아직 표준어는 알레르기다. 이 말을 일본어로 알고 영어에 가까운 발음으로 하는 이가 많기도 한데 에네르기가 에너지가 되었듯 어쨌든 언젠가는 후자가 표준어가 될지도 모르겠다. 반면에 부탄, 메탄, 요오드 대신 대한화학회에서 영어 발음에 가까운 게 낫다며 우겨 넣은 뷰테인, 메테인, 아이오딘 따위를 쓰는 사람은 아직 별로 없다. 어법은 언중이 많이 쓰는 대로 가니 물론 얼마든지 바뀔 수야 있다.

　언중의 관점에서 언어는 가치중립적이지 않기에 콩글리시가 엄연한 한국어 외래어의 한 부분이고 외래어는 그 성질상 원어와 달라질 수밖에 없다고 아무리 언어학적인 얘기를 한들, 불안정한 외래어 및 그중에서도 콩글리시의 지위는 특히나 미국 영어라는 당장 눈앞에 보이는 거대한 산 앞에서 흔들리게 마련이니 미국 영어 기준으로 외래어가 재편성되더라도 자연스러운 일이라 볼 수 있겠다. 그러나 적어도 미국에서만 안 쓴다고 콩글리시라고 떠벌리면서 억지로 바꾸려는 우를 범하지는 말아야 한다. 전화박스는 국어사전에 엄연히 등재된 말이고 영국 영어가 어원이니 콩글리시 콤플렉스 부담 없이 써도 된다. 한국에서도 이제 영어의 다양성에 눈을 뜨는 사람이 점점 늘어나니 오히려 전화박스를 다시 볼지도 모르겠다. 전화박스든 전화부스든 언젠가 과거의 유물이 된다면 그때 콩글리시 콤플렉스 자체도 사라지는 것은 아닐까?

03

그 말은
영어일까?

진짜 콩글리시

4년마다 월드컵이 열리면 그때를 맞춰 콩글리시 축구 용어를 몰아내자는 얘기가 여기저기서 간간이 들린다. 예컨대 핸들링han-dling, 헤딩heading, 골게터goal-getter, 센터링centering 따위가 칼날을 맞는데 대개 일본어에서 쓰는 잘못된(!) 표현이라서 올바른(!) 영어핸즈hands, 헤더header, 스트라이커striker, 크로스cross로 고쳐야 한다는 주장이다. 이제 스트라이커나 크로스는 비교적 한국말에서도 널리 쓰이게 됐다.

사실 엄격히 따지면 스트라이커striker는 포지션의 하나로서 공격수를 일컬으므로 득점왕을 뜻하는 골게터는 톱 스코어러top scor-er에 더 가깝다. 물론 공격수가 가장 골을 많이 넣으니 결국 골게터도 되겠으나 둘은 엄연히 다른 개념임에도 콩글리시인 골게터의 대안을 찾다가 스트라이커를 골랐을 텐데, 일단 제대로 된 대체어도 아니라는 점만 짚고 넘어가겠다.

영어 골goal과 인in으로 만들어진 일제 영어 고루인ゴールイン에서 온 골인(어릴 땐 '꼬링'으로 알았다)은 뜻이 세 가지다. 예전에는 축구 중계에서도 많이 나오던 말로 득점을 가리키며, 육상경기에서 결승점에 들어가거나 또는 어떤 목적을 이루는 경우에도 쓰이는데, 후자는 주로 '결혼에 골인하다' 같은 관용어로 나타난다. 일본어와 마찬가지로 한국어에서도 요즘은 축구에서 득점할 때 대개 '골'이라고만 한다. '결혼에 골인하다'는 특정 언어에서 쓰는 관용구로 넘어가도 되겠고, 달리기에서 결승점에 골인한다는 것도 육상이 인기가 덜하니 그런 말이 쓰일 일이 상대적으로 덜하여 '올바른' 영어와 견줄 일이 적다. 반면, 사람들 입에 자주 오르내리는 축구는 매우 인기가 높은 운동 종목으로서 국제 기준에 맞춰야 한다는 분위기가 작용하는 듯하다.

콩글리시를 몰아내자는 사람들은 이른바 글로벌 시대니까 외국인과 의사소통이 잘 돼야 한다는 이유를 논거로 삼는다. 세상에 언어가 영어만 있지도 않고 세상 사람들이 이른바 '정통' 영어만 쓰는 것도 아님에도 이런 주장이 꽤 잘 먹히는 편이다. 외래어를 원어 그것도 영어에 맞추지 않으면 안 된다는 강박관념을 가진 사람이 꽤 있는 듯한데, 외래어는 수용되는 언어에 맞게 뜻과 소리가 달라지게 마련이다. 이를테면 핸드폰은 틀린 영어가 아니라 한국어에 있는 자생적 외래어일 뿐이다. 미국인들은 가라오케나 가라테를 영어 음운 구조에 맞게 '캐리오키'나 '커라티'로 부르지만 원래 일본어 발음이 뭔지 구태여 따지지는 않는다. 다른 언어도 정도의 차이는 있지만 대개 비슷하다.

아무리 그래도 한국에서만 쓰거나 일본을 건너온 이른바 국적 불명의 영어는 왠지 찜찜하지 않겠느냐고? 그런데 의외의 사실이 하나 있다. 진짜 일제 영어 골인을 제외하고 위에 언급한 핸들링, 헤딩, 골게터, 센터링 따위는 영국에서 지금은 덜 쓰는 것일 뿐 20세기 초반까지는 꽤 쓰던 말들이다. 원래부터 일제 영어에서 유래한 콩글리시가 아니라는 뜻이다.

게다가 이 가운데 헤딩은 루마니아어와 노르웨이어 그리고 골게터는 독일어, 네덜란드어, 루마니아어, 세르보크로아트어 등 여러 언어에서 널리 쓰인다. 물론 각 언어에 적합한 철자로 조금 바뀌기도 하여, 노르웨이어는 hedding, 루마니아어는 golgheter, 세르보크로아트어는 golgeter 따위로 적는다. 루마니아어에서 heading의 첫 음절은 [i]로 발음되는데 이는 프랑스어에서 sweater의 첫 음절이 [i]로 발음되는 것과도 비슷한 경우로, 영어 철자 ea가 [i:]로 발음될 때가 많기에 실제 발음이 다른 낱말에도 확대 적용된 것이다.

이렇게 정작 영어에서 생겨났으나 지금은 다른 언어에서만 쓰이는 축구 용어와 흡사한 경우로 요즘은 독일에서 거의 잊힌 독일식 영어 골만Goalmann(골키퍼)이 있다. 이 말도 이제는 체코어와 슬로바키아어 gólman, 크로아티아어 golman, 세르비아어와 마케도니아어 голман(golman)처럼 중부·동부 유럽에서만 널리 쓰인다. 참고로 골게터를 뜻하는 불가리아어 голмайстоп[golmaistor]는 골마이스터Goalmeister에서 나왔을 것 같지만 독일어에는 아예 이런 말이 없고 гол과 майстор가 뭉친 자생적 조어다.

언어 접촉의 역사를 살펴보면 변화가 더딘 차용어를 통해 원어의 옛 형태를 확인할 수도 있다. 예컨대 원原게르만어 saipō(비누)에서 차용된 핀란드어 saippua는 첫 음절의 이중모음이 그대로 유지되는 반면 원게르만어를 물려받은 영어는 고대 영어에서 이미 sāpe로 단모음화된 뒤에 현대 영어 soap로 변했다.

위는 음운 변화에 관한 보기지만 어휘 변화도 마찬가지다. 어떤 낱말이 다른 언어로 차용될 때 원래 건네준 언어에서는 다른 낱말로 바뀌기도 하는 반면 건네받은 언어에서는 그대로 남아 있는 경우도 많듯이 영어에서 현재 별로 안 쓰는 축구 용어가 도리어 다른 언어에서는 살아남았다. 영국과 미국의 영어 및 포르투갈과 브라질의 포르투갈어처럼 종주국과 식민지의 언어를 견주어보면, 물론 아메리카 대륙으로 건너간 언어에서 새로운 표현이나 용법이 생기고 발음이 변하기도 하지만 신대륙의 언어에서 옛말을 간직하고 있는 경우를 왕왕 보게 된다. 언어가 원산지에서 다른 데로 건너가면 처음 있던 곳에서 생긴 변화의 영향을 덜 받기 때문이다.

다른 예로 이발사, 미용사를 뜻하던 프랑스어 friseur는 이제 coiffeur에 밀려 사라졌지만 독일어 Friseur를 통해 덴마크어 frisør, 스웨덴어 frisör, 폴란드어 fryzjer, 불가리아어 фризьор[frizyor], 루마니아어 frizer 등 북유럽·동유럽 여러 언어에서 널리 쓰인다.

쇼윈도show window도 흔히 디스플레이 윈도display window나 숍 윈도 shop window에 대한 콩글리시로 취급되지만 20세기 중반까지는 영어에서도 쓰였다.

따라서 원래 예전에도 영어에서 저런 표현을 썼다는 사실을 안다면 이른바 '올바른 영어'는 참으로 우습게 들릴 수밖에 없다. 한국어 안에서 통용되는 콩글리시는 자생적으로 생겼든 일본어를 비롯한 제삼의 언어에서 건너왔든 소위 본토 영어라는 외국어의 잣대로 잴 필요가 없다. 물론 언중의 판단에 따라 본토 영어에 가깝게 다시 바뀌기도 하니 어느 시대에나 다 맞는 정답은 없다. 다만 지금 사람들이 많이 쓰고 잘 통하는 말이 정답에 가까운 것이다.

UFO는 영어에서만
유에프오로 읽는다

언젠가 구글번역 한국어 칸에서 로마자 발음을 들었더니 NASA, NATO의 한국어 발음 나사, 나토가 기준인지 UK, USA가 유케이, 유에스에이 대신 '욱, 우사'로 나왔다. 이제 USA는 유에스에이인데 UK는 여전히 욱이다. IMABEAUTIFULGIRL은 보통의 로마자 발음 및 인식된 영어 발음이 섞인 이아마뷰티풀걸, 띄어쓴 I AM A BEAUTIFUL GIRL은 아이 암 에이 뷰티풀 걸로 읽는다. IMF를 임프, WTO를 토(!)로 읽는 걸 보니 아무래도 에러인데, EU는 '이유'나 '에우'가 아니라 '유', UN은 '유엔'도 '운'도 아닌 영어 접두사 같은 '언'이니 중구난방이다. UFO는 '우포'로 나온다.

　미확인비행물체Unidentified Flying Object의 두문자 UFO는 1950년

대 미국에서 생긴 말이며 영어는 대개 [ju: ef ou]로 글자를 따로 읽는데 『옥스퍼드영어사전』은 한 낱말처럼 [ju:fou]라는 발음도 있으나 온라인웹스터사전은 글자 발음만 나온다. 여러 인터넷 게시판을 살펴보면 일부 영국인과 유에프오 마니아의 발음 또는 장난스러운 말투에서만 [ju:fou]라 한다. 한국어도 '유포'라 안 하며 주된 영어 발음을 따라 유에프오라 한다. 그런데 이런 발음은 영어와 한국어가 오히려 예외적인 편이다.

일본어는 유호ユーフォー, 중국어는 요우푸幽浮라 한다. 대만에서 쓰는 말이니 일본어의 영향이 있을지도 모르겠는데 은밀하게 떠다닌다는 뜻으로도 잘 들어맞는다. 독일어, 네덜란드어, 덴마크어, 스웨덴어, 핀란드어, 헝가리어, 터키어 등은 UFO를 '우에프오'처럼 따로 읽지 않고 대략 '우포'처럼 한 낱말로 읽는다. 미확인비행물체는 독일어 Unbekanntes Flugobjekt, 덴마크어 Uidentificeret Flyvende Objekt, 노르웨이어 Uidentifisert Flygende Objekt이므로 이들 언어는 약자로 따져도 들어맞는 셈이다. 네덜란드어와 스웨덴어는 부정 접두사가 각각 on- 및 o-이므로 안 맞는다. 게르만어파가 아닌 언어들은 그냥 영어 약자 UFO인데 발음만 다르다.

로망스어는 프랑스어 Objet Volant Non Identifié, 스페인어 Objeto volador No Identificado, 포르투갈어 Objeto Voador Não Identificado 모두 어순이 같아 약자도 동일한 OVNI를 주로 쓴다. 이탈리아어도 Oggetto Volante Non Identificato인데 영어 수용도가 높다 보니 UFO를 쓰고 [ufo]라 발음한다. 루마니아

어는 '비행'이 좀 달라 Obiect Zburător Neidentificat라서 OZN
을 쓴다. 슬라브어파 가운데 체코어, 슬로바키아어, 폴란드어는
영어 약자 UFO를 [ufo]로 읽는데 독일어의 영향도 있을지 모르
겠고, 러시아어 неопознанный летающий объект의 약자
НЛО[NLO]처럼 우크라이나어, 불가리아어, 크로아티아어, 슬
로베니아어는 해당 언어의 약자를 쓴다. 즉 서슬라브어는 영어 약
자를 자국어 발음대로 읽고 동슬라브어 및 남슬라브어는 자국어
로 쓴다.

언어	언어권별	표기	약자
독일어	게르만어	Unbekanntes Flugobjekt	UFO
덴마크어	게르만어	Uidentificeret Flyvende Objekt	UFO
노르웨이어	게르만어	Uidentifisert Flygende Objekt	UFO
프랑스어	로망스어	Objet Volant Non Identifié	OVNI
스페인어	로망스어	Objeto volador No Identificado	OVNI
포르투갈어	로망스어	Objeto Voador Não Identificado	OVNI
이탈리아어	로망스어	Oggetto Volante Non Identificato	OVNI
루마니아어	로망스어	Obiect Zburător Neidentificat	OZN
러시아어	슬라브어	неопознанный летающий объект	NLO

필리핀은 수백 년 동안 스페인 식민지였음에도 이제 미국 영향이
훨씬 크다 보니 타갈로그어 알파벳 이름이 에이, 비, 시 영어식이
고 UFO도 영어와 차이가 없다. 말레이시아어도 영국 영향으로

알파벳 이름이 영어식이며 UFO도 유에프오다. 인도네시아어는 네덜란드 영향으로 '아, 베, 세'라서 UFO는 '우포'다. 힌디어 및 태국어 따위는 영어 UFO 발음을 그대로 따른 표기다. 영어의 영향이야 현재 전 세계적이지만 한국어는 영국과 미국의 식민 지배를 받은 아시아의 언어들과 영어를 통해 점점 더 근접한다는 아이러니가 유에프오에서도 단면적이나마 잘 드러난다.

아 다르고
에이 다르다

2014년 말에 표준어로 추가된 낱말 가운데 레이다가 있다. 기존 레이더도 함께 표준어로 남았다. 일상어가 아니라서 별다른 주목을 받지는 못했다. 주된 영어 발음은 영국 [reɪdɑː], 미국 [reɪdɑr]이니 radar의 둘째 음절 홀소리는 한글 표기로 ㅏ일 텐데 왜 ㅓ인지 예전부터 의문스러웠다. 게다가 음파 탐지기 sonar는 소나면서 전파 탐지기 radar는 레이더였으니 일관성도 없었다. 영어 [ə], [ʌ]는 한국어에서 대개 ㅓ로, 모음이 적은 일본어에서 거의 ァ [a]로 표기된다. 한국어 언중 대부분은 일본어의 간접적 영향이 있는 비표준어 남바, 디지탈, 라이타, 센타 및 표준어 넘버, 디지털, 라이터, 센터의 짝처럼 ㅏ는 ㅓ로 바꿔야 영어에 가깝다고 인식한다. 이에 따라 레이다가 레이더로 과잉 수정됐거나 표기가 유사한 레

이저의 ㅓ에 맞춰진 것이 아닐까 싶다. 사실 20세기 언론 기사에서도 레이다가 원래 좀 더 많다가 1990년대 중반부터야 비로소 레이더에 역전됐을 뿐인데 도로 제자리를 찾은 셈이다.

레이다는 1930년대에 개발돼 1940년대부터 영어를 필두로 여러 언어에서 통용되기 시작했다. 한국어도 이미 1946년 8월 13일자 『동아일보』 기사에 '레이다-'가 나온다. 장음 부호는 일본어 레다レーダー의 간접적 영향일지 모르겠다. 북한은 일본어의 영향을 좀 더 그대로 두어 영어 -er[ə(ɹ)]를 대개 ㅏ로 적으므로 레이저 대신 레이자 같은 표기가 나오는데 레이다는 그런 영향일 수도 있고 실제 영어 발음에 더 가까운 표기일 수도 있다. 그런데 radar가 많은 언어에 차용됐지만 첫째 홀소리가 영어 발음과는 다른 언어가 많다. 어원상 영어 두문자어acronym이긴 하지만 radar의 첫째 홀소리는 유럽 언어 대부분이 철자에 맞게 [a] 발음이고 러시아어를 비롯해 키릴문자를 쓰는 언어 모두 радар로 적듯 [a] 발음/표기인 반면 일본어, 한국어, 중국어 雷达[léidá], 태국어 เรดาร์[redā], 버마어 ရေဒါ[reidà] 등 주로 동아시아 언어는 영어 [ei] 기준의 발음/표기다. 베트남어 ra đa와 인도네시아어 radar는 각각 프랑스어와 네덜란드어 영향으로 [a]다.

RAdio Detection And Ranging의 준말이 radar이니 radio의 발음으로 볼 때 영어 [ei] 및 웬만한 언어의 [a]는 어원상 잘 들어맞는 셈이다. 다만 사실 radar의 [ei]는 laser[leizə](Light Amplification by Stimulated Emission of Radiation) 또는 북대서양 조약기구 NATO[neitou](North Atlantic Treaty Organization) 내지 sonar[sounɑː](SOund

Navigation And Ranging)에서 보이듯 어원이 아니라 단어 내적 음운 규칙에 따른 발음일 뿐이다. 즉 본딧말이 무엇이든 준말이 되었으면 그 자체가 독립적인 낱말로 취급되어 음운 법칙을 적용받는다.

영어는 어원상 똑같은 /a/라도 nation [ei] 및 national [æ] 그리고 real [ə] 및 reality [æ]처럼 위치나 강세에 따라 발음이 달라지는 특성 때문에 그 격차가 더 현격해 보이지만 다른 언어도 원리는 비슷하다. 미국항공우주국 NASA [næsə](National Aeronautics and Space Administration)도 여러 유럽 언어에서 /s/ 발음이 달라지는데 독일어, 네덜란드어, 프랑스어, 이탈리아어, 포르투갈어에서 모음 사이 /s/는 [z]로 유성음화되기 때문이다. 영어도 laser ['leɪz.ə(ɹ)]처럼 [z] 유성음화가 있으나 위 언어들과 조금 규칙이 다르다. 철자대로 발음하는 헝가리어에서 NASA는 마치 독일어 차용어처럼 [z]인 점도 흥미롭다. 한국어도 준말의 자음 발음이 변한다. 물적 증거를 줄인 '물증'은 한자어 발달, 발사, 발전처럼 앞 음절 받침 ㄹ 뒤 치조음 ㄷ, ㅅ, ㅈ의 된소리화에 따라 [물증]이 아닌 [물쯩]이다.

한국어와 일본어는 radio와 radar의 첫 음절이 둘 다 [a]인 상당수 언어와 다른 셈인데 다시 살펴보면 한국어 라디오 및 일본어 라지오ラジオ는 주로 라디오방송 또는 그 수신 장치를 일컫지 무선/무전/전파의 뜻으로는 별로 안 쓰니 라디오와 레이다는 별개로 취급될 수 있다. 이 점에서 힌디어 및 여러 인도 언어의 경우가 흥미롭다. 힌디어는 한국어/일본어와 거꾸로 रेडियो[rediyo], रडार[raadaar]인데 영어 영향이 크니 레디오인 것은 이해되지만

영어 영향이 큼에도 라다르인 것이 특이하다. 어쨌든 둘의 발음
이 서로 다르다는 점에서는 한국어/일본어와 똑같다. 힌디어는
NATO, NASA의 첫 음절 /a/가 영어와 달리 [a]인데 radar의 경
우도 그냥 두문자어로 인식한 듯하다. 다만 레이저 लेज़र[lezar]는
대개 그냥 영어 낱말의 발음을 따른다.

여러 언어에서 레이저는 레이다와 달리 좀 더 영어 영향이 크
다. 비교 대상인 두 낱말은 음절 구조도 비슷하고 본딧말에서 레
이다의 radio, 레이저의 radiation은 어원도 같다. 독일어, 네덜란
드어, 덴마크어, 아이슬란드어, 포르투갈어, 체코어, 헝가리어(radar,
lézer), 그리스어(ραντάρ[radar], λέιζερ[leizer]), 히브리어(ראדר[radar], לייזר[leizer]),
아랍어 (رادار[radar], لايزر[layzir]), 페르시아어(رادار[radar], لیزر[leyzer])에서 radar는
[a], laser는 [ei]를 따른다. radar는 1940년, laser는 1960년 생긴
말인데 전후에 영어의 영향력이 더욱 폭발적이었기에 후자를 영
어에 더 가깝게 발음/표기하는 언어가 많은 것 같다. 유럽만 보면
영어 laser 발음에 가까운 언어는 덴마크어, 네덜란드어, 독일어,
체코어, 슬로바키아어, 헝가리어 등 중유럽에 많다. 로망스어 대
부분 그리고 러시아어 лазер[lazer] 등 대개의 슬라브 언어에서는
[a] 발음이다. 영어와 상당수 동아시아 언어는 레이다/레이저, 대
개의 유럽 언어는 라다르/라제르, 중유럽 · 중동 · 남아시아 언어
는 라다르/레이저다. 레이다(ㄹ)/라제르로 발음하는 언어는 없다.

중국어의 음의겸역音意兼譯처럼 아이슬란드어도 차용어를 소
리만 따오기보다는 뜻도 함께 옮기는 경향이 많다. 두 언어는 고
유어 조어법이 발달해 외래어가 적다는 공통점도 있다. 레이더

ratsjá는 rata(길을 찾다, 찾아 나서다)와 sjá(보다, 감지하다)의 합성어, 레이저 leysir는 leysa(풀다, 방출하다)의 파생어다. 레이더 ratsjá는 많은 언어처럼 [a], leysir는 영어처럼 [ei]를 소리로 취하면서 뜻도 어울리는 말로 만들어냈다. 중국어 레이다 雷达[léidá]는 雷(천둥) 및 达(이르다, 도달하다), 레이저의 뜻으로 激光[jīguāng] 외에 대만서 쓰는 雷射[léishè]는 射(쏘다, 발사하다)와의 합성어다. 중국어는 한국어 레이다/레이저, 일본어 레다レーダー/레자レーザー처럼 발음은 영어 영향이지만 조어법은 아이슬란드어와 닮았다.

영어 두문자어 NATO, NASA를 차용어로 쓰는 한국어를 비롯한 많은 언어에서 첫 홀소리 a는 거의 [a] 발음이다. 유럽 언어뿐 아니라 한국어, 일본어, 태국어, 힌디어 등 아시아 언어도 마찬가지다. 그런데 노르웨이어, 스웨덴어 등 인접한 북게르만어와 달리 덴마크어는 [næːto], [næːsa]라서 영어 발음과 흡사한데 laser 발음에서도 드러나듯 덴마크어는 두 언어보다 비교적 외래어에 개방적이다. 그러나 이것은 영어를 그대로 차용한 것이 아니라 덴마크어 음운 법칙에 따라 개방 모음이 그렇게 발음이 되는 것이다. 덴마크어는 영어보다는 덜해도 철자와 발음의 간극이 꽤 커서 복잡한 편이다. NASDAQ[næzdæk](National Association of Securities Dealers Automated Quotations)도 물론 한국어로 내즈댁 대신 나스닥이고 여러 언어도 비슷한데 독일어와 네덜란드어는 영어 [æ]와 비슷한 [ɛ]다. 반면에 덴마크어는 영어 발음 차용 없이 언어 내적 음운 규칙에 따른 [nasdɑg]이다. 나토, 나사, 나스닥은 각각 1949년, 1958년, 1971년 생겼는데 radar보다 늦게 나온 laser가 독일어와 네덜란드어에서 영어 발음과 비슷한 것도 이 경우와 비슷하겠다.

소이탄 같은 화염성 폭약의 원료인 네이팜의 원어 영어 na-palm은 나프텐산염naphthenate 또는 나프텐산naphthenic acid 및 팔미틴산염palmitate 또는 팔미틴산palmitic acid에서 na와 palm을 따왔다. 영어는 각 요소의 소리와도 같은 [næpɑ(l)m]보다 [neɪpɑːm]이 주요한 발음이다. 네이팜은 1942년 미국에서 개발했으니 영어가 어원이지만 예컨대 독일어 나프텐산Naphthensäure 및 팔미틴산Palmitinsäure처럼 대다수 유럽 언어에 비슷한 꼴의 국제 공통 과학기술 어휘가 있다 보니 영어 발음에 맞춘 경우는 드물다. 그리스어 ναπάλμ [napálm] 및 러시아어, 불가리아어, 세르비아어 напалм [napálm]처럼 비非로마자 유럽 언어도 마찬가지다. 덴마크어 [næːpalm]도 나사 및 나토의 경우처럼 자체적인 발음이다.

북한은 남한과 달리 '나팜'으로 쓴다. 여러 아시아 언어도 비슷하다.

일본어	ナパーム	napāmu
태국어	นาปาล์ม	naa-bpaam
힌디어	नापाम	naapam
페르시아어	ناپالم	nāpālm
아랍어	نابالم	nābālm
히브리어	נַפָּלם	nāpalm

네이팜탄은 제2차 세계대전 및 그리스 내전(1946~49)에서도 간헐

적으로 쓰였지만 본격적으로 널리 투입된 것은 한국전쟁이다. 전쟁이 벌어지던 1951년부터 이미 신문에 "네이팜彈"이 나온다. 나팜은 전혀 없고 내팜은 매우 드물게만 나오므로 네이팜이라는 표기는 벌써 그때 확실하게 굳어진 것이다. 1946년부터 1954년까지 벌어진 제1차 인도차이나 전쟁 당시 프랑스군이 네이팜탄을 사용했다는 기사도 한국전쟁 당시 한국 신문에 나온다. 프랑스어의 영향인지 몰라도 베트남어는 napan이다. 지금은 전시 상황도 아니므로 한국인이 '네이팜'을 실생활에서 들을 일도 거의 없고 제2차 인도차이나 전쟁, 즉 베트남전쟁에서 네이팜탄이 터진 마을에서 벌거벗은 채로 울부짖으며 도망치던 네이팜탄 소녀의 이미지가 어찌 보면 더 각인돼 있겠으나, 한국전쟁의 슬픈 역사는 세계에서 거의 유일하게 영어 napalm의 모음 발음을 따르는 한국어 네이팜에서도 엿보인다.

영어에서 온
유럽 나라 이름들

주로 영어를 통해서 서양 문명을 접한 한국어는 외국 지명도 영어 기원이 적지 않다. 주로 국명이나 수도 이름이 여기에 속한다. 일본은 일찍이 아시아에 진출한 포르투갈과 네덜란드와 접촉했고 이후 독일 및 프랑스에서도 직접 문물을 받아들였기에 일본어나 영어가 주요 매개 언어였던 한국어와 양상이 달라서 초창기에 들인 많은 어휘가 포르투갈어나 네덜란드어 기원이다. 이기리스ィギリス(영국), 오란다ォランダ(네덜란드)는 포르투갈어 인글리스Inglês, 올란다Holanda에서 왔는데 인도네시아어 Inggris와 Belanda도 마찬가지다. 한국어의 경우, 네덜란드어 Duits에서 온 도이쓰ドイツ(独逸)는 한국 한자음 '독일'이 됐다. '네덜란드'는 영어 Netherlands를 거쳤거나 네덜란드어 Nederland에서 직접 왔을 수도 있

다. 모든 언어가 똑같이 함께 교류하기란 불가능하므로 일반명사

만큼 많이 쓰는 고유명사가 제3의 언어를 거치는 현상은 매우 보

편적이다.

영어 스웨덴Sweden은 중세 저지독일어 또는 네덜란드어 스베덴

Sweden(현대 네덜란드어 Zweden)에서 왔다. 다소 아이러니하게도 고대 영

어 Swíoríce(스웨덴)는 스웨덴어 스베리예Sverige와 뿌리가 같다. 북유

럽과 직접 접촉이 많던 앵글로색슨 왕조 및 바이킹의 지배를 받던

데인로Danelaw 시대 이후 노르만 정복을 거치면서 서유럽과의 교

류가 늘다 보니 언어에도 반영돼 딴 말로 대체된 것이다. 스웨덴

인을 뜻하는 폴란드어 Szwed, 체코어 Švéd, 슬로베니아어 Šved,

러시아어 швед(šved), 리투아니아어 švedas, 헝가리어 svéd, 히브리

어 שוודי(švedi)는 모두 [ʃ]로 시작한다. 독일어 Schwede가 어원인데

독일의 문화 · 지리적 위치로 인해 동유럽 언어들은 중유럽, 북유

럽, 서유럽 고유명사가 독일어 어원인 경우가 많다. 한국어와 영어

의 관계처럼 몽골어 Швед도 러시아어가 직접 어원이다. 라트비

아어는 zviedrs라서 여타 동유럽 언어와 차이를 보이는데 표준어

인 고지 독일어의 영향 이전에 저지독일어의 영향도 있었기에 네

덜란드어처럼 어두 자음 [z]가 나타난다.

중국어 瑞典[Ruìdiǎn]은 공교롭게도 핀란드어 Ruotsi, 에스토

니아어 Rootsi와 비슷해 보여 재밌는데 물론 이 발트핀어 낱말들

은 뿌리가 전혀 달라 러시아(영어 Russia, 러시아어 Россия)의 어원이 되

는 바이킹 일파 Русь(Rus')와 관계있다. 이제는 거의 안 쓰는 음역

서전瑞典이 국어사전에도 나오는데 북경어의 어두 자음에서 드

러나듯 이 말은 광둥어 seuih dín, 하카어 Sui-tién, 민난어 Suī-tián 등 중국 남부 방언을 통해 들어왔다. 베트남어는 중국어 음역을 자국어 한자음으로 받아들인 국명이 많아 Thụy Điển도 이에 속한다. '스웨덴'은 아마 일본어 스웨덴スウェーデン을 거쳤을 텐데 영어 [swiːdən]에서 곧바로 왔다면 태국어 สวีเดน(sà-wii-den)이나 힌디어 स्वीडन(svīdan)처럼 스위덴 또는 스위든이 됐을지 모른다. 북한은 고유명사를 해당 언어 기준으로 표기할 때가 많아 스베리예 Sverige [sveːrjɛ]는 문화어로 스웨리예다. '스웨덴'이 영어에서 들어왔다고 틀린 것도 아니고 '스베리예'가 원어에 맞는다고 정답이 아니다. 어떤 말이든 역사가 있다. 한국어의 역사를 반영하는 '스웨덴'에서도 여러 언어의 교차를 읽을 수 있다.

다른 국명도 마찬가지로 한국어의 역사가 담겼다. 한국의 아쉬운 외신 보도 수준을 단적으로 드러낸 사례가 올 초에 있었다. 체코 국명이 체키아로 바뀔 수 있다는 기사다. 체코 공용어는 체코어이므로 나라 이름도 체코어다. 그런데 기사들만 보면 체코 국명이 영어만 있는 줄로 오해하기 쉽다. 실은 당연히 체코어 국명 Česká republika(체코공화국) 및 통칭 Česko는 그대로 쓰고 영어 국명 Czech Republic의 공식 약칭 Czechia(체키아)를 쓰기로 추진한다는 뜻이다. 일본어 기사는 대개 '영어' 국명이라 나오는데 한국어는 명시 안 된 기사가 많다.

체코슬로바키아는 1993년에 체코와 슬로바키아로 분리되었다. 슬로바키아는 영어 Slovakia에서 온 말이라 그리 큰 문제는 없

다. 더 자세히 말하자면 한국어의 동유럽 국명 상당수는 Croatia, Slovenia, Serbia, Slovakia, Bulgaria, Albania처럼 라틴어에 바탕을 둔 영어 이름이거나 Poland, Hungary처럼 영어 이름이지 원어 명칭이 아니다. 우리말 '체코'는 일본어 체코チェコ와 비슷한데 그 근거가 금세 드러나지 않는다. 영어 체코Czecho에서 왔다고 봐도 되겠으나 형용사형 체크Czech에 연결 접사 -o를 붙인 꼴이니 단독으로 못 쓴다. 그렇다고 '체크'라 하기도 어렵다. 체크Czech는 체코인, 체코어를 뜻하는 명사 및 형용사로만 쓰지 나라 이름이 아니라서 체코를 체크라고 부른다면 마치 스페인을 스패니시라고 하거나 프랑스를 프렌치라고 하는 모양이 된다.

영어에서 슬로바키아는 별 문제 없는데 체코는 명칭이 애매하다. 대개는 Czech Republic이라는 공식 명칭만 쓰지 한 낱말로 부르는 통칭이 없다. 도미니카공화국Dominican Republic/República Dominicana도 이와 비슷한데 원칙적으로는 도미니카Dominica라는 나라가 카리브 해에 따로 있기 때문에 그냥 도미니카라고 하면 이 나라를 가리키지만 우리말로는 도미니카 공화국도 도미니카라고 흔히들 부르고 영어와 스페인어의 형용사형도 둘 다 Dominican과 Dominicano이지만 별다른 문제 없이 그냥 넘어간다.

다른 언어랑 견주면 차이가 두드러진다. 이를테면 독일어도 Tschechische Republik이 있으나 독일어 Tschechien, 스웨덴어 Tjeckien, 폴란드어 Czechy, 러시아어 Чехия(Chekhiya)에서 보이듯 게르만 및 슬라브 언어에서는 흔히 체코를 통칭으로 부르는 반면 스페인어 República Checa, 프랑스어 République tchèque

등 로망스어는 각각 Chequia, Tchéquie가 있어도 대개 '체코공화국'으로 부른다. 영어도 이와 비슷한 Czechia라는 이름을 공식적으로는 거의 안 썼다.

체코어로는 체코를 Česko라 하는데 물론 Československo에서 o는 연결 접사지만 단순히 앞쪽만 따온 것이 아니다. 원래 체코어와 슬로바키아어는 나라 이름을 민족 지칭 형용사형 -sky의 중성 명사형 -sko로 붙이는 경향이 많아서 슬로바키아 Slovensko, 독일 Německo, 폴란드 Polsko 같은 방식으로 부른다. 참고로 폴란드어로 폴란드를 일컫는 Polska는 국명·민족명 형용사인 polski의 여성형 명사다.

그렇다면 우리말에서는 어떻게 부르는 게 알맞을까? 북한처럼 원어 이름 체스코(북한은 된소리를 쓰기 때문에 체스꼬)를 쓴다면 가장 합리적이겠지만 체코도 큰 무리는 없는데 첫째로 만약 슬로바키아도 원어대로 슬로벤스코로 바꾸는 게 아니라면 체코만 체스코로 바꾸는 식의 표기도 다소 무리가 있겠고 둘째로 체코슬로바키아가 체코와 슬로바키아로 분리되었다고 쉽게 짐작도 되므로 언어적 정확성을 따져 봐야 오히려 거추장스럽기 때문이다. Czechia가 공식적 영어 통칭이 되더라도 위에 말했듯 한국어는 기존 방식 체코 그대로도 아무 문제가 없다.

아쉬운 사례가 하나 있다. 2010년 6월 28일 정부 언론 외래어 심의공동위원회 실무소위원회 심의 확정안에 따라 그루지야의 요청을 받아들여 영어식 이름 '조지아'가 이제 언론과 출판에서 통용된다.

'그루지야'는 그루지야어로 사카르트벨로 საქართველო인데 이를 국명으로 쓰는 언어는 거의 없고 대개 페르시아어 گرجستان(Gurjistan), 그리스어 Γεωργία(Georgia) 혹은 라틴어 Georgia(게오르기아) 내지 러시아어 Грузия(Gruziya)에서 유래한 이름으로 쓰며 모두 페르시아가 기원이다. 그루지야는 러시아와 외교 관계를 단절한 뒤에 러시아어에서 유래한 이름 '그루지야'를 쓰는 언어를 가진 나라들을 상대로 이름을 바꿔달라 요청했다. 그런데 왜 하필이면 굳이 미국의 주 이름이기도 하고 인명에도 이따금 등장하는 '조지아'를 골랐느냐 하는 점이다. 그루지야 정부에서 한국에 그냥 로마자로 써서 Georgia(라틴어 이름)로 바꿔달랬는데 그걸 영어로 해석한 것인지 아니면 구체적으로 'English name Georgia'라고 명시했는지는 불분명하다.

설령 '영어'식으로 불러달랬더라도 그건 그쪽에서 한국어의 사정을 제대로 모르니 그랬을 테고 비록 한국어에서 상당수 국명이 영어에 바탕을 두어도(스웨덴, 노르웨이, 핀란드, 스페인, 폴란드, 헝가리, 러시아 등), 벨기에(네덜란드어 Belgie), 룩셈부르크(독일어 Luxemburg), 스위스(프랑스어 Suisse)처럼 여러 언어를 쓰는 나라들 이름은 원어 가운데 하나를 기준으로 삼는 것도 있으며 크로아티아, 세르비아, 마케도니아, 에티오피아처럼 영어 이름과 철자는 같으나 라틴어 발음을 기준으로 적는 경우도 많다. 굳이 그루지야를 안 쓴다면 쓸데없이 동음이의어나 만들어내느니 차라리 '게오르기아'가 낫다. 부탄, 수단, 인도처럼 일반명사 동음이의어가 있는 경우와도 물론 다르다.

이렇게 영어 발음 기준으로 적다가 혹시 크로아티아도 '크로에

이셔'로 바꿀 수 있느냐고 국립국어원에 문의했더니, 영어식으로 바꿔나가는 추세니까 (망간, 부탄, 비닐, 요오드 따위를 망가니즈, 뷰테인, 바이닐, 아이오딘 따위로 바꿔놓은 딱한 대한화학회 표기를 인정한 것으로 보아서) 그럴지도 모른 다는 맥 빠지는 답만 기껏 들었다. 언제나 영어식이 나쁘다는 것은 아니나 동음이의어까지 만들어내면서 일부러 영어식으로 바꿀 까닭도 전혀 없다.

리투아니아 정부에는 Gruzija 대신 Georgija로 바꿔달라고 했듯이 해당 언어에 맞게 바꿔달라는 것인데 한국어는 원어, 영어, 라틴어식 표기가 있으니 이 가운데서 맞게 골랐으면 됐다. 그루지야의 나라 이름을 바꾸는 게 아니라 우리가 부르는 방식을 바꾸는 것이므로 한국이 주체다. 리투아니아어, 라트비아어, 세르비아어 Gruzija, 폴란드어 Gruzja는 러시아어 기반의 표기인데 이건 러시아가 좋아서 그러는 게 아니라 위에 설명했듯 여러 언어의 국명에서 일차적으로 접촉하는 언어에 따라 굳어진 것이다. 게다가 러시아어 Грузия(Gruziya) 자체는 비하의 뉘앙스도 없다. 만약 조선朝鮮의 일본어 발음 초센Chōsen에 가까운 명칭으로 한국을 일컫는 언어가 있다면 한국 정부에서 바꿔 달라고 요청을 하는 게 합당할까? 조선朝鮮 자체가 비하적인 게 아니고 그걸 일본인이 비하의 감정으로 부르던 시대가 한국인의 기억에 남은 것뿐이다. 따라서 일본어를 통해 대다수 외래어를 차용한 어떤 언어가 한국을 초센Chosen이라 일컫더라도 한국의 민족감정과는 아무 상관없는 일일 것이다. '그루지야'도 한국어가 러시아어 및 간접적으로 일본어를 통해 구소련 지명을 받아들였기에 생긴 명칭일 뿐이다. 각국의 언어 상황을 제대로 고려하지 않고 국명 표기를 바꿔달라던 그루지야 정부의 요청은 그 나라 안에서도 비판을 받았다. 리투아니아어와 라트비아어 Džordžija는 여전히 미국 조지아 주만 가리킨다.

표기를 굳이 알아서 바꿀 필요는 없었다고 본다. 그루지야 정부에서 Georgia로 바꿔달라고 한 것은 그게 라틴어 명칭이기 때문인데, 이탈리아어, 스페인어 철자도 같으며 독일어, 스웨덴어 Georgien, 프랑스어 Géorgie 등 대다수 유럽 언어에서 같은 어원의 말을 쓴다. 러시아어도 뿌리는 같다. '그루지야'가 러시아어 어원인 불가리아어, 라트비아어 등도 영어식 표기로 바꾸지 않았다. 마케도니아나 크로아티아를 태국어나 힌디어처럼 매서도니아나 크로에이샤로 안 부르듯 라틴어처럼 게오르기아로 했으면 됐는데 외교부 및 국립국어원 관계자들이 너무 성급한 판단을 내려 괜히 미국의 주와 똑같은 조지아가 되고 말았다. 국명 같은 고유명사도 해당 언어 어휘의 일부를 차지한다. 그냥 막 바꾸고 말고 하는 게 아니다. 차라리 사카르트벨로를 쓸 게 아니라면 게오르기아가 훨씬 나았겠다.

흥미롭게도 2015년부터 일본도 구루지아グルジア를 영어 발음에 따른 조지아ジョージア로 바꿨다. 한국과 일본 정부 모두 민족감정에 민감해 작은 나라를 배려해주는 것일까? 그루지야가 강대국의 틈바구니 속에서 살아남은 것도 그런 처절한 노력 덕일까? 점점 더 영어 발음으로 맞춰 가는 외래어 표기를 볼 때마다 대부분의 외래어가 영어 기준인 태국어(ອักษร [Cǒčiya])와 닮아간다는 느

낌이 드는데 굳이 좋게 보자면 이렇게 동남아와 동북아가 하나
되는 것 같기도 하다. 힌디어(जॉर्जिया [Jŏrjiyāl])를 비롯한 인도 언어도 마
찬가지이니 남아시아까지 하나 되나 보다. 물론 지구촌 어디든
진행되는 영어화의 한 단면일 테니 세계는 하나다. 너무 서운한
마음은 품지 않아도 되는 것일까?

게놈, 마니아, 콘텐츠

언어를 다루는 언론사와 출판사는 어문 규정을 꼼꼼하게 따르는 편이다. 그런데 자체 규정을 따로 마련해놓은 출판사나 언론사도 있다. 예컨대 '창비'는 외래어 표기에서 된소리를 허용하고『중앙일보』는 몇몇 낱말을 영어에 가깝게 표기한다. 사실 어문 규정을 안 지킨다고 처벌을 받는 것도 아니지만 혹시라도 그런 강압적인 언어 정책을 시행한다면 오히려 언어문화 발전에 저해 요소로 작용할 수 있다. 여러 어휘 변이형을 인정해주는 것도 유연한 말글살이에 오히려 도움이 될 수도 있겠으나 그래도 최소한의 규약은 지키자는 쪽의 손을 살포시 들어주고 싶다.

『중앙일보』는 영어 강박증이 좀 있어서 게놈은 지놈, 마니아는 매니어, 콘텐츠는 콘텐트로 적는다. 일단 게놈은 그리스어 어근을 조합해 독일어에서 처음 만들어진 Genom이 어원이고 한국어에서는 그동안 쭉 게놈으로 썼기에 영어 발음 기준의 지놈을 따를 까닭이 없다. 한국어로 쓸 때는 외래어 게놈이라고 하면 되고 영어로 쓸 때는 genome[dʒiˌnoum]이라고 하면 된다. 터키어는 프랑스어의 영향으로 oksijen(산소), kollajen(콜라젠)처럼 어미 -jen을 쓰는데 genom(게놈), gen(유전자)의 경우는 독일어의 영향으로 gen을 쓰며 고전 그리스어는 어근만 제공했을 뿐 현대 그리스어로 유전자는 γονίδιο(gonidio), 유전체는 γονιδιώματος(gonidiomatos)라고 하는 점이 흥미롭다. '지놈'만 맞는다고 할 사람도 있겠고 이런 쓰임이 오히려 널리 퍼지면 정상이 되어 언젠가 지놈이 표준어가 될지는 모르겠지만 아직은 게놈이 맞는 말이다.

　마니아는 '미침, 미친 상태'를 뜻하는 그리스어 μανία(mania)가 어원이며 거의 모든 유럽 언어에 퍼졌고 의학 용어로는 조증을 가리킨다. 일단 한국어는 -광狂이 사람 및 상태를 다 일컫듯이 원래 뜻인 상태와 더불어 사람을 주로 가리키지만 영어는 mania(상태)와 maniac(사람)이 따로 있다. 하지만 영어 mania도 열광이라는 뜻이 있고 maniac은 그런 사람을 뜻하기 때문에 마니아를 '순수한' 콩글리시로 보기는 힘들다. 다만 '마니아'는 취미에 빠진 쪽에 가깝고 영어 mania(c)는 정신병에 가까운 다소 무거운 느낌이라 뉘앙스가 다르다. 마니아에 해당하는 영어는 buff, enthusiast, nut 또는 경우에 따라 freak, geek 같은 말을 꼽을 수 있겠다. 스페인어 manía는 망상, 기벽, 집착과 더불어 누군가를 싫어한다는 뜻으로도 쓴다. '마니아'는 뭔가를 굉장히 좋아하는 것인데 강렬한 감정은 이렇게 극과 극으로 통한다.

'매니어'는 좀 어정쩡한 표기다. 영어 mania의 발음은 [meiniə]지 [mæniə]가 아니므로 굳이 가깝게 쓴다면 '메이니어'다. 그러나 표기법상 강세 없는 어말 '슈와schwa[ə]'는 ㅏ로 쓰므로 '메이니아'가 된다. 흔히들 많이 쓰는 '매니아'는 아무래도 [æ]가 좀 더 영어처럼 들리다 보니 영어에 가까워지려는 표기/발음이긴 한데 역시 혼합형이다. 물론 이런 혼합형 발음/표기를 콩글리시의 정체성으로 삼을 수도 있겠다. 어쨌든 마니아의 직접 어원은 일본어 마니아マニア고 영어와도 쓰임이 조금 다른 콩글리시이기에 그냥 '마니아'가 낫다.

영어 content를 한국어에서 콘텐트로 쓰는 경우는 드물고 컨텐츠를 많이 쓰며 표준어는 콘텐츠다. 영어 단모음 /o/는 표준어 기준으로 영국은 [ɔ], 미국은 [ɑ]라서 영국 기준 ㅗ로 적는 보디가드bodyguard, 복싱boxing, 록rock 및 미국 기준 ㅏ로 적는 팝pop, 핫hot, 할리우드Hollywood 따위가 있다. 일상에서는 록/락, 숍/샵, 보디/바디처럼 두 개가 섞이기도 하는데 실제로 이 두 소리가 한국어 ㅏ/ㅗ와 똑같지는 않아 ㅓ처럼 들리기도 하기에 콘텐츠/컨텐츠, 할리우드/헐리우드처럼 ㅓ와 섞이는 경우도 있어서 표준어 콘텐츠보다 컨텐츠로 적는 경우도 많다. 이런 단모음 말고 장모음도 launching은 론칭 대신 런칭, August는 오거스트 대신 어거스트 등 통용 표기에서 많이 나타나는 현상이다.

영어는 contents를 목차(차례)나 물리적인 내용물만 주로 일컫고 책의 내용 및 인터넷 등에서 제공하는 정보나 내용의 뜻으로는 content를 쓴다. 한국어 콘텐츠는 일본어 곤텐쓰コンテンツ의 영향

을 받았을 텐데 형태론상 일본어가 영어 복수형을 따온 것일 수도 있고 한국어에도 있는 돈가스/돈까쓰(豚+cut[let]), 도넛/도나쓰(doughnut)처럼 영어 어말 -t가 일본어에서 -to(최근 들어온 영어), -tsu(예전 들어온 영어) 등 두 가지로 수용되는 음운론적 현상에 따른 것일 수도 있겠다. 다만 최근에 들어온 영어이니 복수형을 받아들였다고 보는 쪽이 나을 법도 하다. 웹에서 internet/web contents를 찾으면 한국, 일본, 중국을 비롯한 비영어권에서 만든 문서가 대부분이다. 다른 유럽 언어에서도 영어 차용어 content를 단수로 쓰거나 프랑스어 contenu, 스페인어 contenido처럼 '내용'을 뜻하는 자국어의 단수를 주로 쓰는데 복수형을 쓰기도 한다. 독일어는 콘텐츠의 뜻으로 단수 inhalt보다 복수 inhalte를 쓸 때도 많다. 영어 information은 단수 꼴밖에 없는 반면 독일어는 informationen, 프랑스어는 informations 등 복수 꼴이 있는 데서도 차이가 드러난다.

원래 영어대로라면 콘텐츠가 아니라 『중앙일보』처럼 '콘텐트'로 적는 게 맞는다고 봐야겠다. 사실 콘텐츠가 네티즌netizen처럼 원래 영어보다 한국에서 오히려 더 많이 쓰는 말이라고 단정하기는 어렵겠으나 인터넷 시대 이후 한국어에서 컨텐츠/콘텐츠는 적어도 영어에서 content만큼이나 자주 널리 쓰이는 말이다. 예컨대 문화 콘텐츠를 뜻하는 cultural content로 옮기면 한국 관련 사이트가 많이 나온다. 그러니 원래 영어 어법에 맞춘답시고 그동안 잘 쓰던 콘텐츠를 굳이 콘텐트로 바꿀 까닭도 없다. 하지만 외래어는 고유어나 한자어보다 유동성이 크므로 특정 출판사나

언론사의 고집이 혹여 대세가 될지도 모르니 그들을 너무 핍박하
지는 말자.

에어컨도 영어 사전에 있다

한국말도 잘하고 재치도 있어서 꽤 인기를 끄는 미국인 데이브 Dave는 최근 페이스북 동영상에서 외국인이 못 알아듣는 콩글리시를 다뤘다. 근데 외국인이라고 해서 모두 영어권 화자는 아니다. 물론 한국의 서양인은 대개 미국인이었으니 나도 아주 어렸을 땐 외국인=미국인으로 생각했다. 이제 외국=미국으로 여기는 이는 줄었으나 서양인(외국인)은 다 영어가 모어인 줄 아는 한국인이 아직 없지는 않다. 실제로 한국 영어학원 시장에서는 흑인이나 아시아계 미국인보다 비영어권 유럽인을 선호하는 경향도 보인다. 아무튼 비영어권 서양인이 알아들을 만한 콩글리시는 의외로 많다. 영어로 블렌더blender인 믹서(기)는 독일어 믹서Mixer 프랑스어 믹쇠mixeur이고, 영어로 트랙수트tracksuit인 추리닝이나 트레이닝복은 프랑스어 training 루마니아어 trening이다.

　동영상에서는 콩글리시 지적에서 단골로 등장하는 말들이 나온다. 콩글리시 에어컨(표준 표기)/에어콘을 영어로 에어컨air con이라 하면 못 알아들으므로 에어 컨디셔너air conditioner, 에어 컨디셔닝air conditioning 또는 줄이더라도 AC라고 해야 한다는 것이다. 영어 에어 컨디셔너 또는 에어 컨디셔닝은 많은 언어에서 여러 방식으로 줄여서 부른다. 해당 언어에서 쓰는 철자와 무관하게 원래 영어 철자를 기준으로 하면 다음과 같다.

air co	네덜란드어(철자는 airco).
air con	한국어, 일본어, 말레이어, 타갈로그어, 인도네시아어
air condition	덴마크어, 노르웨이어, 스웨덴어, 독일어,
	그리스어, 크로아티아어, 불가리아어, 태국어
conditioner	러시아어 및 구소련 여러 언어

이들 언어 가운데 에어 컨디션air condition을 쓰는 유럽 언어는 대개 자국어 용어 사용 빈도가 높은 편이다.

　한국어도 처음부터 에어컨/에어콘을 쓴 것은 아니고 1960년대 후반부터 쓰게 된 듯하다.

　『**경향신문**』(1956년 4월 25일자): 교실에는 에어콘디숀을 할 정도…….

　『**동아일보**』(1964년 12월 26일자): 비율빈, 지금이 12월인데 에어컨디쇼나 없이는 배겨낼 수가 없다. ……

『**동아일보**』(1967년 8월 15일자): 장죽 물고 갓 쓴 노인들에겐 TV나 에어
콘 보다도 여인들의 옷차림이 더욱 신기하다. ⋯⋯

『**매일경제**』(1968년 7월 29일자): 에어컨 4백 대 군납 ⋯⋯

일본어는 1950년대 후반부터 'エアコン'이 나온다.

『**세계**世界』(1951년 8월호): ガンガンと響くエアコンディショナー 웅웅 울
리는 에어컨디셔너

『**다이아몬드**ダイヤモンド』(1958년 46권): エアコンの売上がおちる 에어컨
매출이 떨어진다.

『**일본광업회지**日本鉱業会誌』(1963년 79권): 地熱の高い所はエアコンが絶対
に必要である 지열이 높은 곳은 에어컨이 절대적으로 필요하다.

그런데 에어컨air-con/aircon은『옥스퍼드영어사전』에도 나오며 영어
가 공용어 또는 민족간 공통어인 나라에서도 꽤 쓴다.

영어 모어 화자 소수, 제2언어 화자 상당수: 홍콩, 말레이시아, 브루나
이, 싱가포르, 필리핀

영어 모어 화자 다수 또는 상당수: 영국, 아일랜드, 호주, 뉴질랜드, 남
아프리카공화국

영어는『옥스퍼드영어사전』에서 air con의 첫 용례가 1970년『가
디언』기사 'Small hotels offer air con and shower'인데 이보다 먼

저 1965년 미국서 출판된 『McKay's Guide to the Middle East』에도 air-con이 나온다. 이후 미국에서는 안 쓰고 영국 및 다른 영어권에 퍼진 것으로 보인다.

가장 먼저 생긴 일본어 에아콘エアコン이 한국어 에어컨이 되었을 텐데 영국 영어 및 동남아 언어의 에어컨air con은 따로 생긴 것인지 어떤 영향 관계인지는 확실치 않다. 세계적으로 에어컨보다는 덜 퍼진 핸드폰handphone도 한국, 말레이시아, 싱가포르, 인도네시아 등지에서 쓰이는데 한국어의 영향인지 각자 따로 생겼는지는 불분명하다. 에어컨을 영어로 air con이라 했을 때 금방 못 알아들을 영어권 사람은 대개 캐나다나 미국 또는 인도 출신이다.

영어 에어 컨디셔너air conditioner에서 에어air를 빼고 차용한 러시아어 кондиционер[konditsioner]는 위에서 말했듯이 대개 에어컨을 일컫는데, 영어에서 컨디셔너conditioner 단독으로는 대개 헤어 컨디셔너hair conditioner를 뜻할 때가 많다. 이에 해당하는 한국어 린스는 일본어 린스リンス의 차용어이며 영어 린스rinse가 어원이다. 헹굼, 세척 따위를 뜻하는 린스는 구강 세정제mouth rinse 따위에도 나온다. 머리카락에 사용하는 린스는 염색약의 일종도 뜻하지만 『옥스퍼드영어사전』에 따르면 "a preparation for conditioning or temporarily tinting the hair"이므로 머리카락을 관리하거나 염색하는 조제품이니 린스リンス와 린스의 뜻이 동아시아에서 자생적으로 나온 것은 아니다.

린스에 해당하는 독일어 Spülung(씻기, 헹굼, 세척)은 Haar(머리카락, 털)가 붙어 Haarspülung으로도 쓴다. 다른 언어를 보면 영어 헤

어 컨디셔너hair conditioner의 직역(스페인어 acondicionador de cabello, 포르투갈어 acondicionador de cabelo, 네덜란드어 haarconditioner), 향유/발삼(스웨덴어, 덴마크어, 노르웨이어 balsam, 이탈리아어 balsamo), 샴푸-후(프랑스어 après-shampooing) 등으로 쓰인다. 어원상 헹굼은 한국어 린스, 일본어 リンス, 독일어 Spülung, 네덜란드어 crèmespoeling에서 나타난다.

그런데 영어 크림 린스cream rinse도 머리카락을 부드럽게 하는 조제품이라 한국어 린스와 큰 차이는 없다. 즉 머리카락 관리 기능이 더 많은 헤어 컨디셔너hair conditioner는 한국에서 트리트먼트라 부르는 제품 및 린스와 각각 겹치는 부분이 있다. 또한 린스rinse는 주로 식초, 찻잎, 허브 따위 천연 재료로 직접 만들어서 쓰는 린스를 뜻하기도 하여 가게에서 사서 쓰는 린스인 컨디셔너conditioner와 구별될 수 있다.

우리 집은 에어 컨디셔너air conditioner도 헤어 컨디셔너hair conditioner도 없지만 내 컨디션은 문제가 없다.

따봉은 '매우 좋다'가
아니다

페이스북의 좋아요 Like는 여러 의미로 해석된다. 글이 정말 좋아 마음에 든다가 원뜻에 맞겠으나 꼭 이럴 때만 누르진 않는다. 좋지도 싫지도, 좋아하지도 싫어하지도, 좋지도 나쁘지도 않지만 공감되는 구석도 없지는 않으니 쓰느라 수고했다는 생각이 들 때 누르기도 한다. 많은 언어에서 '그래, 좋아'가 정말 좋은 게 아니라 '그래, 알았다'의 뜻인 것과도 비슷한데 그렇다면 한국어 '좋아요'는 '좋아해요'란 확실한 동사를 안 씀으로써 본의 아니게 Like 버튼의 기능을 제대로 번역한 것이고 오히려 영어 Like는 섬세하지 못한 표현이었던 셈이다. 감정 표현 버튼을 추가해도 여전히 애매함은 남는다.

좋아요를 한국에선 따봉으로 부르기도 한다. 1989년 델몬트 주스 광고 속의 브라질 농장 장면에서 오렌지 당도를 재는 검사관이 엄지를 치켜세우며 외친 따봉Tá bom이 히트를 치면서 유행어로 한참 회자됐는데, 페이스북 버튼 생김새 덕에 좋아요가 따봉으로 불리기도 한다. 당시 광고 자막에 "따봉은 브라질어로 매우 좋다는 뜻입니다."라고 나왔으나 약간 잘못된 설명이다.

포르투갈어 봉bom은 라틴어 보누스bonus에서 온 프랑스어 봉bon, 스페인어 부에노bueno처럼 넓게 '좋다'를 뜻한다. 여기에 영어 be 동사와 비슷한 계사 estar가 붙은 에스타봉Está bom이 줄어 따봉Tá bom이 된 것인데 위에서 말했듯 '좋다'는 적당한 긍정인 OK, '그래 뭐 좋아'도 된다. 따봉은 딱 그 정도의 뜻이다. 당도 측정에서 정말 따봉을 외쳤다면 OK, 합격의 뜻이지 '매우 좋다'는 아니다. 사실 좋다, 괜찮다, OK 따위는 긍정의 뜻도 되지만 완곡한 거절의 뜻으로 쓰이기도 하니 맥락을 살펴야 된다.

따봉충이라는 다소 비하적 표현도 있는데, 빚쟁이가 원래는 돈을 빌려준 이를 뜻하다가 빚진 이도 뜻하게 됐듯 따봉충은 따봉을 구걸하는 이, 따봉을 눌러주는 이, 그냥 페이스북 이용자 모두를 뜻하기도 하는 등 쓰임이 다채롭다.

페이스북 좋아요는 유럽 포르투갈어로 고스투gosto(나는 ~가 좋다, 나는 ~를 좋아한다), 브라질 포르투갈어로 쿠르치르curtir(좋아하다를 뜻하는 속어 동사 으뜸꼴)를 쓴다. 그런데 브라질 포르투갈어로 조이아joia는 원래 뜻이 보석인데 입말로 OK '좋아'의 뜻도 있어서 우연히 한국어 발음과 비슷하다.

노르웨이어 그레이트greit(그래 좋아, OK, 괜찮다)와 영어 그레이트

great(훌륭하다)는 어원상 무관하고 발음만 비슷한데 좋다는 뜻이 어떤 면에서 미묘하게 겹칠 수도 있겠다. 한국어 따봉은 영어 그레이트great에, 브라질 포르투갈어 따봉tá bom은 노르웨이어 그레이트greit에 얼추 해당한다.

그렇다면 한국인이 매우 좋다의 뜻으로 여기는 따봉은 포르투갈어 따봉tá bom 원뜻까지 합친다면 결국 원래 다의적인 한국어 '좋아요'와 일치하는 구석이 더 많고 페이스북 좋아요 버튼을 누르는 다양한 의도와 더 잘 부합한다.

농구 골대는
링이 아닐까?

농구 골대 바구니의 테두리를 흔히들 링으로 부르는데 영어 림 rim(테두리, 가장자리)을 링ring(고리)과 헷갈려서 그리된 것이니 바른 말 '림'을 쓰자는 주장이 있다. 하지만 사실 영어도 농구에서 림과 더불어 후프hoop(테, 고리, 굴렁쇠)도 쓰기 때문에 콩글리시 '링' 자체가 영어에서 크게 벗어나지는 않는다. 독일어 · 네덜란드어 · 스웨덴어 · 덴마크어 · 노르웨이어 ring 및 아이슬란드어 hringur 등 영어 외 모든 게르만 언어, 핀란드어 rengas 및 에스토니아어 rõngas 등 우랄어족의 고대 게르만어 차용어, 일본어 린구リング 및 인도네시아어 링ring 등 영어 또는 네덜란드어 차용어의 경우에서 보이듯이 '링'과 어원이 같은 낱말은 여러 언어에서 잘 쓰이고 있다.

독일어 고리/동그라미(Ring)와 방황/떠돎(Wanderung)을 합친 링

반더룽Ringwanderung은 정작 원래 독일어에는 없다. 산에서 길을 잃어 일정한 범위 안에서 제자리를 맴도는 현상을 일컫는 이 말을 아는 이가 드물 테니 링반더룽 또는 링반데룽이 나오는 글은 대개 어원 설명이 있고 다시 이를 한자어 번역어 환상방황環狀彷徨으로 옮겨놓기도 한다. 어떤 개념을 나타내려고 용어를 만들었더니 다시 그 용어를 풀어서 설명할 수밖에 없는 경우다. 링반데룽의 일본어 린구완데룬구リングワンデルング를 일독사전에서 찾으면 나오는 Rundwanderung은 한 바퀴 산행을 뜻할 뿐이고 독일어에는 딱히 이를 일컫는 낱말이 없다. 독일어 반데른wandern은 방랑, 여행 내지 비교적 방향성이 있는 산행하다, 걸어다니다, 이주하다 따위를 주로 뜻하지 영어 원더wander처럼 방향성이 적은 헤매다, 벗어나다의 뜻으로는 거의 안 쓰인다. 따라서 영어로 만든 또 다른 일본어 린구 완다린구リング ワンダリング가 오히려 뜻에 맞겠지만 영어도 링 원더링ring wandering은 없으며 링반더룽은 영어 원더wander의 뜻이 독일어 반데른wandern에도 있으리라 짐작하고 만든 유사 독일어 중의 유사 독일어다.

독일어의 남다른 조어력 때문에 영어에도 이와 비슷한 가짜 독일어가 있다. 남의 불행 덕에 즐겁다는 뜻인 독일어 Schaden-freude는 이제 영어에서도 꽤 자주 쓰이지만 아직은 글에서 어원을 설명할 때가 많다. 한국말 쌤통이 이와 비슷하다. 그런데 사촌이 땅을 사면 배 아프고 남의 행복 탓에 괴롭다는 뜻인 Glückschmerz는 조어법에 맞으려면 속격 접요사 s를 넣어 Glücksschmerz가 돼야 하지만 물론 이런 말도 독일어에는 없다.

한국어 링반더룽과 비슷하게 아직 그렇게 널리 쓰이지는 않는다.

그런데 링반더룽, Glückschmerz 따위가 원래 독일어에는 없고 널리 안 쓰인다 해도 이런 말에서 오히려 언어의 창조력이 잘 드러난다. 최근 생긴 독일어 fremdschämen은 fremd(남, 타인, 외국)+schämen(부끄럽다)의 얼개인데 '남 때문에 (내가) 부끄럽다'는 뜻이라서 한국말로 '(내가) 남에게 부끄럽다'인 '남부끄럽다'와는 생김새가 비슷하지만 뜻이 다르다. 예컨대 일행이 큰 소리로 방귀를 뀌고 모른 척을 하는데 옆사람이 fremdschämen을 할 수 있을 것이다. 2000년대 이후 생긴 신조어라 나이 많은 사람은 모를 수도 있는데 결국 어떤 언어 공동체 안에서 만들어진 말이란 잘 쓰면 그만이고 안 쓰면 버리면 그만이지 콩글리시든 엉터리 일본어든 엉터리 독일어든 남부끄러울 까닭이 전혀 없다.

04

한국어와 영어의
충돌과 융합

쇼파와 샷시

소파 대신 쇼파처럼 뚜렷한 이유 없이 [j]를 넣는 외래어가 있다. 일단 출처가 확실한 [j] 첨가부터 보자. 영어 caramel과 프랑스어 cabaret에서 온 캐러멜과 카바레는 캬라멜과 캬바레로도 불리는데 일본어 갸라메루キャラメル와 갸바레キャバレー의 영향이다. 일본어는 영어 전설모음 [æ]를 대개 ㅏ로 받지만 연구개음 g/k 뒤에 올 때는 갸/캬로 표기하는 경향이 있어 예컨대 캡cap은 갓푸キャップ다. 전설모음 앞 자음의 경구개음화를 반영한 것이다. 표준 표기법이 아직 없는 자메이카 또는 가이아나 크레올 영어에서 can[kæn], cat[kæt]을 cyan[kjan], cyat[kjat]으로 적는 것도 유사한 음운 변화가 반영된 것이다.

프랑스어 /a/는 중설모음 하나로 통합되어 가고 있지만 규범

상 전설모음 [a] 및 후설모음 [ɑ] 두 가지가 있다. 카바레cabaret 및 소년, 급사, 웨이터를 뜻하는 가르송garçon의 a는 전설모음이라서 파열음의 약한 경구개음화 때문에 꺄바레 및 갸르송처럼 들리기도 하며 일본어는 이를 반영해 갸바레キャバレー 및 갸루손ギャルソン으로 적는다. 가게를 뜻하는 터키어 뒤칸dükkân의 â도 경구개음화를 유발하다 보니 불가리아어 듀칸дюкян이 된다.

일본어에서 영어 ㅐ를 ㅑ로 받는 것은 한국어에서도 비슷한 면이 보인다. 현대 한국어 단모음 ㅐ는 중세 한국어에서 하강 이중모음 ㅏㅣ [ai]인데 뱀/얌 관계처럼 방언에서 상승 이중모음 ㅣㅏ (ㅑ) [ia]가 되기도 하며 언어 변화 또는 스튜어디스-스튜디어스 같은 말실수에서 흔히 나타나는 음위 전환이다. 중세국어 ㅚ [oi]에서 온 ㅚ로 표기되는 독일어 /ö/는 러시아어 ё [io]가 되기에 괴테Goethe는 교테гёте가 된다. 프랑스어 뮈지크musique 및 영어뮤직music에서 드러나듯 프랑스어 [y]가 영어 [ju]로 바뀌는 것도 마찬가지다. 한국어에서도 독일 성씨 뮐러Müller는 뮬러로 불리기도 한다.

위의 경우와 조금 다른 소파-쇼파, 콘덴서-콘덴샤, 콤프레서-콤프렛샤, 브리사(자동차 상표)-브리샤, 바르사(바르셀로나 축구팀)-바르샤의 [j] 첨가 또는 [ç]('시'의 ㅅ소리) 경구개음화는 원어와 무관하고 흔히들 오해하는 것과 달리 적어도 표기상 일본어의 영향은 아니다. 한국어에서 서양어 [s]는 ㅅ보다 소리가 센 ㅆ으로 받을 때가 많은데 소파-쇼파도 비슷한 강화 또는 경화 현상으로 볼 수 있다. 영어 가십gossip, 프랑스어 파티시에pâtissier를 가썹, 파티쉐로 표기 또는 발음하듯이 [s]보다 [ʃ]가 외국어의 느낌이 더 나기 때문에 생기는 과잉 수정일 수도 있다.

영어 finish, nourish, establish처럼 -ish 동사는 프랑스어 finir, nourrir, établir 따위 -ir 동사의 활용 어간 -iss에서 나온 것인데 [s]가 [ʃ]로 바뀐 것이다. 중세 프랑스어 coissin이 어원인 영어 cushion과 뿌리가 같은 이탈리아어 coscino, 포르투갈어 coxim, 카탈루냐어 coixí, 중세 스페인어 coxin(현대 스페인어 cojín)은 모두 [ʃ] 인 반면 독일어 Kissen, 네덜란드어 kussen은 프랑스어 coussin처럼 [s]다. 이런 대응은 중세 유럽 여러 언어의 [s]가 혓날과 혀끝 두 가지로 조음되다가 [s]와 [ʃ]로 분화되면서 벌어진 현상이다. 일본어도 [s]가 혓날 소리일 때 무성 치경구개 마찰음 [ɕ]에 가깝게도 들리므로 한국어 외래어의 '사-샤' 변화에 영향을 미쳤을지도 모른다.

중세 스페인어는 어두 [s]가 [ʃ]로 바뀐 말들이 있는데 라틴어 수쿠스sucus(즙), 사포sapo(비누)는 슈고xugo, 샤본xabon에 해당된다. 현대 스페인어는 [ʃ]가 다시 [x]로 바뀌어 후고jugo, 하본jabón이다. 그리스어 알렉산드로스Αλέξανδρος, 이탈리아어 알레산드로Alessandro, 포르투갈어 알레샨드레Alexandre, 중세 스페인어 알레샨드로Alexandro, 현대 스페인어 알레한드로Alejandro도 유사 사례다. 이탈리아어 에스프레소 콘 판나espresso con panna는 뜬금없이 에스프레소 콘 파냐로 자주 불리는데 이는 라틴어 안누스annus(해年)가 스페인어 아뇨año가 되는 것과도 비슷하다.

향신료로 쓰이는 사프란은 직접 어원이 일본어 사후란サフラン

및 네덜란드어 사프란saffraan인데 흔히 샤프란으로 불리며 섬유유연제 상표명으로도 쓰인다. 이는 폴란드어 szafran, 크로아티아어 šafran, 러시아어 шафран, 헝가리어 sáfrány, 루마니아어 șofran, 알바니아어 shafran 등 중유럽 및 동유럽 여러 언어에서 어두음이 [ʃ]다. 이들 낱말의 중간 어원이 중세 독일어인데 [ts][ss]는 [s]로, [s]는 [ɕ][ʃ]로 옮겨졌기 때문이다. 정작 현대 독일어 Safran의 어두는 [z]이고 [ʃ]는 Stein, Spiegel, Schwein 같은 어두 자음군에 나온다.

궁극적 어원이 아람어고 중간 어원이 아랍어 صفة[ṣuffa]인 소파는 한국어 비표준어 쇼파만 경구개음이지만 페르시아어가 궁극적 어원이고 역시 아랍어 زعفران[zaʻfarān]이 중간 어원인 사프란은 비표준어 샤프란뿐 아니라 여러 언어도 경구개음이다.

쇠붙이로 만든 창틀을 뜻하는 샤시(샷시로도 표기되듯 발음은 샤씨)를 국어사전에서 찾으면 섀시의 '잘못'이라고 나온다. 그런데 정작 영어 sash는 사실 프랑스어 châssis[ʃɑsi]가 변한 것인데 '잘못'이라고 하지 않고 표준어로 인정한다. 한국어 샤시는 프랑스어가 아니라 영어 sash와 일본어 삿시サッシ에서 왔다. 프랑스어 châssis는 기계나 차량의 차대, 본체, 몸체, 조립대를 뜻하며 여러 언어로 차용되었는데 한국어는 영어에서 받아들였기에 [ʃæsi]를 따서 섀시로 표기한다. 일본어는 샤시シャーシ로 적는데 프랑스어 â 뒤의 자음이 사라져 생긴 장음의 흔적까지 반영한 셈이다. 창틀의 뜻은 영어 섀시sash 및 이를 받아들인 일본어 삿시サッシ, 한국어 샤시, 섀시에만 들어갔다.

민간 표기는 샷시, 삿시, 샛시처럼 받침 ㅅ이 들어가고 발음에 가깝게 적으면 샤쎄, 사쎄, 새쎄이며 어두음이 된소리 ㅆ이 아닌 예사소리 ㅅ인 데서 드러나듯 사시(삿시)는 영어에서 바로 오지 않고 사이다나 소다처럼 일본어를 거쳐서 왔는데 상술한 여러 이유로 샤시(샷시)가 된 것이다. 그런데 영어 chassis는 특히 미국에서 대개 [tʃæsi]다. 즉 영어 sash가 중간 어원인 한국어 샤시는 공교롭게 프랑스어 châssis와 만나고, 여기에서 온 영어 chassis는 본의 아니게 중세 프랑스어 /ch/ 발음 [tʃ]와 만난다.

'제트'와 '지'

아내가 비무장지대의 약자가 뭐냐며 나를 잠깐 테스트했다. 머릿
속으론 표준어 디엠제트도 알고 생각까지 했으면서도 입으론 디
엠지가 나와버렸다. 한 글자씩 읽을 때는 아무래도 G와 헷갈리니
Z는 제트를 많이 쓰지만 DMZ처럼 여러 글자가 이어진 약자는
'지'로 부르는 사람도 많다. 로마자의 한국어 발음은 영어에서 왔
으므로 abc는 아베세(프랑스어), 아베체(독일어), 아비치(이탈리아어)가 아
니라 에이비시다. 그런데 Z는 미국 영어 지zee 대신 영국 영어 제
드zed를 기준으로 하면서 일본어 젯토ゼット의 영향으로 제트를 쓴
다. 일본어 젯토는 네덜란드어 제트zet의 영향일 수도 있다. 사실
상 같은 언어인 인도네시아어와 말레이어는 각각 네덜란드와 영
국의 식민지였기에 알파벳 부르는 방식도 종주국 언어와 흡사하

다. 아/베/체/데/에/에프/게/하/이 및 에/비/시/디/이/에프/지/
헤치/아이. 타갈로그어도 말레이어와 비슷한데 에/에이는 글자
이름일 뿐 /a/의 철자법상 발음은 오직 [a]다. Z 역시 인도네시아
어 zet, 말레이어 zed, 타갈로그어 zi로 각각 네덜란드어, 영국 영
어, 미국 영어의 영향이 잘 드러난다. 자체 문자를 가진 여러 아시
아 언어도 로마자를 영어식으로 부르는 경우가 많다.

키릴문자를 쓰는 러시아어는 로마자 Z를 네덜란드어나 프랑스
어 영향으로 зет [zet]라 하는데 나머지 이름은 주로 프랑스어 및
독일어 혼합식으로 쓴다. 예컨대 GHY는 프랑스어식 제/아슈/
이그렉 또는 독일어식 게/하/입실론을 섞어 쓴다. 비타민 C는 독
일어처럼 [tse]라 한다. 그런데 이러다 보니 키릴문자 이름과 많
이 겹쳐 ABCDEF와 АБЦДЕФ는 발음이 같다. 두 가지 문자의
약자를 함께 쓸 일이 별로 없다면 큰 문제는 없을 듯싶다. 그리스
문자를 쓰는 그리스어는 로마자 이름을 프랑스어식으로 썼기에
비타민 B, C 따위는 [be], [se]로 부른다.

한국어는 독일어 베엠베BMW, 프랑스어 테제베TGV 같은 극소
수 외에는 러시아어 카게베КГБ[KGB]도 케이지비로 부르듯 영어식
이다. 로마자를 쓰는 유럽 언어들도 이런 현상이 점점 늘고 있는
데 예컨대 DJ 같은 말은 영어식 '디제이'를 쓰는 언어가 대부분
이다. 영어에서 온 Ipod, Ipad 따위 제품 이름의 i도 [ai]로 발음하
는 언어가 많다. 이제 영어를 배우는 이가 가장 많다 보니 러시아
어나 그리스어 화자도 로마자 이름을 예전과 달리 영어식으로 부
르거나 약자를 영어 발음으로 하는 경우가 점점 늘고 있다.

WiFi는 영어 Wireless Fidelity의 약자로 발음은 [waifai]인데 High Fidelity의 HiFi가 [haifai]인 것과 마찬가지다. 와이파이에서 문제가 되는 어두 [w]는 한국어나 중국어와 달리 영어 이외 유럽 언어에서는 거의 안 나온다. 프랑스어나 스페인어는 [w]가 음소로 있으나 어두보다 어중에 많고 영어 [w]와 달리 원래 [w]가 아니라 대개 모음의 반모음화이며 특히 스페인어나 이탈리아어는 어두에 올 때 [g]가 첨가돼 실제 발음은 [gw]로 되는 경우가 많아 영어 워싱턴Washington은 스페인어로 [Guasinton]과 비슷한 소리다. 통시적으로도 영어 guard, guide처럼 /gu/로 시작하는 프랑스어 차용어는 원래 게르만어의 [w]가 로망스어에서 [gw]로 바뀐 것이다. 역사적으로는 영어를 제외한 게르만어의 [w]가 모두 [v]로, 라틴어 [w]도 로망스어에서 대개 [v]로 바뀌었다. 그리스어, 슬라브어파, 발트어파, 우랄어족, 터키어는 [w]가 없기에 영어 차용어의 경우 예전에는 [v]를 쓰다가 요즘은 영어 발음에 가깝게 [u]를 쓰거나 영어 음소 [w]를 차용하기도 한다.

어쨌든 로망스어는 와이파이에서 [w]를 쓰는데 유럽 프랑스어와 스페인어는 [wifi]인 반면 이탈리아어, 포르투갈어(유럽 및 브라질), 캐나다 프랑스어, 중남미 스페인어는 [waifai]다. 독일어, 스웨덴어, 덴마크어, 러시아어, 그리스어는 [v] 대신 영어 발음 [w]를 차용해 [waifai], 네덜란드어, 헝가리어는 모음도 영어와 달리 [vifi]다. 조금 특이한 경우인 노르웨이어 [waifi]는 [w] 발음이 영어지만 둘째 음절이 영어와 달리 [i]인데 HiFi 발음이 [haifi]이기 때문에 여기서 유추된 것이다. 즉 프랑스어와 스페인어도 HiFi가 유럽은 [ifi]로 철자에 가깝게, 중남미 스페인어는 [haifi, haifai], 퀘벡 프랑스어는 [aifai]로 영어 발음에 가깝게 소리 나는데 지역마다 다른 와이파이 발음도 하이파이 발음 차이에서 비롯된다. 헝가리어는 HiFi [hifi]라서 WiFi [vifi]가 됐다. 다만 독일어는 HiFi [haifi]와 WiFi [waifai]로 둘째 음절이 다르고 네덜란드어는 이와 반대로 HiFi [haifai]와 WiFi [vifi]다. 이렇듯 영어 차용어 발음은 여러 언어마다 변이를 보이며 표준 발음이 확립되지 않은 경우는 영어에 익숙한 정도에 따라 개인차도 있을 것이다.

　유럽 언어에서는 그리스어와 라틴어가 공통 유산이기 때문에 전보다는 덜하지만 지금도 고급 어휘 또는 주요 학술어가 이 두 언어를 바탕으로 만들어진다. 프랑스어가 온 유럽에 골고루 퍼져나갔고 독일어가 북유럽 및 동유럽에 널리 퍼졌지만 그리스어와 라틴어만큼 확고한 자리를 차지하진 못했다. 최근의 영어는 로마자 자체 및 두문자 발음까지도 여러 유럽 언어에 침투하며 두 고전어만큼 또는 그 이상으로 점점 더 뿌리를 내려가는 것으로 보인다.

헤르미온느,
허마이오니

고종석이 원래 싫든 에마 왓슨에게 보내는 편지 형식의 칼럼이 맘에 안 들든 누군가 그의 미덕은 헤르미온느를 허마이어니로 잘 표기한 것밖에 없다면서 비꼰 적이 있다. 허마이어니 표기만은 칭찬한 것도 같지만 실은 통용되는 표기를 안 따르고 굳이 왜 그리 쓸데없이 힘을 줬느냐는 빈정거림일 가능성이 더 크다. 사실 좀 더 많이 회자되는 허마이오니보다도 허마이어니는 영어 [hərˈmaɪ.əni]에 더욱 가까운 꼼꼼한 표기다. 이름의 어원인 고전 그리스어 Ἑρμιόνη 기준이었다면 헤르미오네이고 프랑스어 발음을 따랐다면 에르미온이니, 헤르미온느는 이 둘과 더불어 프랑스어 센/센느, 칸/칸느에서 나타나는 민간 표기까지 적용한 다중어원적 표기다.

Hermione는 어원과 상관없이 영국 소설 『해리 포터』의 주인공 이름이니 영어 발음을 기준으로 표기하는 언어도 많다. 일본어 ハーマイオニー, 태국어 เฮอร์ไมโอนี่, 힌디어 हर्माइनी, 불가리아어 Хърмаяни 등이다. her의 중설 중모음 [ə]와 mi의 이중모음 [ai]가 해당 언어에 맞게 반영되느냐가 관건인데 네 언어 모두 그렇다. 태국어는 ə, 불가리아어어는 ъ로 표기되는 [ɤ], 힌디어는 [ə]가 음소로 존재하는데 한국어 ㅓ와 흡사한 중모음이라 역시 비슷한 음가인 영어 /er/의 [ə] 표기에 적용될 때가 많다.

『해리 포터』의 헤르미온느는 셰익스피어 희곡 『겨울 이야기』The Winter's Tale』의 인물 Hermione에서 왔는데 문학과지성사의 『셰익스피어 로맨스 희곡 전집』에는 영어에 가까운 허마이오니, 이윤기가 옮긴 달궁의 『겨울 이야기』에는 그리스어에 가까운 헤르미오네로 표기하듯 역서마다 제각각이다. 셰익스피어의 희곡 『The Tragedy of Julius Caesar』는 한국에서 라틴어 율리우스 카이사르보다 영어 줄리어스 시저로 주로 불린다. 이 경우 유럽 언어들은 큰 문제가 없다. 라틴어 Julius Caesar도 각 언어에 맞게 따로 표기하므로 작품이든 원래 인물이든 프랑스어 Jules César, 스페인어 Julio César, 러시아어 Юлий Цезарь로 하면 그만인데 한국어에서는 영어 작품의 인물이냐 실존 인물이냐에 따라 고민이 된다.

아시아 언어야 유럽 고전어를 직접 계승하지 않았으니 『해리 포터』의 Hermione는 영어 발음을 따른 것인데 그리스어 Ερμιόνη, 폴란드어·체코어·슬로바키아어·슬로베니아어·크로아티아어 Hermiona, 세르비아어·마케도니아어 Хермиона, 우크라이나어 Гермiона, 러시아어 Гермиона에서 나타나듯 동유럽 언어 대부분은 그리스신화 인물 헤르미오네의 자국어 명칭대로 『해리 포터』 주인공 헤르미온느를 표기한다. 그리스어와 지리적으로 가장 가까운 불가리아어만 영어 발음을 따른 것이 특이한데 위에서 말했듯 영어 [ə]와 비슷한 음소가 따로 있다는 이유도 작용한다.

Hermione는 영어 말고 다른 유럽 언어의 일반 인명에서는 별로 안 쓴다. 그래서 독일어와 노르웨이어 번역본은 꼴과 소리가 비슷한 Hermine라는 게르만계 이름을 쓰고 네덜란드어는 Hermelien이라는 이름을 새로 만들었다. 스웨덴어는 영어 구사자가 많고 자국어화가 덜한 경향 때문인지 영어 [hərˈmaɪ.əni]와 거의 비슷하게 발음한다. 다른 서유럽 언어 표기는 영어와 대개 같은데 각 언어에 맞게 발음한다. 한글로 표기하면 프랑스어는 에르미온, 이탈리아어는 에르미오네다. 스페인어 에르미온은 특이하게 어말 e 소리가 없어 한국어 헤르미온느처럼 프랑스어를 흉내낸 듯한 인상을 준다.

언어의 차용 관계에서 원어를 존중한다는 것은 뭔가 따지기가 애매한 구석이 많다. 일단 존중이란 표현부터 모호하다. 무엇을 왜 존중하는가? 외래어를 차용어라고도 빗대서 부르지만 언어와 문화 접촉에 따른 전달 및 수용은 금전적인 채권채무 관계가 아니다. 오히려 불러주는 방식이 따로 있다는 것은 외래문화가 그만큼 더 잘 수용되었다는 징표라 할 수도 있다. 공자孔子는 한국 문화에 녹아들어 콩쯔[kǒngzǐ] 대신 공자로 쓰는 것이니 '공자'가 오히려 '존중'을 받는 셈이다. 카를 대제도 독일어 Karl der Große, 프랑스어 Charlemagne, 이탈리아어 Carlo Magno 다 따로 있다. 근대 인물은 드물지만 프랜시스 베이컨Francis Bacon도 이탈리아어로는 프란체스코 바코네Francesco Bacone다. 헤르미온느로 이미 통용되고 있다면 이것도 한국 현대 문화의 전통으로 받아들일 수 있다. 적어도 독일 인명 코흐Koch를 코치로 잘못 적는 것보다는 근거도 있다. 감히 공자와 헤르미온느를 비교하느냐고? 신해혁명 이전 중국인도 다 한국 한자음으로 표기하는데 현대 한국 젊은이에게 헤르미온느는 웬만한 중국 인물보다는 유명할 듯싶다. 물론 이걸 공자만큼 한국에 녹아든 것으로 보겠느냐 북경을 베이징으로 부르듯 바꿔도 되는 것으로 보겠느냐는 앞으로도 논란이 이어질 것이다.

오르가슴,
오나니슴

일상은커녕 전문 영역에서도 과연 잘 쓸까 싶은 희한한 외래어가 국어사전에 꽤 많다. 베르테리스무스는『젊은 베르테르의 슬픔』의 베르테르의 성행性行에서 유래된 연애 탐미주의를 이른다는데, 베르테리스무스Wertherismus는 국내 여러 독한사전에도 안 나올 뿐더러 독일 일반 사전은 고사하고 전문용어 사전에서도 찾아보기 힘들다. 베르테리스무스가 표제어로 나온 일반 사전은 세계에서 국립국어원 것밖에 없을 듯싶다. 그리스어 -ismos를 어원으로 하는 서양어는 한국어에서 영어 -ism이 외래어로서 가장 많고 그 다음이 프랑스어 -isme이며 독일어 -ismus(라틴어와 같은 꼴)가 가장 적다. 표기법상 이즘, 이슴, 이스무스다. 프랑스어 외래어 표제어 상당수도 위나니미슴unanimisme, 보바리슴bovarysme 등 백과사전에

나 어울릴 법한 말들이다.

주의主義로 많이 번역되는 ism은 원래 관념어를 만드는 접미사가 아니다. 고전 그리스어 동사 전성어미 -ίζειν [izein]의 명사 전성어미 -ισμς [ismos]라서 한국어 '하다-함' 관계로 보면 얼추 비슷하다. 생김새가 -ισμός와 닮은 명사 전성어미가 붙은 ὀργασμ [orgasmos]는 오르가슴의 궁극적 어원으로 동사 ὀργάω(orgaō: 무르익다, 욕정이 가득하다)의 파생어이며 동원어로 ὀργάς(orgas: 비옥한 땅), ὀργή(orgē: 기질, 성질, 분노; 한국어 성나다, 골나다, 꼴리다 등의 의미 관계도 참고)도 있다. 산스크리트어 ūrjá(힘, 영양, 즙)와도 어원이 같다. 영어 orgy(열광, 탐닉, 주지육림, 난교), organ(기관, 장기, 속어로 음경)의 뿌리인 ὄργια(orgia: 비밀 제례, 예배), ὄργανον(organon: 도구, 기관, 산물)은 영어 work와 어원이 같은 ἔργον(ergon: 일, ἐνέργεια[energeia]가 파생어)에서 나왔는데 ergon은 발음이 비슷한 orgas와 orgē에 의미상 영향을 미쳤을 가능성이 있다.

프랑스어 오르가슴orgasme의 차용어로 여겨져 표기법상은 오르가슴이지만 흔히들 오르가즘으로도 쓴다. 자주 입에 오르내리기는 좀 힘들 수도 있겠으나 실제로 사람들의 말을 듣거나 영화와 방송 등을 보면 자막은 오르가슴이 나와도 출연자는 거의 오르가즘이라고 말한다. 표준어에 민감한 언론 기사나 출판물에도 오르가즘은 오르가슴보다 조금 적게만 쓰일 뿐이다. 트위터를 비롯한 많은 인터넷 글에서는 오르가즘의 비중이 더 높다. 나도 오르가슴이 표준어임을 안 것은 '오르가즘'을 알고 나서 한참 나중의 일이다. 호르몬, 엔도르핀을 r-l 과잉 수정 또는 르→받침 ㄹ 축약 등의 이유로 홀몬, 엔돌핀으로 부르기도 하듯 올가즘도 왕왕 쓰는 반면 오가즘은 거의 없고 오르가슴에 대응될 올가슴, 오가 슴도 극히 드물다. 신문에서는 1960년대 초부터 오르가슴 및 오 르가즘이 등장하는데 1970년대까지는 오르가즘이 더 많고 이후 표준어 오르가슴이 좀 더 자주 쓰인다. 다른 정기간행물에서는 1960년대부터 오르가즘이 쓰인 것으로 보이고 오르가슴은 꽤 나 중부터 나온다. 단행본에서는 1972년 나온 『현대한국문학의 이 론』에 오르가즘이 언급된다. 오르가슴은 1980년대 이후부터 많 이 나온다. 이성복이 1977년 발표한 시집 『정든 유곽에서』의 「밥 에 대하여」에는 "밥으로 오르가즘에 오른다"라는 구절이 있는데 1996년 나온 인쇄본에도 그렇게 돼 있지만 웹을 찾아보면 대부 분 '오르가즘'으로 인용된다. 시인이 원래 쓴 오르가즘이 나중에 오르가슴으로 교정됐을 가능성도 있으며 어쨌든 오르가즘이 더 자주 쓰임을 방증한다.

일본어는 오가즈무オーガズム, 오루가스무스オルガスムス, 오루가즈 무オルガズム, 세 가지를 두루 쓴다. 오루가스무스는 한국어에서 드 물게 쓰이긴 했다. 아라카와 소베이荒川惣兵衛가 1941년 내놓은 외 래어 사전에 오루가스무스オルガスムス 및 오루가즈무オルガズム가 표 제어로 있으니 두 낱말은 적어도 1930년대부터 쓰였다. 독일 의학 의 영향이 컸던 일본은 독일어 오르가스무스Orgasmus를 먼저 받아 들였고 이후 영어 오르가즘orgasm이 들어왔다. 후자는 처음에 r가 반영된 철자 표기 오루가즈무オルガズム를 쓰다가 1950년대 이후 발음 표기 오가즈무オーガズム가 표준어로 쓰이게 되어 초창기 가장 널리 쓰였던 독일어 외래어 오루가스무스ォルガスムス를 제치고 현재 최고 우세한 형태가 됐다. 한국어에서 '오가즘'의 꼴이 거의 안 쓰이는 것과 대조를 보인다.

일단 오르가슴의 직접 어원이 프랑스어라 치고 왜 오르가즘이 더 많이 쓰이는지 몇 가지 이유를 가정해보자.

1. 프랑스어 -isme, -asme의 발음: 궁극적 어원인 그리스어 ismos뿐 아니라 이탈리아어·스페인어·포르투갈어 -ismo, 카탈루냐어 -isme 등 로망스어 s는 유성음 [z]가 된다. 이들 언어에서는 s 뒤에 유성자음이 따라오면 역행동화로 s가 z로 유성음화되기 때문이다. 프랑스어는 이 경우 유성음화가 일어나지 않는데 이를 차용한 루마니아어 ism 역시 마찬가지다. Islam 같은 말도 다른 로망스어는 s가 [z]지만 프랑스어와 루마니아어는 [s]다. 프랑스어는 로망스어 가운데 음운 변천이 가장 심하다. 라틴어 aqua(물), 이탈리아어 acqua, 스페인어 agua, 루마니아어 apă, 프랑스어 eau[o] 및 라틴어 augustus, 프랑스어 août[u(t)]에서 잘 드러난다. 세례는 이탈리아어 battesimo, 스페인어 bautismo, 포르투갈어 batismo인데 프랑스어 baptême에서 p는 묵음이라 기타 로망스어와 같은 반면 유일하게 s[z]가 사라졌다. 중세에 모음+sm이 모음+zm을 거쳐 이미 z가 탈락한 것이다. 중세 영어도 이를 곧바로 차용해 bapteme이라고도 했으나 이후 다시 그리스어화된 baptism을 쓰게 되었다. 이러한 어중 s의 z 유성음화 후 탈락은 프랑스어의 조상인 라틴어의 역사에서도 보인다. 영어 nest와 뿌리가 같은 라틴어 nidus는 nisdos에서 s의 z 유성음화 후 탈락한 다음 i의 상보적 장음화가 일어난

다. 중세 한국어 반시옷 [z]도 사라지면서 무, 김 등 장음화를 낳았는데 무수, 기슴으로 나타나듯 ㅅ으로 바뀐 사투리도 있다.

즉 프랑스어 [ism]의 음절 구조는 이미 s 유성음화 및 탈락 이후 나중에 생긴 것이라 여타 로망스어와 달리 대개 무성음이 유지되는 것이다. 라틴어 strictus, 프랑스어 étroit(좁은)에서 보이듯 프랑스어는 어두 str- 및 어중 -ct- 자음군이 모두 축약됐으나 나중에 라틴어에서 차용된 strict(엄격한)에서는 다시 나타난다.

게르만 언어 가운데 스칸디나비아어는 z가 음소 및 변이음 둘 다 없고 독일어와 네덜란드어는 음소 z가 있으나 -sm에서 유성음화가 일어나지는 않는다. 슬라브 언어에서는 s 다음에 유성 파열음 b-d-g가 올 때만 역행 유성음화가 일어나고 비음 m, n, 유음 l, r과는 그런 현상이 없다. 그런데 러시아어 -izm, 세르비아어 izam 등 z로 나타나는 것은 그리스어의 직접적 영향이다. 즉 자체적 음운 현상이 아니라 외래어 발음이 철자에 그대로 반영된 것이다.

영어는 게르만어파에 속하지만 s 유성음화는 이들 언어와 여러모로 양상이 다른 편이고 모든 유럽 언어 가운데 그 규칙이 가장 복잡한데 ism, Islam, Israel 등 비음 및 유음이 뒤따르면 s가 대개 z로 유성음화 된다. 한국어 '이즘'은 이것의 반영이다.

그런데 프랑스어 -isme은 비표준어 [izm]의 발음도 있다. 터키어는 근대화 이후 유럽어 차용어가 대개 프랑스어인데 orgazm, sosyalizm, mekanizma처럼 거의 izm(a)이다. 비표준어 발음을 받아들였거나 또는 그리스어, 이탈리아어 등의 발음이 영향을 미쳤을 것이다. 페르시아어 는 مکانیزم[mekanizm] 같은 예외도 있지만 대개 سوسیالیسم[sosialism]처럼 ism

이 많다. 따라서 한국어가 프랑스어 orgasme을 받아들였어도 비표준어를 따랐을 가능성이 있겠다.

2. s/z 변동: 한국어 자체에서 일어나는 현상으로 예컨대 영어에서 원래 s인 발음을 z로 인식해 loose를 루스 대신 루즈로 발음 및 표기하기도 한다. 반면 smooth는 스무드 대신 스무스로 발음 및 표기하는 경우도 있듯 오르가즘이 오르가슴의 단순한 변형일 수도 있겠다.

3. 즘의 간섭: 한국어는 영어에서 들어온 이즘이 더 많기 때문에 간섭이 일어났을지 모른다. 그리스어를 뿌리로 하는 카리스마Charisma, 플라스마Plasma는 국어사전에는 설명이 안 나오지만 직접 어원이 독일어다. 영어에서도 이 두 말의 현대적 의미는 독일어에서 온 것이다. 카리스마는 카리즈마로 쓰는 경우가 없으나 플라스마는 플라즈마로 쓰는 경우도 많다. 영어를 통해 들어온 프리즘prism처럼 z가 반영된 발음이다. 따라서 원래 독일어에서 온 플라스마가 영어 영향으로 플라즈마도 통용되듯 오르가슴도 그런 것이라 볼 수 있겠다.

위의 세 가지 설명은 오르가슴이 정말로 프랑스어에서 왔다고 치고 그것이 오르가즘으로 변한 이유를 살펴본 것일 뿐이다. 하지만 일본어 오루가즈무オルガズム처럼 영어에서 왔으나 orgasm의 r를 살린 철자 발음일 가능성이 더 크다고 본다. 한국어는 여러 학문 분야에서 독일어 및 이를 중계한 일본어의 번역어 및 차용어 영향이 큰데 철학, 화학, 의학, 심리학 등의 용어도 독일어와 일본어에

서 주로 받아들였고 이후 영어로 대체되었다. 프랑스어는 주로 예술 용어에 영향을 미쳤다. 따라서 오르가슴만 프랑스어 차용어로 보기에는 석연치 않은 구석이 있다. 이와 유사한 사례가 또 있다.

자위를 일컫는 오나니도 오나니슴이 표준어다. 오나니는 독일어 onanie 및 이를 차용한 일본어 오나니オナニー, 오나니슴은 프랑스어 onanisme이 어원이다. 영어는 onanism이다. 유래는『성경』「창세기」다. 유다의 아들 오난은 죽은 형을 대신해 당시 관습대로 형수와 동침해 후손을 낳으라는 명을 받지만 자기 자식이 되지 못할 것을 알았기에 성교를 중지하고 땅에 사정하여 야훼의 분노로 죽는다. 오난אֹונָן이란 히브리어 이름의 뜻은 '힘이 센'이고 어근인 אֹון[on]은 힘, 정력이다. 17세기 독일어에서 오난의 죄onanitischer sünde 는 성교 중단(질외 사정)을 일컬었는데 이런 표현에서부터 18세기 초 영국 의사 베커가 라틴어 어미를 붙여 onania라는 말을 '자위'라는 뜻으로 처음 썼고 독일어에서 onanie가 나왔다. 이후 영어는 오나니즘onanism으로 바뀌었는데 프랑스어 오나니슴onanisme은 여기에서 왔다. 원래 -ism의 뜻대로 보면 오나니즘onanism의 뜻은 '오난이 함(하다)'인 셈이다.

독일어의 영향을 많이 받은 언어들을 보면 네덜란드어 onanie, 덴마크어 · 스웨덴어 · 노르웨이어 onani, 인도네시아어(네덜란드어 영향) onani, 체코어 · 슬로바키아어 onanie, 크로아티아어 onanija, 헝가리어 onánia 등이다. 다른 로망스어 onanismo 및 폴란드어 · 러시아어 onanizm 등은 프랑스어의 영향이다.

한국어에서 오나니는 자위나 다른 비속어보다 훨씬 덜 쓰는 말이긴 하지만 오나니즘은 사전 표제어로서만 언급되는 경우가 대부분이고 오히려 오나니즘은 왕왕 보인다. 그런데 인터넷에서 오나니를 검색하면 기독교 관련 내용과 포르노 내용이 얼추 반반씩 나온다. 오나니가 오난에서 왔다는 기독교적 유래와는 무관하게 '오다'에 다소 예스러운 연결 어미 -나니가 붙어 "예배할 때가 오나니, 구원은 야훼로부터 오나니, 그의 음성을 들을 때가 오나니" 따위의 '오나니'가 많이 나오는 것이다. 물론 예스러운 말투가 기독교 성경에만 나오는 것도 아니다. 오나니즘이 오나니 대신 표준어로 정해진 것과는 관계가 없겠다.

독일어권은 19세기부터 20세기 초까지 여러 학문 분야를 주도했는데 심리학 및 성과학도 여기에 속한다. 라틴어나 그리스어를 어원으로 하는 동성애Homosexualität, 나르시즘Narzissmus/나르시시즘Narzissismus 같은 많은 용어가 독일어에서 만들어졌다. 영어나 프랑스어를 비롯한 여러 유럽어뿐 아니라 일본어도 독일어를 직접 받아들인 경우가 많은데 오나니도 여기에 속한다. 한국어는 근대화 초기에 대개 일본어를 거쳐 유럽어를 간접적으로 수용한 경우가 많다. 다만 오나니는 1970~80년대 이후 일본 포르노 소설, 잡지, 비디오 등의 유입 이후로 좀 더 퍼진 말이 아닐까 추정된다.

20세기 초반 신문을 찾아보면 오나니는 봄은 오나니, 겨울은 오나니, 바람이 불어오나니 등 위에 언급한 예스러운 말투가 대부분이다.『경향신문』1962년 9월 21일자에 수용소에 갇힌 이들이 음식 얘기를 나누는 것을 일컬어 "수용소에서는 이것을 위胃의 오나니라고 불렀다."라는 대목이 나온다. 반면 이미『동아일보』

1937년 6월 18일자 기사에는 "오나니즘에 빠져서"라는 말이 나오는데 오나니즘은 1960년대 신문에서 세 번 나온다. 오나니슴은 한 번도 안 나온다. 1970년에 나온 『한국외래어사전』에 영어 발음에 가까운 표기인 오나니즘이 나온다.

프랑스 사람이 실제로 그렇든 아니든 연애나 성생활 면에서 자유분방하고 개방적이라는 인상을 많이들 준다. 영어 프렌치 키스 French kiss 같은 표현도 이런 사실 또는 편견과 무관하지 않다. 오르가슴과 오나니슴의 어원을 프랑스어로 보는 것에 이런 편견이 작용했는지 아니면 당시 사전 편찬자 중에 프랑스에서 공부한 사람이나 불문학 전공자의 입김이 컸는지는 불확실하다. 그런데 실제로 사람들이 오나니 또는 오르가즘을 많이 쓴다면 굳이 프랑스어 어원이 맞다고 밀어붙일 까닭은 없다. 한국어의 외래어 상당수는 다중어원multiple etymology 특징을 띤 것이 많다. 즉 어떤 언어 하나에서만 온 것이 아니라 여러 언어를 거치면서 많은 특성이 한 낱말 안에 담기기도 한다. 이러한 사실을 받아들일수록 한국어는 더 풍성해진다.

추리닝, 믹서, 핸드폰, 모텔

영어만큼 전 세계에 퍼진 언어는 역사상 유례를 찾기가 힘들다. 어차피 외래어는 다른 언어로 건너가면 의미가 달라지기도 하므로 여러 언어에서 영어는 새로운 모습으로 나타나거나 하기 때문에 콩글리시 같은 현상은 웬만한 언어에서 다 일어난다. 예컨대 독일어와 프랑스어의 slip은 팬티를 뜻하기 때문에 원어인 영어의 slip(미끄러지다)과는 뜻이 다른데 상당수 유럽 언어에서 slip은 독일어와 프랑스어에서 쓰이는 용법대로 쓰인다. 이렇게 영어가 독일어나 프랑스어를 거쳐 다른 유럽 언어에서 뜻이 달라진 경우가 꽤 많다. 한국어도 이와 비슷하게 원샷처럼 자체 콩글리시가 있는 반면 컨닝, 스킨십처럼 일제 영어의 영향을 받은 말도 매우 많다. 여기서는 어원이 같은 영어 기원의 낱말이 콩글리시와 비슷한 뜻으로 다른 언어에서도 쓰이는 몇 가지 사례를 살펴보겠다.

추리닝

영어 트레이닝training에서 유래하며 크리스마스추리tree, 추럭truck
과 더불어 영어 /t/가 /r/ 앞에 올 때 생기는 구개음화가 한국어
구어에 반영된 낱말이다. 최근에는 외래어표기법에 따른 철자 발
음의 영향으로 추리나 추럭 대신 트리나 트럭을 더 많이 쓰는데
단순히 발음으로만 따지면 전자가 원래 영어와 더 비슷하다고 봐
야겠다.

　그러나 추리닝만큼은 트레이닝이 거의 영어의 트레이닝training
을 뜻하는 것과는 다른 뜻으로 분화되어 운동복의 개념으로 쓰
이고 그것도 주로 평상시에 후줄근하게 또는 추레하게 입는 옷을
뜻하게 됐다.

　영어의 트레이닝training 자체는 옷의 뜻이 없으므로 추리닝은 트
레이닝 수트training suit에서 뒷부분을 자른 말이라고 볼 수 있는데
(실제 영어에서 주로 쓰는 말은 tracksuit) 한국어에는 가령 나이트처럼 복합어
나이트클럽night club에서 뒤의 구성 낱말만 자르거나 아파트처럼
아파트먼트apartment의 접미사 부분을 자른 경우 등이 있다.

　영어 동명사 꼴의 말을 장소의 뜻으로 쓰는 것도 추리닝의 경
우처럼 아마도 복합어의 뒷부분을 자른 것이라 봐야겠는데 주
로 프랑스어에서 유래하여 다른 로망스어 및 몇몇 슬라브 언어에
서 많이 쓴다. 예컨대 프랑스어 등의 dancing(무도회장), living(거실),
camping(캠프장), parking(주차장) 따위의 낱말은 원래 영어 뜻으로는

장소를 가리키지 않는다. 스모킹smoking(턱시도를 뜻하는 말이며 영어 smoking jacket에서 유래하지만 영어의 smoking jacket과 tuxedo는 뜻이 다름)처럼 거의 유럽 모든 언어에서 쓰는 말도 있지만 위의 -ing으로 끝나는 유사 영어 낱말들은 네덜란드어 말고는 다른 게르만 언어에서 별로 안 쓴다.

간혹 추리닝을 일본어에서 변형된 말로 착각하는 사람도 있으나 위에서 보기를 든 '트럭'도 한국에서는 일본어의 영향으로 일부 노인층에서 '도라꾸'라 부르기도 하듯이 일본어는 영어의 구개음화를 반영하지 않는다. 일본어의 도레닝구トレーニング는 training의 뜻만 있고 운동복 바지의 뜻으로 도레닝구판쓰トレーニングパンツ를 쓰는데 이것도 일제 영어이며 원래 영어의 트레이닝 팬츠 training pants는 아기 기저귀 떼는 훈련을 시키는 팬티이고 추리닝 바지의 뜻으로는 스웨트팬츠sweatpants를 쓴다.

한국어의 추리닝처럼 트레이닝training에서 유래한 낱말이 운동복을 가리키는 언어로는 루마니아어가 있다. 철자는 trening이며 추리닝의 뉘앙스라기보다는 일반적인 운동복을 가리킨다. 스웨덴어는 영어 training+overall(작업복)에서 유래한 träningsoverall이 운동복을 일컫는다. 어떤 사전에는 프랑스어도 트레이닝training을 운동복의 뜻으로 쓴다고 나오기는 하지만 거의 안 쓰는 용법인 듯하다. 이 대신에 프랑스어는 조깅jogging이라는 말을 조깅의 뜻과 더불어 운동복의 뜻으로도 쓴다.

이렇게 옷을 가리키는 말에는 위에서 보기를 든 슬립slip, 스모킹smoking처럼 원래 영어와는 뜻이 달라지는 경우가 많다. 이를테면 독일어의 드레스Dress는 주로 축구 선수들이 경기할 때 입는 유니폼을 뜻하는데 폴란드어 등을 비롯한 많은 동유럽 언어도 이런 뜻으로 쓴다. 다만 폴란드어의 드레스dres는 한국어의 추리닝과 비슷하게 평상시 입는 추리닝을 뜻하기도 하고 헝가리어나 루마니아어의 드레스dres는 수영복처럼 몸에 달라붙는 운동복을 주로 뜻한다.

믹서

부엌에서 쓰는 조리기의 일종인 믹서는 미국 영어로 블렌더blender, 영국 영어로는 리퀴다이저liquidiser라고 부르고 영어의 믹서mixer는 전동 반죽기 또는 거품기를 가리키며 손에 잡고 쓰는 것이라서 hand mixer라고도 부르는데 한글 표기로 이를 따서 핸드믹서라 쓰기도 한다.

한국어 믹서는 아마도 일본어 미키사ミキサー에서 유래했을 가능성이 큰데 독일어, 네덜란드어, 스웨덴어 등 게르만 언어와 체코어, 폴란드어 등 슬라브 언어 그리고 프랑스어(프랑스어 어미 -eur를 합친 mixeur를 주로 씀)를 비롯한 많은 유럽 언어에서도 비슷하게 쓰고 있다.

그러나 최근에는 다시 영어의 영향으로 mixer, mikser 등의 말을 원어인 전동 거품기의 뜻으로 쓰거나 blender를 믹서의 뜻으로 쓰는 경우도 많다. 한국어와 마찬가지로 일본어에서도 믹서 대신 부렌다ブレンダー라는 말을 주로 광고매체 따위에서 쓴다.

한국어로는 그냥 믹서보다도 믹서기가 더 친숙한 느낌을 주며

'믹서기에/믹서기로 갈아 마셔버릴/마셔도 시원찮을 ×'이라는 관용적 표현이 있다.

핸드폰

영어로는 셀폰cell(ular) phone, 모바일폰mobile phone인데 핸드폰hand-phone은 주로 한국, 인도네시아, 말레이시아, 싱가포르에서 쓰는 표현이며 어느 나라에서 먼저 이 말을 쓰기 시작했는지는 확실치 않다. 인도네시아에서도 핸드폰을 한국처럼 HP로 줄여 부르기도 하는데 이 경우 인도네시아어 철자의 이름대로 '하뻬'라 부른다. 또는 텔레폰 셀룰라telepon selular를 줄여 폰셀ponsel이라고도 한다.

핸드폰과 그대로 똑같지는 않지만 비슷한 식으로 부르는 언어로는 독어 핸디Handy(독어로 손이 Hand[hant]인데 이 경우는 영어 handy를 차용해 뜻을 바꿔 쓰는 말이라 발음은 [hendi]), 중국어 手机[shǒujī], 몽골어 rap ytac(gar utas, 손 전화), 베트남어 điện thoại cầm tay(손에 드는 전화) 따위가 있다.

모텔

원래 영어의 모텔motel은 자동차 여행자가 머무는 숙박 시설이지만 한국어에서는 주로 혼전 애인 사이, 불륜 커플, 원나이트스탠드 및 성매매 당사자를 비롯한 주로 혼외 관계의 남녀간 성적 회합을 도모하는 장소의 뜻으로 변질(?)되었다. 모텔을 이런 뜻으로 일컫는 곳은 주로 한국 등을 비롯한 동아시아와 브라질 등을 비롯한 중남미에 많다.

미국이나 유럽에서는 모텔을 이런 뜻으로 쓰지 않는데 서유럽이나 미국에서는 성매매 외에는 혼외 성관계가 상대적으로 자유롭기 때문에 굳이 집 말고 다른 장소가 필요하지 않기 때문이라 볼 수 있을 것이다. 한국도 독신자 가구가 늘어나고 성 문화가 변하면서 모텔의 수요 공급 양상에도 변화가 어느 정도 있으리라 예상은 되지만 이에 대한 구체적 통계는 아직 없다. 모텔이 사어가 된다면 좋은 일일까 나쁜 일일까.

비타민과 바이타민

기존에 잘 쓰던 원소와 화합물 이름을 1990년대 후반 대한화학회에서 영어식으로 바꾸어 2000년대 초반부터 교과서에도 반영되었다. 기존 이름들이 독일어식이라 국제 표준인 영어로 맞췄다고들 하는데 주객이 뒤바뀐 듯싶다. 물론 화학을 비롯한 자연과학계는 논문 발표 및 국제 학술 교류가 현재 거의 영어로 이루어진다. 그렇다고 모든 언어에서 원래 써왔던 화학 용어를 영어식으로 바꾸는 일은 없다. 자국어로 논문을 쓰거나 기술자 또는 일반인과 의사소통할 때는 당연히 그곳의 언어를 쓴다. 한국의 신문이나 방송은 바뀐 용어를 아직도 거의 안 쓰기에, 이를테면 부탄과 메탄이라고 하지 뷰테인과 메테인이라고 하지 않는다.

IUPAC(국제순수응용화학연맹) 명명법은 영어 명칭을 어떻게 부르느

나만 규정할 뿐이지 다른 언어에까지 강제 적용하는 것이 아닌데 정의 자체도 애매모호한 국제 기준이란 것을 들먹여 난리를 쳤으니 아연실색할 노릇이다. 바뀐 한글 표기가 과연 대한화학회가 주장한 대로 국제 교류에 도움이 될지는 매우 회의적이다. 여기서 외래어와 외국어의 혼동에 따른 오류가 드러난다. 한글 표기는 외국과의 교류가 아니라 한국인끼리 의사소통을 잘하려고 정하는 것이다. 그리고 다른 나라가 다 영어만 쓰지도 않을 뿐더러 학문 교류는 대부분 문자언어로 이루어지고 결국 상대방의 언어로 번역되는 과정을 겪게 마련이므로 외래어 표기를 영어 발음에 가깝게 바꿔봐야 쓸데없는 짓이다. 예컨대 독일어 Mangan에서 온 한국어 망간을 한국인끼리 쓰는 데는 아무 문제가 없음에도 영어로 말할 때나 Manganese로 하면 될 일이지 굳이 망가니즈라고 볼썽사납게 부를 까닭이 없다.

몇몇 화학 교수는 이렇게 바꾸면 물론 혼란이 오겠고 학계 안에서도 논란이 있으나 대학 등에서 이루어지는 교육이 영어 기반이라 결국은 영어식으로 해야 낫고, 전반적으로 화학 용어 정리 작업을 하면서 순우리말이나 쉬운 말로 바꾸는 중에 이렇게 외래어로만 써야 하는 원소나 화합물 이름을 영어식으로 변경하는 것은 일부에 해당하니 좋게 봐달라고 했다. 물론 이들의 말을 이해 못하는 바도 아니며 나름대로 일리는 있지만 영어식 개정은 편의주의적 발상이라는 느낌을 지울 수 없다. 이른바 그런 식의 국제 기준을 따르자면 아예 글자 자체도 영어로만 써야 옳다.

원소나 화합물 이름은 대개 그리스어와 라틴어의 어근을 기반으로 프랑스나 독일 등지에서 만들어진 경우가 많다. 한국은 일본의 영향을 많이 받았기 때문에 상당수 화학 용어가 독일어 또는 네덜란드어에서 일본어를 거쳐 들어왔다. 따라서 학술 라틴어와 발음이 유사한 독일어식 종래 표기가 원어 철자를 유추하기에도 알맞다. 이미 우리는 이 방식대로 쓰고 있는데 단순히 영어 발음과 다르다고 무조건 고치자는 제안은 재고할 필요가 있다. 언어에 담긴 역사를 배제해서도 안 되고 현재의 쓰임이 어떤지도 생각해봐야 한다.

가령 우라늄과 칼륨은 독일어로 우란Uran과 칼륨Kalium인데, 영어를 제외한 게르만 언어 대부분과 슬라브 언어(우란은 거의 같지만 칼륨은 어미가 조금 달라져 각각 칼리 및 칼륨으로 부르는 언어가 있음) 및 일본어에서 쓰인다. 로망스어의 경우 스페인어와 이탈리아어는 –ium이 –io로 바뀌기 때문에 우라니오Uranio, 프랑스어는 그냥 라틴어처럼 우라늄Uranium, 칼륨은 영어와 어원이 같은 포타시오Potasio(스페인어), 포타시오Potassio(이탈리아어), 포타슘Potassium(프랑스어)이다. 한국어는 독일어에서 일본어를 거쳐 '우란'이라고도 했지만 지금은 학술 라틴어 우라늄으로 하고 칼륨은 그대로다. 화학 용어 개정에서는 우라늄을 영어식 유레이니엄으로 바꾸자는 말은 없지만 칼륨은 포타슘과 함께 쓰다가 후자로 바꿔나갈 예정으로 나와 있다. 그러나 칼륨과 나트륨은 원소기호가 K와 Na이므로 굳이 포타슘과 소듐으로 바꿔야 할 명분도 별로 없다.

사실, 영어 모음은 역사를 통해 워낙 심한 변화를 겪어서 aeiou가 아/에/이/오/우 대신 '에이/이/아이/오우/유'이므로 영어식 표기는 어색할 때가 많다. 우라늄과 유레이니엄의 비교에서도 잘 드러나며 부탄은 뷰테인, 프로판은 프로페인, 리파아제는 라이페이스, 아밀라아제는 아밀레이스, 헥산은 헥세인이 된다. 하지만 영어권 사람이 못 알아들을 부탄, 프로판, 리파아제, 헥산은 도리어 다른 언어권 사람이 알아듣기 쉬울 텐데 예컨대 메탄은 스웨덴어, 폴란드어, 러시아어, 터키어, 인도네시아어 모두 Metan이다. 또한 깊은 생각 없이 이런 이중모음화를 한글 표기에 반영하니 시클로알칸이 사이클로알케인으로 바뀌듯 괜히 글자만 늘어난다. 이렇게 영어의 음운론적 특징은 도외시하고 영어에 가까우면 최고라는 단견으로 표기법에 손을 댔으니 뒤틀린 구석이 안 생길 리가 없다. 전에는 분류명을 표시하는 접미사 -ol 따위가 붙어도 부탄-부탄올, 메탄-메탄올 식으로 매우 일관적인 표기였는데 이제 뷰테인-뷰탄올, 메테인-메탄올 식으로 바뀌니 참 어정쩡해져버렸다.

영어 기반의 새로운 표기에는 또 다른 모순도 있다. 예컨대 기존의 티탄을 타이타늄으로 부른다고 하지만 굳이 영어를 따르자면 타이테이니엄(-니엄 식으로 표기하지 않는다고 쳐도 타이테이늄)인데 왜 앞 음절만 영어 발음을 땄을까 이해가 안 되는 대목이다. 차라리 우라늄마냥 티타늄으로 하면 이해할 만하다. 요오드도 아이오딘으로 바뀌는데 일반적인 영어 발음을 따르면 아이오다인이다. 그리고 메탄은 또 왜 메테인이 되는가? 메세인으로 바꿔야 Methane의 그 잘난 영어 발음 [θ]에 더 가까운데 말이다. 미국 음식점 가서 외국인 발음에 전혀 무신경한 종업원한테 한국식 [t]로 골백번

밀크를 달라고 외쳐도 전혀 못 알아들었다는 일화를 염두에 두자. 국제 학회에서 '메테인'을 잘 알아들을 미국 사람 참 꽤나 많을 것이다.

　이런 종류의 국제공통어를 무조건 영어식으로만 쓰자는 사람을 볼 때가 많다. 라디오, 피아노, 바나나가 아니라 레이디오, 피애노, 버내너가 맞는다는 것이다. 라디오는 라틴어 어근에서 나왔고, 피아노는 이탈리아어, 바나나는 서아프리카 언어에서 유래해 스페인어를 거쳐 세계에 퍼진 말이다. 한국어를 비롯한 여러 언어에서 이 낱말들은 소리가 비슷하다. 발음이 영어식 '에이'나 '애'인 언어는 드물다. 알레르기와 게놈은 그리스어 어근을 조합해 독일어에서 만들어졌다. 그리고 우리는 이것을 별 탈 없이 잘 써왔는데도 영어 신봉자들은 영어 발음 타령을 하며 앨러지나 지놈이 옳다고 우긴다. 마치 세상에 영어만 있는 듯이 영어만 따르자는 주장을 보면 참 안타깝다. 또 다른 원소 Xenon도 기존 '크세논'과 소리가 비슷한 언어가 대부분인데도 이 역시 영어식 제논으로 바뀌었다.

　물론 최근 경향을 보면 한국어에서는 기존 외래어도 영어 발음을 따르는 경우가 많이 생겼다. 에네르기야 이미 예전에 에너지로 바뀌었고 크실리톨이나 디옥신이 이젠 거의 대부분 자일리톨이나 다이옥신으로 불리는 것을 봐도 그렇다. 일본은 아직 크실리톨(발음은 일본어의 특징상 기시리토루キシリトール)을 쓴다. 말할 때 알레르기 대신 알러지나 앨러지라 하는 사람도 있다. 자연스럽게 어느 한쪽으로 변한다면 그렇게 써도 될 것이다. 그러나 잘 쓰고 있는

말을 단지 영어식이 아니라서 일률적으로 고친다면 문제가 된다. 우리말을 할 때 영어 발음을 신경 써야 한다는 발상이 처량하기만 하다. 앞서 밀크 얘기에서 언급했듯이 비닐을 바이닐로 바꿔봤자 한국어 발음은 강세 구별 없는 [painil]이다. 따라서 첫 음절에 강세를 주고 [ˈvaɪ.nəl]로 말하는 미국인들에게 '바이닐'은 영화 〈사랑도 통역이 되나요Lost in Translation〉에서 일본인의 rip 발음을 lip으로 착각했던 주인공처럼 또는 그 이상으로 어차피 이해되기 힘들다. 다시 말해 외래어 표기와 외국어 교육은 서로 다른 사안이다.

외래어도 분명히 한국어 어휘의 구성 요소임에도 흔히들 그 역사성은 잘 따지지 않아서 그런지 제대로 기준을 마련하지 않고 표기를 자주 바꾼다. 터키어는 근대화 이후 서양의 개념을 주로 프랑스어를 통해 받아들였다. 그래서 프랑스어의 industrie와 université는 터키어 철자법에 맞게 endüstri와 üniversite로 적는다. 그럼 이제 바야흐로 국제화 시대니 터키에서도 영어식 철자 indastri와 yuniversiti로 바뀌는 촌극이 벌어질까? 터키어와 가까운 아제르바이잔어는 이와 달리 러시아어 차용어가 많기에 universitet로 쓴다. 원소 이름도 터키어는 프랑스어를 따르고 아제르바이잔어를 비롯한 구소련의 튀르크 언어들과 몽골어는 러시아어를 따른다. 역시 이들 언어에서도 국제화 시대에 발맞추어 영어를 따른다는 얘기는 전혀 없다. 한국어의 외래어 역시 그 역사성이 있는데도 그냥 영어로 대체하면 장땡이라는 생각은 행정 편의적 발상으로밖에 안 보인다.

그런데 한국어 화학 용어에 영향을 미친 독일어 화학 용어는 최근 들어 얄궂게도 철자가 영어 또는 라틴어에 가깝게 되어 대표적으로 Kalzium을 Calcium으로 쓴다. 일상어는 아직 Kalzium을 더 많이 쓰고 전문어는 Calcium을 더 많이 쓰는데 물론 독일어 c는 뒤에 오는 홀소리에 따라 [k] 또는 [ts] 소리가 나므로 두 철자의 발음 차이는 없다. 그리고 엄밀히 말하자면 저런 철자를 19세기에 오히려 먼저 쓰다가 20세기에 독일어 철자가 통용된 다음 21세기에 다시 라틴어 철자로 돌아간 것이다. 카페인도 Coffein이 Koffein보다 먼저 쓰이다 다시 전자로 돌아간 것인데 이런 철자 변경 또는 회귀는 일반인 사이에서 반감도 있지만 철자와 발음의 일치도가 더 높은 북유럽 및 동유럽 언어와 달리 이미 독일어에서 20세기 이전에 쓰던 철자라 큰 반대는 없는 것 같다. 또한 철자의 변경일 뿐 발음이 바뀌거나 칼륨과 나트륨이 포타슘과 소듐으로 낱말 자체가 아예 바뀐 것도 거의 없으니 급격한 변화로 느껴지지 않는다.

원소와 화합물 이름이 영어에서 유래한 힌디어는 우라늄, 수소, 요오드가 यूरेनियम[유레니엄], हाइड्रोजन[하이드로전], आयोडीन[아요딘]이고 태국어의 경우도 ยูเรเนียม[유레니엄], ไฮโดรเจน[하이드로젠], ไอโอดีน[아이오딘] 등 표기가 영어 발음에 가깝다. 인도의 다른 언어들 및 버마어도 대개 이와 비슷하다. 인도나 태국은 영국의 영향이 컸기에 학술 라틴어와는 상관없이 영어를 따라 쓰지만, 한국은 이들 나라보다 과학과 공업이 발전했고 독일어 용어를 받아들여 예전부터 잘 썼다. 겉으로 일본어에 가까워도 결국은 한국어의 방식인데 굳이 영어 흉내를 내어 대체 무엇을 얻을까? 게다가 미국을 지향하다 보니 뷰테인과 아이오딘처럼 영어에 가깝게 바꿨다지만 어차피 영어와 똑같을 수도 없는 마당에 따지고 보면 적지 않은 한국인들이 무시하는 태국 등 동남아시아의 언어와 오히려 비슷한 꼴이 돼버렸다. 태국어랑 비슷해져 나쁘다는 게 아니라 영어를 닮으려다 의도와 달리 엉뚱한 쪽으로 간 셈이니 우습다는 소리다.

비록 자연과학 논문이 대부분 영어로 쓰이기는 하지만 그렇다고 자기 언어를 버릴 수는 없는 일이고 과학기술과 공업이 발달한 독일, 일본, 러시아 등 많은 나라에서도 실제 기술 업무에서는 당연히 아직도 자국어를 많이 쓰고 있으며 그런 나라와 교류 협력도 필요한데 국제적 의사소통을 너무 영어에만 맞추는 것이 아닌가 생각해봤으면 한다. 국립국어원 측도 별다른 대응 없이 대한화학회의 이런 일방적인 용어 개정을 무비판적으로 수용해버렸나. 대개의 용어는 일반인이 잘 모르고 관심도 적으니 은근슬쩍 넘어갔으나 비타민처럼 워낙 많이 쓰는 말은 바이타민으로 바꾸려다가 금세 꼬리를 내렸는데 최근 중학교 교과서는 아직 표준어도 아닌 바이타민을 쓴다고 한다. 영국은 ['vɪtəmɪn], 미국은 ['vaɪtəmɪn]이다. 한국어 '비타민'이 왜 미국 발음에 질질 끌려다녀야 할까?

화학 용어라고 해서 화학자만 쓰는 것이 아님에도 일부 전문가 집단의 권위에만 순응하고 전문용어도 역사성이 있음을 도외시한 결과다. 역사성이고 나발이고 어차피 외래어인데 귀찮고 헷갈리게 하지 말고 이왕 하는 김에 싹 다 영어식으로 바꾸자는 사람도 있을지 모르겠다. 그런데 이런 생각이라면 그냥 우리말 자체를 없애버리고 화끈하게 영어만 쓰자는 어처구니없는 주장도 받아들여질 것이다. 국제화나 세계화는 영어화나 미국화가 아닌데도 그렇게 착각하는 이들이 안타깝게도 적지 않다. 크게 보면 영어화의 흐름을 사실상 막을 수도 없고 바뀐 표기가 괜찮은 구석도 없지는 않을 테니 모두 꼭 되돌려야 한다는 얘기는 아니다. 다만 지금까지의 말글살이를 총체적으로 고려하지 않고 전문가가 익숙한 영어라는 좁은 방향만 생각해서 규정을 만든 것이 무척 씁쓸하다.

예사소리, 된소리, 거센소리

장애음(파열음, 마찰음, 파찰음)은 강도에 따라 둘로 나눌 수 있는데 한국어의 예사소리 파열음 ㄱㄷㅂ, 마찰음 ㅅ, 파찰음 ㅈ는 이완음 lax 또는 연음lenis(軟音, 힘이 덜 늘어가는 소리)이고, 된소리 ㄲㄸㅃ/ㅆ/ㅉ 및 거센소리 ㅋㅌㅍ/ㅊ는 긴장음tense 또는 경음fortis(硬音, 힘이 더 들어가는 소리)이다. 경음은 된소리를 일컫기도 해서 헷갈릴 수도 있으므로 여기서는 또 다른 한자어 명칭 평음平音, 농음濃音, 격음激音 대신 고유어 명칭 예사소리, 된소리, 거센소리라 하여 이완음lax/lenis, 긴장음tense/fortis과 구별 짓겠다.

한국어는 3항 대립이지만 가장 흔한 것은 목청 울림에 따른 유무성음 또는 숨소리에 따른 유무기음 2항 대립이다. 일본어와 대다수 유럽 언어는 유무성음, 중국어와 아이슬란드어는 유무기음이다. 즉 한어병음 또는 아이슬란드어 철자 bdg는 프랑스어 같은 유성음이 아니고 한국어 ㅃㄸㄲ에 가까운 무기음이다. 그래서 베이징北京의 중국어 발음은 한글 표기와 달리 한국인의 귀에 [뻬이찡]으로 들리며 실은 과거에 뻬이징으로 표기되기도 했다. 힌디어를 비롯한 여러 인도 언어는 무성(무기, 유기), 유성(무기, 유기) 4항 대립이고 핀란드어와 하와이어는 무성음 1항만 있다. 고전 그리스어, 태국어, 버마어도 3항 대립이지만 유성음, 무성음, 유기음이라서 한국어에 없는 유성음을 보인다. 한국어는 유성 파열음 및 파찰음이 공명음(유음 ㄹ, 비음 ㄴㅁㅇ, 반모음, 모음) 사이에 올 때만 생기는 이음인데 3항 대립과 더불어 어두 유성음이 없어 매우 특이한 축에 든다. 즉 '비'와 '냄비'의 ㅂ, '자', '기'와 '보자기'의 ㅈ, ㄱ 들은 음운론적으로 각각 같은 음소지만 음성학적으로 소릿값이 다르다. 부산의 로마자 표기가 Pusan(음운 중심)이냐 Busan(음소 중심)이냐 하는 것도 이 때문이다. 다른 언어에서도 이렇게 위치에 따라 음소의 음가가 흔히 바뀐다.

언어마다 소리 목록이 다르기에 차용어는 원어와 음운이 조금씩 달라진다. 라틴어에 차용된 그리스어를 봐도 잘 드러난다. 라틴어는 유무성음 2항 대립만 있으나 고전 그리스어는 유성음 βγδ(b/d/g), 무기음 πκτ(p/k/t), 유기음 φχθ(ph/kh/th)의 3항 대립이 있었다. 현대 그리스어는 유성 파열음과 유기 파열음이 각각 유성 마찰음(v/ð/ɣ) 및 무성 마찰음(f/θ/x)으로 바뀌었다. 그리스어 κυβερνάω(kubernáō: 키를 잡다, 다스리다)는 라틴어 guberno가 되었고 프랑스어 gouverner를 거쳐 영어 govern의 뿌리도 된다. 한국어

키/끼 또는 키/기가 다르듯 유기/무기가 변별적 기능을 하는 고전 그리스어에서 κ[k]는 반드시 무성 무기음인 반면 라틴어 c[k]는 무성 무기음이 기본일 뿐 유기음이 돼도 뜻은 같기에 그리스어 [k]가 오히려 라틴어 유성 무기음 [g]에 더 가깝게도 들렸던 것이다. 이와 비슷하게 영어 화자는 한국어 된소리와 닮은 스페인어나 이탈리아어의 어두 ptk를 영어 bdg처럼 인식한다.

따라서 영어 유성음 bdg는 강도로는 한국어 예사소리 ㅂㄷㄱ에 대응되면서도 음성적 성질상 된소리 ㅃㄸㄲ와도 비슷하게 들린다.

긴장음: 한국어 ㄲㄸㅃ, ㅋㅌㅍ, 영어 ktp, 일본어 ktp, 스페인어 ktp

이완음: 한국어 ㄱㄷㅂ, 영어 gdb, 일본어 gdb, 스페인어 gdb

무기음: 한국어 ㄲㄸㅃ, 영어 gdb, 영어 s 뒤에 오는 ktp, 스페인어 ktp

유기음: 한국어 ㅋㅌㅍ, 영어 ktp

유성음: 한국어 공명음 사이 ㄱㄷㅂ, 영어 공명음 사이 gdb, 일본어 gdb, 스페인어 gdb

무성음: 한국어 ㄱㄷㅂ 약한 기식, ㅋㅌㅍ 강한 기식, ㄲㄸㅃ 기식 없음, 영어 ktp 강한 기식, 일본어 ktp 약한 기식, 스페인어 ktp 기식 없음

한국어 ㄱㄷㅂ, 일본어 ktp는 어두에서 약간의 기식이 있다. 또한 어두에서 완전한 울림을 가진 일본어나 로망스어와 달리 영어 gdb는 약간의 울림만 있다. 이처럼 어떤 측면에서 보느냐에 따라 다소 복잡하게 대응이 달라진다. 위에 나타난 바와 같이 음운론

적으로 영어 유성 및 무성 파열음은 서로 다른 음소지만 음성학적으로 s 뒤에 오는 무성 파열음은 유성 파열음과 소릿값이 거의 같다. 같은 게르만어파인 독일어, 스웨덴어, 노르웨이어도 이와 비슷하다. 네덜란드어는 무성 파열음이 로망스어처럼 무기음이라서 양상이 다르다.

공식적인 로마자표기법 및 외래어표기법 모두 어느 정도 절충식이긴 해도 기본은 음성보다 음소 중심인데 '김'을 Gim보다 Kim으로 쓰는 이가 아직 더 많듯 음소 대응에 저항감이 적지 않은 편이다. 출판과 언론 관계자를 비롯해 언어를 다루는 이가 종종 갖는 불만 가운데 하나가 외래어 된소리 표기의 제한 문제다. 그래서 창비처럼 된소리를 적는 자체적인 표기를 고수하는 출판사도 있고 된소리를 고집하는 저자도 있다. 된소리를 뺀 것은 주요 언어의 유무성음 2항 대립을 예사소리와 거센소리에만 맞춰도 음소가 대응되어 음운론적으로 문제없기 때문이다. 억양만 괜찮다면 [파리]든 [빠리]든 프랑스 사람은 Paris로 알아듣고 [파스타]든 [빠스따]든 이탈리아 사람은 pasta로 알아듣는다. 된소리 제외가 자리 잡기 전인 1960년대 이전이나 북한식 표기를 보면 다소 일관성이 없어 좀 혼란스럽다. 된소리 표기를 인정한다 치면 로망스어와 슬라브 언어는 다 여기에 해당되니 간단히 끝나는 문제일까? 게르만어파 가운데 네덜란드어는 무성 파열음이 된소리고, 인도네시아어는 된소리, 페르시아어는 거센소리에 가깝다. 그런데 수많은 언어를 이렇게 음성학적 기준에 딱 맞춰 한글로 적는 것은 매우 번거롭다. 그럼 어차피 모든 언어를 다 꼼꼼히 표기할 필요도 없으니 익숙한 주요 언어만 그렇게 정하면 될까?

음성학적 기준으로 sticker도 스띠꺼로 적어야 음소적 표기 스티커보다 원래 영어 발음에 가깝다. 한국어와 비슷하게 3항 대립이 있는 태국어는 음성 대응에 좀 더 가까워 สติ๊กเกอร์(sà dtík gêr)의 둘째 및 셋째 음절은 영어처럼 무기음이다. 모두 유기음인 '컴퓨터'와 달리 คอมพิวเตอร์(khom-phiw-dtêr)는 앞의 두 음절이 유기음이고 마지막이 무기음인데 영국 영어 [kəmˈpjuːtə]는 어두 및 강세 음절이 강한 유기음, 마지막 음절이 약한 유기음이며 미국 영어 [kəmˈpjurə]의 끝 음절 연음화를 감안하면 태국어 표기는 영어 음성에 들어맞는 편이다. 파리는 무기음 ปารีส(Pārīs, 빠릿)인데 어두는 프랑스어, 어말 자음은 영어 기준인 반면 이탈리아 음식 파스타는 พาสต้า(phāstā, 파스따)로 첫째 음절 유기음, 둘째 음절 무기음 역시 영어 음성 기준이다. 만약 된소리 표기를 전면적으로 도입한다면 이런 태국어식을 따르는 편이 합당할지도 모르나 이미 자리를 잡은 음소 방식 기존 표기를 ㅜ태여 바꾼나넌 혼란스러울 것이다. 4항 대립의 힌디어도 차용어는 음소 대응 처리를 한다. 즉 영어 무성 파열음이 어두나 강세 음절에서 숨소리를 동반하더라도 힌디어는 유기음 대신 무기 무성 파열음으로 일률적 표기를 한다. 세 언어 외래어의 홀소리를 한국어에 가깝게 적고 닿소리만 바꾸면 다음과 같다.

한국어: 컴퓨터, 파스타, 파리

태국어: 컴퓨떠, 파스따, 빠리(실제로는 영어 영향의 자음 때문에 빠릿)

힌디어: 껌뿌떠, 빠스따, 빠리(실제로는 영어 영향의 모음·자음 때문에 뻬리스)

순치, 치간, 연구개 마찰음이 없는 힌디어는 페르시아어, 아랍어, 영어 등 외래어 마찰음 [f], [θ], [x]를 유기 무성 파열음 [ph], [th], [kh]에 대응시킨다. 한국어처럼 이렇게 음소 대응을 하는 힌디어가 군더더기 없이 깔끔해 보인다. 그러나 된소리가 더 알맞다고 여기는 불만은 앞으로도 쭉 나올 텐데 딱 부러지는 정답은 없다.

북한 문화어로 '터키'는 '뛰르끼예(Türkiye)'이듯 슬라브 언어나 로망스어 외에 터키어 무성 파열음도 된소리로 파악한다. 그러나 실제로 터키어의 성대 진동 시작 시간은 유성 무기음 bdg와 무성 유기음 ptk가 뚜렷이 갈리므로 '튀르키예'가 더 가깝다. 성대 진동 시작 시간(voice onset time)은 발성이 시작되고 나서 성대가 울릴 때까지 걸리는 시간인데 완전한 유성음은 모음보다 자음이 앞서 울리므로 음수(-)가 되고 유기음일수록 더욱 나중에 울리므로 길어진다. 어두에서 모두 무성음인 한국어 파열음은 양수(+)로 나오는데 된소리, 예사소리, 거센소리 순으로 길어진다. 성대 지속 시간이 양수로 나오는 영어 bdg는 불완전한 유성음이라서 일본어나 스페인어의 완전한 유성음보다 한국어 된소리에 좀 더 가깝고 예사소리는 이보다 멀다. 포르투갈어 tabaco→일본어 다바코タバコ→한국어 담바고→담배, 일본어 나베鍋(なべ)→한국어 남비→냄비, 일본어 도카타土方(どかた)→한국어 노가다 등에서 보이듯 완전한 유성음은 때때로 비음에 가깝게도 들린다.

가스gas, 골goal, 댐dam, 더블double, 백bag/back, 버스bus, 잼jam, 재즈jazz처럼 주로 초기에 들어온 영어의 유성 파열음과 파찰음은 된소리로 나는 경향이 크다. 앞서 말했듯 음성학적으로 더 가깝기 때문이다. 현재 유성음 계열 된소리가 표준어로 인정된 표기는 껌gum, 빠이빠이bye-bye 등 극히 일부지만 1960년대 이전에는 언론과 출판에서도 된소리 표기가 매우 잦았다. 한국어는 외래어 표준 발음 규정까진 없으나 대개는 철자에 따른 발음을 권장한다. 그래서 요즘 아나운서들은 [까쓰], [뻐쓰] 대신 [가쓰], [버쓰]로 발음할 때가 더 많다. 2007년 6월 8일 '온라인 가나다'에 올라온 문답을 보자.

> **문**: '빠나나'가 맞나요, '바나나'가 맞나요? '뻐스'가 맞나요, '버스'가 맞나요?
>
> **답**: '바나나', '버스'와 같이 표기하시는 대로 발음합니다.

질문자와 답변자 모두 '스'는 [쓰] 발음을 규범으로 생각하고 넘어갔나 본데 이 문제는 뒤에서 다루겠다. 답변만 보면 가장 우세한 발음 [뻐쓰] 및 아나운서 발음 [버쓰] 대신 철자 발음 [버스]만 맞는다고 착각할 수도 있다. 사실 1960년대까지는 '뻐쓰'라는 표기가 더 널리 쓰였다. [게임]이 표준 발음인 '게임' 같은 경우는 매우 드물다.

1960년부터 적용된 국정교과서 외래어 일람표에 따르면 뉴욕은 뉴우요오크, 동경은 토오꾜오처럼 홀소리 길이를 구별하고 도

마도도 토마토로 바꾸는 등 몇 가지가 조정됐는데 국어학자 외솔 최현배가 1964년 『동아일보』에 '들온말 적기 문제'라는 제목으로 연재한 칼럼 3월 9일자에서는 "참 소리값 먼저 알아야, g/d/b는 반 울림없는 소리로 ㄲ/ㄸ/ㅃ이 소리갈로 볼 때 바르다", 3월 14일자에서는 "g=ㄱ, d=ㄷ, b=ㅂ으로, 국어의 본질을 파괴, 진리 못 잡은 문교부안"이라 밝혔듯이 된소리가 난제였음을 알 수 있다. 2항 대립의 일본어는 이런 문제가 없다. 서양어 유성음과 무성음은 대개 각각 일본어 유성음과 무성음으로 대응시키면 된다. 어쨌든 최현배의 주장은 음성학적으로는 타당하다. 신문은 문교부가 정한 표기를 반드시 따르지는 않았는데 예컨대 뉴우요오크는 1974년과 1978년 사이에만 집중적으로 나타나며 당시도 뉴욕이 더 널리 쓰였다. 문교부가 1985년 12월 28일 확정 시행 발표한 외래어 표기법 개정안은 뻬이징→베이징, 토오쿄오→도쿄 등 장음표기, 된소리, 별도 기호나 문자를 없애 간결성을 좇아 두드러지는데 중국어 전사에서 된소리는 ㅆ만 남기고 파열음은 예사소리로 정했기에 된소리 쓰임은 더 줄었다.

1950년대 중반 이후 들어왔거나 그때부터 널리 퍼진 영어 외래어의 유성음은 예사소리로 발음하는 경향이 강한데 한국인이 영어 음성을 그렇게 인식했다기보다는 표기법의 영향이 더 크다. 1959년 12월 10일자 『동아일보』에 등장했던 볼펜은 1966년 7월 1일자 『매일경제』에도 "볼펜 값싸고 편리해 하루 평균 30만 개 팔려…… 문화가 발전되어 감에 따라 그 이용도가 높아지고"로 나오는데, 볼펜을 [뽈펜]으로 발음하는 경우는 극히 드물다. 이는

1954년 11월 25일자 『동아일보』에 등장했던 벨트 또한 [뻴트] 발음이 극히 드물다는 데서도 잘 드러난다. 영어 유성음의 된소리를 일본어 탓으로 돌리는 사람도 있으나 거의 무관하다. 볼펜은 볼포인트 펜ballpoint pen보다는 일제 영어 보루펜ボールペン이 직접 어원인데 발음이 [볼펜]이고 볼ball은 주로 [뽈]로 발음하며 빌딩[삘딩/삘띵]과 보디빌딩의 발음에서도 보이듯 전래 시기가 더 결정적이다. 초기 영어 차용어는 일본어의 간접적 영향도 있겠으나 박스[빡쓰], 달러[딸러/딸라]와 봇쿠스ボックス, 도루ドル의 차이에서 알 수 있듯 해방 이전부터 미국 영어의 영향도 직접 받았다. 표준 표기는 '보이콧'이고 '보이코트'도 통용되는 boycott도 이미 일제강점기에 '뽀이코트'로 쓰였으나 이제 된소리가 드물듯 표기가 발음에 미치는 영향은 더 커질 것이다. game[께임], box[빡쓰], gate[게이트], boomerang[부메랑]에서 된소리로 발음하는 부분과 예사소리로 발음하는 부분을 서로 뒤바꾸면([게임], [박스], [께이트], [뿌메랑]) 어색한 느낌이 든다. 낱말에는 시간의 자국이 깊이 박혀 있다. 언어의 규칙은 예외도 있기 마련이므로 표기와 발음이 꼭 들어맞지는 않아도 된다.

토마토는 한때 [도마도]도 널리 쓰였으나 지금은 드문 편이고 바나나는 [빠나나]도 아직 널리 통용되지만 점점 [바나나]에 밀리는 추세다. 일본어 ktp는 어두에서 한국어 ㄱㄷㅂ와 비슷하게 약한 기식음이다. 그래서 일본어가 매개된 외래어의 무성 파열음은 한국어 비표준어에서 종종 예사소리로 나는데 도마도/토마토, 골덴/코르덴, 가디건/카디건, 고로케/크로켓 등이 여기 속하

며 이제 거의 사라진 도라꾸(트럭), 구리무(크림)도 마찬가지다. 표준어는 아닌 가랑/가란(네덜란드어 kraan→カラン: 수도꼭지, 수전), 갑바/가빠(포르투갈어 capa: 외투, 망토, 비옷, 덮개→合羽 [カッパ]: 소매 없는 비옷, 비막이로 덮는 동유지, 한국어는 이제 주로 화물차 따위를 덮는 방수포만 의미), 돕바(영어 topper→トッパー: 여자용 춘추 반코트라는 원뜻과 달리 현재 한국어는 다리까지 내려오는 기다란 겨울 외투를 주로 뜻함)도 있다. 영어에 가까운 '토퍼'가 표준어이나 실제로 돕바보다 훨씬 적게 쓴다.

첫머리가 무성 파열음 ptk인 외래어 중 영어 can에서 왔다고 짐작되는 깡통이나 비표준어 땡크 말고는 된소리 ㄲ/ㄸ가 극히 드물다. 일제강점기 때는 '탕크'를 더 많이 썼으나 '탱크'도 그때부터 썼고 분단 이후로 남한은 탱크를 더 많이 쓰게 되었지만 탕크도 1970년대 중반까지는 신문에 왕왕 나왔다. 땡크나 땅크는 입말에서는 꽤 나왔을지 모르겠으나 신문 지상에는 매우 산발적으로만 나타나는 변이형이다. 땡크의 모음이 영어 [æ]를 그대로 따온 걸 보면 된소리는 일본어 영향보다는 자체 변형일 가능성이 높다. 땅크는 북한 말투의 희화화라고 볼 수 있다. 남한은 전차와 저장고 둘 다 탱크(영어), 북한은 저장고는 탕크(일본어), 전차는 땅크(러시아어)다. 탕크는 20세기 초부터 쓰였고 탱크와 땅크는 분단 이후 각각 영어와 러시아어의 영향을 받았다. 어원이 같은 말의 발음이 분화된 것은 러시아어 танк(tank)가 전차만 뜻하기 때문이다. 탄젠트(영어 tangent)의 뜻인 땅겐스(러시아어 тангенс←독일어 Tangens)처럼 북한은 러시아어 파열음을 거의 된소리로 적는다.

이와 달리 일본어를 거쳐 들어왔거나 그럴 것으로 추정되는 외

래어 또는 그 변이형을 보면 특이하게도 주로 p만 된소리로 발음
된다.

영어: 빠데(putty), 빠레트/빠렛트(palette), 빠이롯드(pilot), 빤쓰(pants), 빵
꾸(puncture), 뻬빠(paper←sandpaper), 뻰찌(pincers), 뽀마드(pomade), 뽀인트
(point), 뽀르노(porno), 뿌라그(plug), 뿌라스/쁘라스(plus), 뿌라이야(plier),
삔(pin)

네덜란드어: 뻥끼(pek), 뽐뿌(pomp), 뻰트/뻰뜨(punt←brandpunt)

포르투갈어: 빵(pão)

러시아어: 빨치산(партизан partizan), 뻬치카(печка pečka)

보기 가운데 빵, 빨치산, 뻥끼 말고는 표준 표기에서 된소리 대신
거센소리가 들어간다.

비록 변이형이긴 하지만 이렇게 거의 p만 된소리로 나는 까닭
이 있다. 음성학자 피터 래디포기드Peter Ladefoged가 저서 『음성학적
자료 분석Phonetic Data Analysis』에서 짚은 바와 같이 파열음은 입속에
서 더 뒤쪽으로 갈수록 성대 진동 시작 시간이 길어진다. 다시 말
해 영어나 일본어를 비롯한 많은 언어에서 p-t-k 순서대로 유기
음 정도가 더 높은데 숨소리가 나오는 곳은 입술이 아니라 목구
멍이기 때문이다.

한국어는 순치 마찰음 [f]가 없다 보니 차용어에서 여러 변이
형이 나온다. 표준어는 무조건 ㅍ[ph]이지만 비표준어는 일본어
의 간접적 영향으로 화, 훼, 휘[hw] 꼴이 나온다. 성문 마찰음 [h]

에 양순 연구개 접근음 [w]로 원순성이 가미된 [hw]가 음성학적으로 [f]에 오히려 가까울 수도 있다. 그런데 장난스럽거나 일상의 정서가 들어간 일부 낱말의 발음에서는 ㅃ[p']로 나기도 한다. 예컨대 뽀샵, 뻐큐/빽큐/뽀큐는 오히려 포샵(phoshop←photoshop), 퍼큐/퍽큐fuck you보다 더 많이 쓰이며 삘과 필(feel)은 사용 빈도가 거의 대등하다. 빠숑/빠숀/빼션 및 빠이팅은 패션fashion 및 화이팅/파이팅fighting보다는 덜하지만 꽤 쓰인다. 환타스틱, 판타스틱보다는 덜 쓰이는 빤따스틱/빤타스틱도 있다. 독일어 Fanfare가 어원이고 일본어 ファンファーレ[fanfāre]에서 들어온 '빵빠레'는 '팡파레'가 좀 더 많이 통용되고 표준어는 프랑스어 fanfare 기준 팡파르인데 된소리 꼴은 나팔 소리 의성어 영향도 있을 듯싶다. 주로 당구에서 공이 우연히 맞는 것에서 비롯돼 더 넓게 요행수를 뜻하는 영어 fluke는 표준어 플루크가 있지만 일본어 후룻쿠フ ロック를 거쳤을 것으로 짐작되는 뽀록 및 후루꾸 두 가지 꼴이 실제 좀 더 많이 쓰인다. 러시아어 фракция(frakcija 당파, 분파)에서 유래한 프락치(フ나풀, 첩자)도 '쁘락치/쁘락찌'가 있다.

이와 달리 바닐라, 바셀린, 바이올린, 베테랑, 비닐, 비디오, 비타민 등 원어가 순치 유성 마찰음 [v]로 시작하는 외래어는 ㅃ 발음이 거의 없다. 파열음과 마찰음의 음성학적, 음운론적 기제가 다른 탓에 유성 파열음은 한국어 된소리에 대응되는 반면 유성 마찰음은 그렇지 않다. 예컨대 영어 s 다음의 무성 파열음 ktp의 무기화는 마찰음에 적용되지 않는데 음절 구조상 영어 어두는 마찰음이 매우 제한적으로 겹치고 외래어나 음소 경계에서 그렇게 돼도 무기화는 안 일어난다. 영어에서 유성 마찰음은 무성 마찰음보다 어두에서 훨씬 적게 나온다. [v]와 [z]도 고대 영어에 각각 [f]와 [s]의 이음으로만 있다가 중세 영어부터 음소로 자리 잡았다. 어두 [ʒ]는 프랑스어 차용어 외에는 거의 없다.

유성 치간 마찰음 [ð]는 the, this, that, they 등 영어 고유어 가운데서도 사용 빈도가 매우 높은 기능어에만 나와서 대부분 차용어가 될 가능성이 희박하다. 한편 the는 '더'로 차용되고 this는 담배 '디스'가 있으며 brother, father, mother 같은 말도 한국인에게 익숙하다. 무성 치간 마찰음 [θ]는 표준 표기 ㅅ이지만 ㅆ, ㄸ, ㄷ, ㅌ 등 매우 다양한 변이형이 있어 [f]보다 더한데 상황은 얼추 비슷하다. Arthur는 과거 표기가 '아더'였는데 이제 '아서'다. Mac Arthur[məˈkɑːθə]는 관용 표기 맥아더를 그대로 놔뒀다. 일본어로 맥아더는 맛카사ᴍᴀッカーサー, leather는 레자ﾚｻﾞ─라면서 뒤틀린 우월의식으로 놀리는 한국인도 있는데 어차피 도긴개긴일 뿐더러 어느 면에서는 일본어 발음이 더 가깝다. 게다가 독일어, 프랑스어, 러시아어도 영어 치간 마찰음 [ð][θ]를 치경 마찰음 [z][s]로 인식하므로 일본어와 비슷하다. 언어마다 있는 차이를 우월감의 근거로 삼으면 곤란하다. 한국식 영어 발음 또는 통용 표기에서 think, thank you는 씽크, 쌩큐 및 떵크, 땡큐가 되는데 [ð]=ㄷ, [θ]=ㄸ(ㅆ)인 셈이니 [v]=ㅂ, [f]=ㅃ 대응도 이해될 법하다. 무성음이 유성음으로 연음화되듯 영어 유성 및 무성 마찰음을 한국어에서 각각 연음(이완음) 및 경음(긴장음)으로 인식하는 경향이 있기 때문이다.

영어를 비롯한 유럽 언어 [s]는 위치에 따라 한국어에서 크게 두 가지로 실현된다.

ㅆ: [s]+홀소리(side[싸이드]), 어말 [s](kiss[키쓰])

ㅅ: [s]+닿소리(ski[스키], smog[스모그], test[테스트]), 반모음(swing[스윙])

영어의 어두 및 어말 [s]는 한국어 ㅅ보다 지속 시간이 길기 때문에 ㅆ으로 들리며 대표적으로 서비스[써비쓰]가 여기에 해당된다. [s] 다음에 다른 닿소리나 반모음이 오면 지속 시간이 짧아지므로 ㅅ으로 들린다. 서로 다른 자음이 겹치면 각각의 소릿값이 하나만 있을 때보다 짧아진다. [빽], [땐쓰], [께임] 등 어두가 bdg인 초기 전래 외래어가 된소리로도 실현되는 것과 달리 bl-, br, dr-, gr-, gl-인 블록, 브라운, 드라이브, 그룹, 글라스 등은 된소리가 드물다는 데서도 잘 드러난다.

그런데 사이다, 소다, 소켓, 수프, 시럽, 시소처럼 ㅆ 대신 ㅅ 소리가 나는 외래어도 있다. 일단 일본어의 간접적 영향을 추정할 수 있다. 어두에서 일본어 [s]도 영어 [s]보다 지속 시간이 짧다. 따라서 영어에서 바로 들어오면 [ㅆ], 일본어를 거쳐 들어오면 [ㅅ]인 경향이 많다. 일본어 외래어 사시미, 소바, 스시 따위에서도 잘 드러난다. '호스'는 어말 '스' 가운데 아마 유일하게 [스] 발음이 우세할 듯하다. 영어 hose[hoʊz]는 news[njuːz]처럼 유성음으로 끝나는데 일본어를 거치면서 철자 발음 [s] 소릿값이 됐다. 1920년대 신문에도 이미 '써비쓰'와 '뉴쓰'가 보이듯 영어에서 바로 왔든 일본어를 거쳐 들어왔든 영어 발음 기반이 대세인 와중에 왜 [호스]만 살아남았을까? 일본어 영향과 더불어 '물호수'나 '고무호수' 같은 오용 및 오타에서 보이듯 물과 관계된 물건이라 한자어 느낌도 들어 예사소리로 하게 된 게 아닐까도 싶다.

1950년대 후반에 들어온 '미사일missile'은 여러 면에서 특이하다. 시기나 분야로 보면 미국 영어에서 들어왔을 법도 한데 미국 영어 ['mɪsəl], 영국 영어 ['mɪsaɪl], 일본어 미사이루ミサイル이니 미국 영어는 아니다. 남한과 달리 북한은 ㅆ 소리를 확실히 나타내는 '미싸일'이며 러시아어로 미사일은 ракета(raketa)이므로 무관하고 영국 영어를 들인 것이다. mobile에도 오는 접미사 -ile는 영국 영어에서 [aɪl]인데 이런 이중모음화는 20세기에 들어서야 생겼기에 오히려 미국 발음이 보수적인 편이다. 한국과 일본 모두 현재 미국 영어의 영향을 더 크게 받지만 '모바일'과 모바이루モバイル도 다 영국 발음에 바탕을 둔다. 한국의 영어 차용어는 미국 발음 핫hot, 박스box, 팝pop, 하키hockey 들이 예외고 최근 샵, 탑 같은 미국 발음이 확산되고 있긴 해도 보디body, 복싱boxing, 쇼크shock, 숍shop, 톱top 들처럼 영국 발음 중심이며 일본어도 마찬가지다. 한국이 미국과 밀접한 군사적 관계에 있더라도 일상어가 아닌 전문어는 주로 글을 통해 접하므로 영국 발음이 기본으로 채택된 것이다. 그럼 미사일의 ㅅ은 왜 예사소리일까? 시기상 일본어가 매개됐을 가능성이 그리 클 것 같진 않지만 완전히 배제할 수도 없다. 영어나 프랑스어는 ss처럼 철자에 복자음이 있더라도 발음은 단자음인데 일본어는 이를 차용할 때 자주 촉음을 넣어 발음상 복자음이 생긴다. 영어 message, 프랑스어 massage는 각각 멧세지メッセージ, 맛사지マッサージ인데 한국어 메시지, 마사지는 멧시지/멧세지, 맛사지 같은 통용 표기에서도 확인되듯 ㅆ 발음이다. 반면 sausage는 소세지ソーセージ이며 소시지/소세지의 둘째 음절은 예사소리다. 얼개가 거의 비슷한 이 말들에서 생기는 발음 차이로 보아 매개 언어 일본어의 역할을 싹 부정하긴 힘들다. missile은 s가 두 개 있으나 일본어는 촉음 없이 발음대로 표기한다. '미사일'이 외래어보다는 고유어나 한자어의 음절 구조와 비슷해 보여 예사소리가 날 수도 있으나 일본어의 간접적 영향도 염두에 둘 만하다.

실로폰의 궁극적 어원은 그리스어 어근(ξύλον[xylon]: 나무, φωνή[phōnē]: 소리)을 조합한 독일어 Xylophon[ksyloˈfoːn]이다. 영어 xylophone[ˈzaɪ.lə.ˌfəʊn]과 꽤 다른 데서 알 수 있듯 한국어는 일본어 시로혼シロフォン/シロホン을 받아들인 것이다. 그럼 이 일본어는 어디서 왔을까? 발음상 포르투갈어 xilofone[ʃiluˈfonə]가 가장 가깝지만 독일어 Xylophon은 19세기 후반에 다른 유럽 언어로 들어갔으니 포르투갈과 일본의 접촉이 활발하던 17세기 초반에서 한참 지났을 때다. 철자 발음일 수도 있겠으나 독일어 발음에 더 가까운 표기 키시로혼キシロフォン도 있었던 것으로 미루어 독일어에서 살짝 변형된 게 아닐까 싶다. '실로폰'의 예사소리도 일본어의 영향이 있다.

하지만 예사소리 ㅅ이 일본어의 영향만은 아니다. 지명 가운데 소말리아, 수단, 수리남은 ㅅ 빈도가 높고 사우디, 세르비아, 시베

리아는 주로 쓰이다. 아마 전자가 더 낯선 지명이라 오히려 외래
어 느낌이 덜 들다 보니 예사소리가 나는 것도 같다. 둘째 이상 음
절로 보면 외래어 발음에서 ㅅ과 ㅆ 중에 뭐가 더 잦다고 말하기
가 어려울 지경이다. 인도네시아, 말레이시아, 피사(사탑으로 유명한 이
탈리아 Pisa), 아나운서, 퍼센트, 카세트, 악세사리/액세서리(셋째 음절),
리허설, 파라솔 등 ㅅ 소리인 말이 적지 않다. 어두에서는 좀 더
힘이 들어가니 사인死因/사인sign처럼 ㅅ/ㅆ 차이가 두드러지지만
어중에서는 그 변별력이 떨어져서 외래어라 하더라도 철자 발음
이 뒤섞여 예사소리로 나는 경우가 많은 듯싶다.

영어, 프랑스어, 독일어 등의 무성 후치경 마찰음 [ʃ] 및 영국
영어 super[ˈsjuːpə] 등에서 나타나는 [sj]는 한국어에서 ㅅ[s]과
반모음 요드[j] 이중모음 ㅑㅕㅖㅛㅠ 및 전설 고모음 ㅣ[i]와 만
난 샤셔셰쇼슈시로 실현되어 무성 치경구개 마찰음 [ɕ]로 나타난
다. [s]의 경우와 달리 샤머니즘, 샤워, 샤시, 샤프, 샬레, 샴페인,
샴푸, 샹송, 샤쓰/셔츠, 셔터, 셔틀버스, 셔틀콕, 셰이크, 셰프, 숍,
슈거, 슈크림, 슈퍼, 숏에서 드러나듯 오히려 예사소리가 더 흔하
다. 쇼[쑈], 쇼크[쑈크], 쇼핑[쑈핑/쇼핑]처럼 된소리가 우세한
말이 더 드물다. 가십, 리더십, 멤버십, 맨션, 펜션, 카네이션, 커뮤
니케이션, 모션, 오디션, 컨디션도 마찬가지다. 두 가지로 볼 수
있겠다. 스웨터, 스윙 등 [s]와 반모음이 결합한 [sw-]의 스이 [s+
자음]의 경우처럼 예사소리로 실현되듯 이를테면 음성학적 표
층에서 [ɕa], [ɕe]로 나타나는 샤, 셰가 음운론적 기저에서 [sja],
[sje]이니 [s]와 반모음의 결합으로 보면 이 경우도 마찬가지인

셈이다. 음성학적으로만 따진다면 마찰음은 쭉 이어지는 소리라서 소리가 한 번 터지고 숨이 들어가는 파열음처럼 기식 유무를 따지긴 힘들지만 목구멍에 가까운 파열음일수록 기식음이 강해 성대 진동 시작 시간이 길어진다는 점을 감안하고 역시 무성 연구개 마찰음 [x]는 된소리로 인식되는 경우가 드문 반면 무성 순치 마찰음 [f], 무성 치간 마찰음 [θ], 무성 치경 마찰음 [s]는 된소리로도 인식되므로 조음 위치상 무성 연구개 마찰음 [x]에 가까운 무성 후치경 마찰음 [ʃ]도 된소리보다 예사소리로 인식될 때가 많을 것이다. 파찰음 [ts]와 [tʃ]도 둘 다 한글 표기로는 ㅊ인데 [tʃ]는 로망스어나 슬라브 언어라도 예컨대 차베스나 차이콥스키를 짜베스나 짜이꼽스끼라 하진 않듯 ㅉ가 드문 반면 [ts]는 표준 표기 모차르트, 차르와 통용 표기 모짜르트, 짜르가 공존하는 데서도 [ʃ]가 [s]보다 예사소리 ㅅ으로 더 자주 인식 및 실현된다는 것이 잘 드러난다. 다른 한편 '-션'인 말 중에 [썬] 발음이 두드러지는 쿠션, 패션, 미션, 세션은 촉음이 들어간 일본어 굿숀ｸｯｼｮﾝ, 홧숀ﾌｧｯｼｮﾝ, 밋숀ﾐｯｼｮﾝ, 셋숀ｾｯｼｮﾝ의 영향도 있겠다. 반대로 [션]인 말의 다수는 일본어도 촉음이 없으니 이것도 그 영향일지 모른다. 티슈[티쓔]는 딧슈ﾃｨｯｼｭ와 들어맞는 반면 이슈[이쓔]는 이슈ｲｼｭ-와 다르다.

　여기서는 당위적인 표기 규범 문제보다는 발음의 실태 및 이유를 서술하는 데 주안점을 뒀다. 많은 언어의 2항 대립과 한국어의 3항 대립은 애초에 조금 어그러질 수밖에 없다. 표기나 발음 자체에 정답도 없다. 표기에 굳이 발음을 반드시 맞춰야 하는 것도 아니다. 한국어는 흔히들 오해하는 것과 달리 이를테면 핀란드어 수준으로 철자와 발음이 그대로 일치하지는 않는다. 이미 고유어나 한자어 발음에서 여러 가지 음운 법칙도 있고 예외도 있는데 이게 영어나 프랑스어만큼 불규칙적이지 않아서 그럴 뿐이지 어느 언어든 표기와 발음을 한 치의 오차도 없이 끼워 맞출 수는 없다. 버스를 '뻐쓰'라고 표기하거나 굳이 '버쓰'라고 발음하는 것모두 지금으로서는 알맞지 않아 보이지만 언어는 바뀌게 마련이니 앞날은 내다볼 수 없다. 언어의 이런 모든 모습 안에 담긴 과거와 현재를 먼저 찬찬히 들여다봐야겠다.

05

한국식 발음이
만들어지기까지

가톨릭이 가톨릭인
이유

예전에 전화로 가톨릭 계통 모 대학교 어느 사무실에 St. Ignatius
를 왜 '성 이냐시오'로 적느냐고 물었다가 그런 걸 뭐하러 물어보
느냐며 면박을 당한 적이 있다. 따지려 든 게 아니라 궁금했을 뿐
인데 당시야 좀 기분이 거시기했지만 가톨릭 신자라고 해서 라틴
어의 한글 표기법까지 아는 것은 아닐 테니 이해는 했다. 어쨌든
가톨릭 라틴어 한글 표기는 원칙이 정해져 있으나 잘 알려진 편
이 아니다. 라틴어에서 유래한 한국식 교회 용어는 교회 라틴어
를 기준으로 하는데 남성형 어미 -us는 이탈리아어처럼 ㅗ, gna
는 냐, ci는 치, -tius, -tia는 시오, 시아로 쓰되, 라틴어 파열음에
음성학적으로 가깝고 한국어에 더 잦은 예사소리 ㄱㄷㅂ를 거센
소리 ㅋㅌㅍ보다 자주 쓰지만 (Christus 그리스도, Petrus 베드로) 늘 그렇지

는 않고 다소 복잡하다.

그래서 교황 Benedictus/Franciscus는 베네딕투스/프란치스쿠스(교회 라틴어) 또는 Benedetto/Francesco 베네데토/프란체스코(이탈리아어)가 아니라 한국식 교회 라틴어 베네딕토/프란치스코가 된다. 베네딕토는 베네딕도 또는 한자 음차 '분도'로 쓰이기도 하는데 후자는 프랑스어 베누아Benoît, 스웨덴어 축약형 벵트Bengt의 음운탈락 방식과도 비슷해 보인다. 현재 교황이 아르헨티나 출신이다 보니 스페인어 Francisco를 따라 프란시스코 또는 아예 영어 Francis를 따라 프란시스/프랜시스로 잘못 적는 경우도 있다. 교황 요한 바오로 2세의 Paulus는 바울로(『공동번역성서』), 바오로(가톨릭 『성경』), 바울(개신교 개역개정판 『성경』)처럼 다양하게 나온다. 일본어는 요하네 파우로ヨハネ・パウロ라서 한국어와 조금 다르다. 한국어 요한은 여러 언어 가운데 독일어 요한Johan을 비롯한 여러 게르만 언어와 가장 유사한데 독일어의 직접적 영향보다는 역시 라틴어 요하네스Iohannes에서 어미가 생략된 것으로 추정된다.

한국 개신교에서는 마태/마태오, 마가/마르코, 누가/루카, 고린도/코린토에서 드러나듯 가톨릭보다 더 한국화한 표기가 많아 라틴어 어미 -us 내지 그리스어 어미 -ος [os]를 다 빼고 두음법칙 및 어중 r 생략까지 적용한다. 이런 개신교와 가톨릭의 표기 차이는 식민지로서 스페인어와 독일어의 영향을 받은 남태평양의 팔라우어에서도 드러난다. 예수 그리스도와 교회를 가톨릭은 Hesus Kristo 및 ikelesia, 개신교는 Iesus Kristus 및 kirk라고 일컫는다.

앞서 말한 성 이냐시오st. Ignatius는 한국식 교회 라틴어의 특징
이 매우 잘 드러난다. 라틴어, 로망스어 및 게르만 언어의 해당 이
름을 현행 한글 표기법에 따라 적으면 다음과 같다.

고전 라틴어	Ignatius	잉나티우스, 이그나티우스
교회 라틴어	Ignatius	이냐치우스
이탈리아어	Ignazio	이냐치오
스페인어	Ignacio	이그나시오 / Íñigo 이니고
프랑스어	Ignace	이냐스
독일어	Ignatius	이그나치우스
영어	Ignatius	이그네이셔스

즉 이냐시오는 어쩌다 보니 교회 라틴어, 이탈리아어, 스페인어,
프랑스어 등의 발음이 골고루 배합된 한국식 교회 라틴어가 되는
셈이지만 정확히 말하자면 매우 한국화한 표기다. 즉 한국어에
비슷한 음소가 있는 ce, ci의 [tʃ]만 ㅊ으로 쓰고 해당 음소가 없는
tius, tia의 [ts]는 ㅊ 대신 그냥 ㅅ으로 쓴 것인데 아제르바이잔어,
우즈베크어 등 [ts]가 없는 튀르크어파에서 러시아어 ц [ts]를 대
개 s로 차용 표기하는 것과도 유사하다. 그리고 남성형 어미 -us
의 ㅗ 표기는 동아시아에 예수회 등을 통해 기독교를 전파한 포
르투갈, 스페인의 영향일 수도 있고 한국어와 마찬가지로 중국어
나 일본어 모두 어말에 마찰음이 오지 않는 특성 등이 함께 작용
한 것으로도 볼 수 있다.

가톨릭은 국어사전에 영어 Catholic(캐솔릭, 캐설릭)이 어원으로 나오기에 관행 표기라 일컫지만 무심하고 무지한 설명이다. 외래어의 한글 표기가 원어로 추정되는 언어의 발음에서 크게 벗어날 때 흔히들 관행이라는 말로 어물쩍 넘어가는데, 밝히기 어려울지는 모르겠으나 관행도 이유가 있는 법이다. 영어 Catholic, 프랑스어 catholique, 이탈리아어 cattolico, 스페인어/포르투갈어 católico, 독일어 katholisch 및 Katholik 따위는 라틴어 Catholicus에서 왔고 보편을 뜻하는 그리스어 καθολικός [katholikos]가 뿌리다. 다만 카톨릭, 캐톨릭 따위로 발음하거나 표기하는 경우가 많은 것은 영어의 간접적 영향으로 볼 수 있다.

'가톨릭'이 라틴어에서 바로 왔다면 앞서 말했듯 '가톨리코'쯤으로 적혔을 텐데 한국 가톨릭에 영향을 미친 프랑스어 catholique에서 왔을 가능성이 크다. 그리고 어형이 비슷한 일본어 가토릿쿠ヵトリック는 네덜란드어 카톨릭katholiek이 직접 어원이다. 포르투갈어가 아닌 까닭은 두 가지다. 첫째 포르투갈어 어말 -o는 담배 다바코タバコ(tabaco)의 경우처럼 대부분 오ォ로 차용됐다. 둘째 기독교 즉 가톨릭을 일본에 처음 전파한 나라는 포르투갈인데 유럽에서 종교개혁이 일어난 지 얼마 안 된 때였기에 그냥 기리시탄キリシタン(cristão)이라 일컬었고 16세기 중반 이후에야 신교와 대립되는 구교의 뜻으로 Catholicus가 유럽에서 쓰이게 되었으며 이후 네덜란드와 접촉하면서 카톨릭Katholiek이라는 용어가 들어왔다. 한국 가톨릭은 주로 중국을 통해 들어왔으므로 '가톨릭'은 네덜란드어를 들인 일본어의 간접적 영향보다는 한

글 표기의 라틴어 -us 어미 생략 경향 및 프랑스어의 영향을 받았다고 보는 쪽이 타당하겠다.

한국 사람은
프랑스어 발음을 좋아해?

언어는 역사적·사회적 산물이기도 하다 보니 개별 언어의 실제
특성과 별개로 사람들은 이를테면 어떤 언어가 이런저런 면에서
더 좋거나 나쁘다든가 하는 편견도 갖고 있다. 여성적 언어와 남
성적 언어도 있는데 내 고등학교 시절인 25여 년 전에는 제2외국
어로 여고는 프랑스어, 남고는 독일어를 주로 선택했다. 그런데
한국만 이런 분위기는 아니었고 영어권도 좀 비슷했다. 둘 다 여
러모로 유럽 문명의 중심 언어지만 프랑스어는 문화적이고 독일
어는 실용적인 느낌을 준다. 패션, 요리, 미술 등 여성이 더 많이
관심을 갖는 분야에서 외래어나 외국어로서 프랑스어의 쓰임이
많아 상표명에도 이런 경향이 반영된다. 한국어 안의 독일어 차
용어 대부분이 철학, 의학, 화학, 기술, 등산 분야인 것에서도 차

이가 보인다. 언어와 문화의 느낌 탓에 독일어는 딱딱하고 프랑스어는 부드럽다는 편견도 여러 나라 사람이 많이 공유한다.

중세와 근세 유럽에서는 언어들의 기원에 관해 주로 자국어 중심적인 억측이 많았다. 움베르토 에코의『유럽 문화권의 완벽한 언어를 찾아서La ricerca della lingua perfetta nella cultura europea』에도 언급되는 17세기 스웨덴 문헌학자 안데르스 페데르손 셈페Anders Pedersson Kempe의『천국의 언어들Die Sprachen des Paradises』(스웨덴어 원본은 없고 독일어 역본만 남음)에는 하느님은 스웨덴어, 아담은 덴마크어를 하고 하와를 유혹한 뱀은 프랑스어를 한다는 자민족 중심적인 패러디가 나온다. 셈페가 스웨덴 사람이니 스웨덴어는 신의 언어고 유사한 덴마크어가 인간 또는 남자의 언어인데 여자를 유혹할 땐 프랑스어다. 북유럽에서 독일어에 버금가고 온 유럽에서 위세가 가장 크던 프랑스어 하면 그때도 연애나 사랑을 떠올린 사람이 많았다. 하와는 스웨덴어, 덴마크어, 프랑스어 모두 알아들은 셈이다. 여자가 남자보다 언어에 능하다는 편견도 반영된 것일까?

중세 이후 북유럽과 동유럽은 독일어의 영향이 컸고 서유럽과 남유럽은 프랑스어의 영향이 컸기 때문에 지금도 유럽에서 이 두 언어의 구사자 비율은 지역에 따라 확연히 갈린다. 프랑스어를 구사하는 폴란드와 러시아의 귀족은 많았지만 독일어를 구사하는 이탈리아나 스페인의 귀족은 적었으니 전반적으로 프랑스어의 영향이 더 컸다. 또한 독일어가 프랑스어에 미친 영향보다 그 역이 더 크다. 프랑스제 사치품의 인기도 이런 프랑스 문화와 언어의 귀족적인 분위기에 힘입은 바가 적지 않을 것이다.

한국어의 외국 고유명사는 노르웨이, 스페인, 코펜하겐, 폴란드, 헤이그 등 영어 어원도 많지만 원칙상 모스크바, 뮌헨, 벨기에, 이탈리아 등 원어를 따른다. 웹을 뒤지면 에펠탑Tour Eiffel의 영어 Eiffel Tower의 발음이 프랑스어 에펠[ɛfɛl]과 꽤 다른 아이플[aɪf(ə)l]임을 처음 알았을 때 놀랐다는 이들을 심심찮게 만난다. 에펠탑은 건축가 귀스타브 에펠Gustave Eiffel의 성에서 따왔으며 이 성씨는 독일 중서부 산악 지대 아이펠(Eifel [aɪfəl])이 유래다. 독일어 에펠탑 Eiffelturm도 물론 아이펠이다. 에펠탑을 파리뿐 아니라 프랑스의 상징처럼 여기는 한국인이 많은데 프랑스와 독일을 다르게들 느끼므로 독일어식 발음이 꽤 이질적일 것이다. 그런데 이렇게 독일어 기준으로 Eiffel을 발음 또는 표기를 하는 언어가 영어 말고도 많다. 크게 세 가지로 분류할 수 있다.

독일어 [aɪ] 기준: 독일어, 영어, 덴마크어, 노르웨이어, 폴란드어, 체코어, 슬로바키아어, 슬로베니아어, 크로아티아어, 세르비아어, 마케도니아어, 불가리아어, 알바니아어, 그리스어, 히브리어, 중국어, 태국어, 벵골어.

북부, 중부, 동부 유럽 대부분의 언어는 독일어의 영향을 크게 받았기에 [aɪ]와 비슷한 표기나 발음을 한다. 체코어와 폴란드어는 철자는 ei 그대로지만 발음은 [ai]다. 그리스어와 알바니아어는 독일어의 직접적 영향은 적지만 간접적 영향은 꽤 크다고 할 수 있다. 많은 유대인이 독일계 성씨이듯이 히브리어는 독일어 계통 고유명사를 독일어 발음 기준으로 표기하는 경우가 많다. 중국어는 독일어나 영어의 영향보다는 음절 구조상 홑홀소리 [e]가 없고 겹홀소리 [ei]는 어두에서 매우 드물기에 [ai]로 표기했다고 보는 쪽이 낫겠다. 태국어와 벵골어는 영어 발음의 영향을 받았다.

철자 [ei] 기준: 이탈리아어, 스페인어, 포르투갈어, 네덜란드어, 스웨덴어, 아이슬란드어, 핀란드어, 헝가리어, 에스토니아어, 라트비아어, 리투아니아어, 러시아어, 카자흐어, 아제르바이잔어, 터키어, 몽골어, 인도네시아어, 페르시아어, 아랍어.

이탈리아어, 스페인어, 포르투갈어는 프랑스어도 독일어도 아닌 철자 발음을 따르는데 이들 로망스어는 낱말마다 정도의 차이는 있으나 외래어의 철자를 자국어에 맞게 변경시키지 않은 경우 철자대로 발음하는 경우도 많다. 노르웨이어와 덴마크어를 제외한 북유럽 언어도 비슷하며 구소련 언어들은 러시아어 영향을 받았다. 아랍어는 방언도 많고 홀소리의 발음도 유동적이라서 [ei], [ai], [e] 셋 다 가능한데 [ei]가 가장 많은 것으로 보인다.

프랑스어 [ɛ] 기준: 프랑스어, 루마니아어, 한국어, 일본어, 베트남어, 힌디어.

루마니아어는 유럽 주요 언어 가운데 유일하게 프랑스어 발음을 기준으로 한다. 역사·지리적 요인으로 슬라브 언어뿐 아니라 헝가리어, 터키어, 독일어, 이탈리아어, 프랑스어 등의 영향을 골고루 받았는데 근대화 과정에서 특히 프랑스어의 영향이 컸고 언어적 유사성 덕에 구사자도 많은 편이라 발음을 그대로 따르는 것으로 보인다. 한국어와 일본어는 이 경우 독일어나 영어가 매개될 요인이 없고 베트남어는 식민 지배 때문에 프랑스어 기준일 수밖에 없다. 벵골어처럼 힌디어에서 유럽 고유명사는 대부분 영어 기준인데 에펠탑은 원어인 프랑스어 기준이다.

전반적으로 프랑스어 발음에 가까운 언어가 오히려 가장 적어서 이색적이다. 아마 에펠탑이 20세기 말에 세워졌다면 많은 언어에서 프랑스어 발음에 가깝게 발음과 표기를 했을 텐데 파리 만국박람회가 열린 1889년에도 프랑스어의 영향력은 컸지만 Eiffel에서 독일계라는 것이 뚜렷이 드러날 만큼 유럽 식자층의 독일어 지식도 컸다 보니 많은 유럽 언어에 독일어 기준 발음이 퍼진 것으로 보인다.

　‘에펠’이야 프랑스어에도 맞지만 일종의 과잉 프랑스어 발음에 따른 표기가 있다. 즉 원래 프랑스어 발음과 달리 철자를 보고 지나치게 프랑스어화한 경우다. 프랑스의 유명 학자 가운데 독일계 성을 가진 유대인이 많다. 앙리 베르그송Henri Bergson과 에밀 뒤르켐Émile Durkheim의 프랑스어 발음은 원래 독일어에 더 가깝게 각각 [bɛʁksɔn] 및 [dyʁkɛm] 또는 [dyʁkajm]이므로 베르크손과 뒤르카임으로 표기될 수도 있다. 한국에서 Durkheim은 뒤르카임으로 표기되는 경우가 적지만 독일어, 영어, 이탈리아어 등 많은 언어에서 ei는 독일어 기준으로 발음한다. 한때 많이 표기된 뒤르켕은 베르그송과 마찬가지로 이 프랑스어 이름에 없는 비모음이 있다고 헷갈려 생긴 일종의 과잉 교정이다. 언어학자 니콜라이 트루

베츠코이가 쓴 『음운론의 원리Grundzüge der Phonologie』를 보면 20세기 초 오스트리아 빈에서 Telephon(현재 철자 Telefon)의 끝음절을 프랑스어처럼 비모음 [ɔ̃]으로, 즉 텔레폰 대신 텔레퐁으로 발음하는 이도 있었다는데 실제 프랑스어 téléphone은 [telefɔn]이므로 과잉 교정이었던 것이다. 이와 비슷하게 영어 철자 ea가 대개 [iː]라서 프랑스어에 차용된 sweater도 [e]보다 [i]로 더 자주 발음된다.

한국어는 프랑스어에, 영어는 독일어 모음에 가깝게 발음하는 독일계 유대인 성씨로 슈트라우스가 있다. 오스트리아 작곡가 요한 슈트라우스Johann Strauss 1세와 2세가 유명한데 프랑스 인류학자 클로드 레비스트로스Claude Lévi-Strauss도 있다. 작곡가 슈트라우스는 프랑스어로 [ʃtʀaʊs]에 가깝게 발음하지만 인류학자 레비스트로스는 [ʃtʀos]다. 영어는 둘 다 [ʃtraʊs]라서 리바이스 청바지 회사 창업자 독일 출신 유대계 미국인 리바이 스트라우스Levi Strauss도 마찬가지다. 히브리어는 대부분의 독일계 성씨와 마찬가지로 모두 독일어 기준 표기이므로 שטראוס(štraus)다. 흥미롭게도 독일어는 Lévi-Strauss를 슈트라우스 대신 프랑스어 스트로스로 발음하는데 다른 인물도 대동소이해서 이를테면 지휘자 레너드 번스타인Leonard Bernstein도 독일계 성씨지만 베른슈타인 대신 영어 기준 발음인 반면 히브리어는 이 경우도 ברנשטיין(bernštain)이다. 복잡한 정체성을 지닌 인물의 이름은 여러 언어에 걸쳐서도 그런 양상을 보인다.

19세기 말 프랑스의 반유대주의 탓에 독일 간첩으로 몰렸던 알자스 출신 유대계 포병 장교 알프레드 드레퓌스Alfred Dreyfus [dʀɛfys]도 영어는 [dreɪfəs/ʊs] 또는 [draɪfəs/ʊs]라서 프랑스어보다 독일어 어원 드라이푸스[dʀaɪfuːs]에 가까운 발음이다. 한글 표기는 프랑스어에는 맞는데 주로 [draɪfəs]로 발음되는 미국 철학자 휴버트 드라이퍼스Hubert Dreyfus는 번역서에 저자 이름이 휴버트 드레이퍼스 또는 많이 어긋난 허버트 드레퓌스로 나온다. 국내 저작물에는 이런 몇 가지 변종이 섞여 나오기도 한다. 알프레드 드레퓌스가 가장 잘 알려진 인물이다 보니 한글 표기에서 왕왕 헷갈리기도 하지만 Dreyfuss 또는 Dreyfus라는 독일어 기원의 성을 가진 유대계 미국인도 많으므로 미국에서는 굳이 프랑스어 발음을 따를 까닭이 별로 없는 것이다.

한국 사람은 프랑스에, 영국과 미국 사람은 독일에 더 친근감을 느껴서 독일계 프랑스 성씨를 각자 다른 방식으로 부르는 것일까? 알퐁스 도데의 「마지막 수업」은 한국에 괴상하게 소개된 단편 소설이다. 독일계 주민이 많이 살던 알자스로렌(프랑스어 Alsace-Lorraine, 독일어 엘자스-로트링겐Elsaß-Lothringen)이 프로이센-프랑스 전쟁(보불전쟁) 후 독일제국으로 다시 넘어가면서 마지막 프랑스어 수업을 하게 된 프랑스계 교사의 울분을 다뤘는데 거기는 원래 독일어, 좀 더 정확히 말하면 알자스 방언을 쓰던 곳이다. 조선 땅에 온 일본인 교사가 마지막 일본어 수업을 하는 것과 오히려 비슷한 상황인데 한국 교과서에 나오면서 많은 한국인이 민족주의적인 감정이입을 했던 아이러니한 작품이다. 한국인은 철학, 음악, 과학이 발달한 독일을 동경하면서 동서독 분단과 라인 강의 기적 때문에 한국과 유사점도 찾는 반면 한일 관계를 독불 관계에 빗대 제2차 세계대전 후 프랑스의 역사 청산을 칭송하기도 한다. 사실 프랑스는 세계 곳곳에 식민지를 거느렸던 제국주의 열강이었기에 이 같은 유비가 전혀 어울리지 않는다.

독일계 성씨를 프랑스어 발음에 과도하게 맞추기도 하는 것은 독일보다 프랑스에 더 유대감을 느끼는 탓이라기보다는 프랑스 문화와 직간접적으로 대면했던 한국인들이 유럽 언어에 대한 전반적인 지식이 모자라서일 수 있겠다. 프랑스인이 독일어 성씨를 지닌다는 생각을 별로 못했겠고, 이와 달리 영어권은 그런 지식이 넘쳤거나 독일 출신 이민자가 많았기에 독일어식 발음이 더 우세해진 것으로 보인다. 그럼 한국에서 에펠탑을 아이플탑이라고 부르는 날이 올까? 현재로서는 그럴 가능성이 없어 보이지만 많은 외래어가 영어 기준으로 바뀌고 있으니 장담은 못하겠다. 또한 이와 별개로 ㅐ와 ㅔ가 원래 겹홀소리 ㅏㅣ, ㅓㅣ였다가 홑홀소리가 됐듯이 자체적인 언어 변화에 따라 다시 ㅐ와 ㅔ가 먼 훗날 겹홀소리가 될지도 모를 일이다.

한국 사람은
독일어 발음을 좋아해?

히틀러유겐트Hitler-Jugend에 맞섰던 청소년 조직을 그린 독일 영화 〈에델바이스 해적단Edelweißpiraten〉을 본 적이 있다. 이 영화에 게슈타포가 등장하는데 무성 후치경 마찰음 [ʃ]가 들어간 게슈타포 [gəˈʃtaːpo]가 아니라 다들 게스타포[geˈstaːpo]로 발음했기에 살짝 의아했던 기억이 난다. 알고 보니 [ʃ]도 쓰이지만 [s]가 우세하고 러시아어 표기도 ш[ʃ] 대신 c[s]를 쓰는 Гестáпо다. 독일어 발음과 비슷하게 표기나 발음을 하는 주요 동유럽 언어 및 히브리어도 대개 [s]다. 사실 게슈타포는 비밀국가경찰Geheime Staatspolizei의 준말이라 Staat의 s는 [ʃ]이니 그런 분석이 잘못된 것도 아니다.

 독일어 표준 발음이 [s]인 까닭을 파헤쳐보자면 독일어는 Institut의 어중 s는 [s]지만 Struktur의 어두 s는 [ʃ]듯이 Gestapo 그 자체가 또 다른 낱말로 재분석되어 독일어 음운 규칙을 따른 것이다. 영어 NATO 및 laser의 a[ei]가 Atlantic 및 amplification의 a[æ]와 다른 것과도 일맥상통한다. 이렇게 보면 동독 슈타지(Stasi[ʃtaːzi]: Staatssicherheit, 국가 공안)의 어두음이 [ʃ]인 것이 이해된다.『두덴발음사전』은 Gestapo의 [ʃ] 발음도 인정하므로 '게슈타포'가 꼭 오류라고 할 까닭은 없다.

[ʃ] 기준으로 표기 및 발음하는 언어는 다음과 같다.

일본어 게슈타포ゲシュタポ, **한국어** 게슈타포, **중국어** 가이시타이바오蓋世太保: 한국어와 중국어는 일본어 표기의 영향을 받았을 것으로 짐작되지만 각자 따로 생겼을 수도 있다.

헝가리어 Gestapo: 헝가리어는 철자 s가 [ʃ], sz가 [s]다. 이를테면 독일어 Statistik[ʃtaˈtɪstɪk]의 차용어 statisztika[ˈʃtɒtistikɒ]는 원어에서 발음이 각각 다른 두 s를 헝가리어 철자 s와 sz로 반영한다. Gestapo는 어원상 Staat[ʃtaːt]가 들어가므로 헝가리어는 철자 s를 그대로 놔두고 [ʃ]로 발음하는 것으로 보인다.

포르투갈어 Gestapo: 독일어 어원과 무관하게 ges-ta-po 세 음절로 분해되는데 유럽 포르투갈어는 음절 끝 s가 [ʃ]로 발음된다. 따라서 독일어의 간접적 영향도 있을지 모르지만 포르투갈어 자체의 음운적 특징으로 보는 쪽이 낫다.

페르시아어 گشتاپو[geshtapo]: 페르시아어는 근대 서양 어휘를 주로 프랑스어에서 받아들였고 독일어의 영향은 적다. 그래도 이란은 근대화 이

후 유럽 주요 열강인 독일과도 꾸준히 접촉했기에 독일어 지식을 가진
사람들이 [ʃ] 발음으로 파악한 게 아닐까 싶다.

한국어뿐 아니라 딴 언어에서도 이민자 후손 또는 외국 출신자의
성명을 어떻게 발음 및 표기 하는지 헷갈릴 때가 종종 있다. 지진
의 강도를 나타내는 단위 리히터 규모Richter magnitude scale는 미국의
지진학자 찰스 릭터Charles Richter의 성에서 따왔다. 성씨 Richter에
서 드러나듯 독일계라서 독일어 [ˈʁɪçtɐ] 기준으로 그리고 아마도
일본어 리히타リヒター의 간접적 영향으로 한국에서는 거의 리히터
라 불린다. 미국 사람이라 영어 발음은 [ˈrɪktə]이니 '릭터'가 알맞
을 수도 있기에 그 표기도 드물게 보인다. 흥미롭게도 『롱맨 발음
사전』의 설명대로 영국서는 [k] 대신 [x] 발음을 하는 이도 꽤 있
어 방송에서도 그런 발음을 확인할 수 있다. 영어는 [x]가 음소로
없지만 독일 음악가 바흐Bach[bax]가 유명하고 스코틀랜드 영어, 스
코틀랜드 게일어, 아일랜드 게일어, 웨일스어에 [x]가 음소로 있
다 보니 비교적 익숙한 음운이다. 따라서 Richter를 독일어처럼
발음하는 영국인이 꽤 있어도 그리 놀랄 일은 아니다.

　독일어 [ç]는 [x]의 변이음으로 ich[ɪç]처럼 전설모음 뒤에 오
며 일부 방언에서는 [ɕ]가 되어 일인칭대명사 ich '이히'가 '이시'
처럼 들린다. 한국어 ㅎ[h]도 '힘'처럼 전설모음 앞에서 [ç]도 되
며 더 나아가 '심'처럼 [ɕ]도 한다. 무성 경구개 마찰음 [ç]은 한
국어(힘[çim]), 일본어(人[ɕito]), 영어(hue[çuː]) 등에서 변이음으로 나타
나긴 하지만 음소로 가진 언어가 드문 편이다. 따라서 독일어 [ç]

가 딴 언어에 들어가면 여러 가지 소리로 실현될 수 있다.

Richter를 독일어 [ç]에 따라 [ç], [x], [ɕ], [ʃ]로 발음 또는 표기하는 주요 언어

노르웨이어, 스웨덴어, 핀란드어: 노르웨이어 [ç]/[ɕ], 스웨덴어 [ɕ], 핀란드어 [ç]는 음소 또는 변이음으로 음절 끝에는 잘 안 나오지만 독일어 발음에 맞춤.

아이슬란드어: 주로 [x]인데 독일어 발음을 따랐다기보다는 t 앞에서 파열음이 마찰음화하는 음운론적 특성 때문임. 예컨대 október, september의 k와 p는 [x]와 [f]로 마찰음화함. 물론 외국어나 고유명사를 더 신경 써서 발음하면 파열음을 유지하지만 Richter는 독일계 성씨라는 것도 잘 드러나므로 굳이 힘주어 [k]로 발음하지 않음.

네덜란드어, 폴란드어, 체코어, 슬로바키아어: 철자 ch는 [x]로 발음.

슬로베니아어, 크로아티어: 철자 h에 해당하는 [x]로 발음.

불가리아어, 마케도니아어, 세르비아어, 러시아어, 우크라이나어, 구소련 지역의 여러 튀르크어파와 우랄어, 몽골어: 키릴문자 철자 x를 쓰므로 거의 [x].

헝가리어, 터키어, 루마니아어: [h]가 음절 끝에 오면 변이음 [x]나 [ç]인데 전설모음 뒤에서 주로 [ç]로 실현.

프랑스어, 포르투갈어: 철자가 ch이므로 대개 독일 인명 [ç]는 [ʃ].

스페인어: 음소 [x](철자 j)가 있다 보니 발음하는 편인데 [k]도 통용.

이탈리아어: [ʃ], [ç], [k] 혼용.

그리스어: 철자 χ를 쓰므로 [x].

히브리어: 철자 כ가 [k], [χ] 둘 다 되지만 이 경우는 후자.

아랍어: 철자 خ를 쓰므로 [x].

페르시아어: 리히텐슈타인Liechtenstein لیختناشتاین(lixteneštâyn)의 경우와 달리 خ[x] 대신 ش[ʃ]를 쓰므로 프랑스어의 영향으로 보임.

Richter를 미국 영어 [k]에 따라 발음 및 표기하는 주요 언어

덴마크어: 외국인으로서 독일어 구사자가 네덜란드 다음으로 많은 나라라서 좀 이색적인데 덴마크어는 [ç], [x]가 음소로 없고 변이음 [ɕ]는 음절 끝에 나오지 않아 독일식을 안 따른 듯싶음. 독일계 성도 많다 보니 익숙해져 오히려 덴마크식 발음이 더 자연스러울 수 있음.

힌디어를 비롯한 인도 언어: [ç], [x]가 음소로 없으니 영어 발음 [k]를 따름.

태국어, 베트남어: 미국 영어 발음 영향도 있고 마찰음이 음절 끝에 오지 않으므로 한 음절을 더 늘리는 것보다는 파열음으로 실현.

많은 이가 독일어 지식을 지닌 동유럽과 북유럽 외에도 조사 결과에서 보이듯 유럽 및 중동 언어 대부분이 독일어 [ˈʁɪçtɐ] 기준의 발음을 한다. 이렇듯 여러 언어와 공통점을 보여주는 표기인 리히터는 이미 한국어 안에서 자리 잡았으니 굳이 릭터로 바꿀 까닭이 없어 보인다. 흔히들 독일어가 거칠고 딱딱하다는 편견이 있는데 가만 보면 그런 소리가 좋을 때도 있고 보드랍고 말랑한 게 싫을 때도 있다. 한국 사람만 독일어 발음을 좋아하는 것은 아니다.

바게트와 지휘봉

대전시민대학 루마니아어 시간에 영화를 본 적이 있다. 자막도 없었기에 루마니아어 선생님이 마치 변사처럼 한국어와 이따금 영어로 설명을 해줬다. 루마니아 남자가 몰도바 여자를 만나 결혼식을 올리러 몰도바에 가서 생기는 해프닝을 담은 일종의 로맨틱 코미디다. 두 나라는 뿌리가 같지만 루마니아가 더 크고 몰도바가 더 못사는 데다 러시아 영향으로 순수 루마니아 문화/혈통이 아니라는 인식 탓에 ('순수' 문화나 혈통이란 게 과연 있느냐를 떠나서) 루마니아인은 몰도바를 좀 무시하는 경향도 있다. 물론 몰도바인이 루마니아인을 나치에 협력했던 파쇼라고 깔보기도 하는데 얼추 한국인과 북한인(또는 조선족)의 관계와 비슷한 면도 있다.

영화 초반부에 여자가 남자 보고 세상에서 뭐가 가장 좋으냐

묻는 장면이 나온다. 남자는 첫째가 바게터baghetă, 둘째가 엄마(엄마 요리?), 셋째가 애인이라며 장난스럽게 답한다. '바게터'의 느낌상 바게트 같긴 한데 그게 뭐 그리 맛있다고 가장 좋을까 좀 의아해하면서 일단 넘어갔다. 그런데 알고 보니 남자는 지휘자, 여자는 피아노 연주자고 바게타baghetă는 지휘봉이었다. 영화를 보면서는 그 장면을 떠올리지 않았기에 별 생각이 없다가 나중에야 알게 된 것이다.

루마니아어 바게타baghetă는 프랑스어 바게트baguette에서, 결국은 이탈리아어 바케타bacchetta에서 왔는데 프랑스어를 차용한 그리스어 바게타μπαγκέτα(banketa)도 지휘봉을 뜻한다. 원래 바게트baguette가 막대기, 지팡이, 지휘봉, 마술봉 따위를 뜻한다고 자세히 알았거나 혹은 영어 배턴baton(지휘봉)과 어원이 같은 루마니아어 baston(주로 지팡이의 뜻)이 지휘봉도 뜻했다면 영화를 보면서 곧바로 알아차렸을지도 모르겠으나 물론 막상 닥쳐봐야 아는 일이기는 하지만 어쨌든 빵밖에 안 떠오른 '바게터'에서 곧바로 다른 뜻이 유추되지는 않았다.

즉 프랑스어 바게트baguette도 막대 빵이라 불리듯 원뜻은 막대가 먼저고 어원인 이탈리아어 바케타bacchetta는 아예 빵의 뜻도 없는데, 이렇게 외래어 수용 또는 외국어 학습에서는 파생된 뜻부터 익히는 경우가 많다. 얼마 전에 남의 번역을 손보다가 막대기를 뜻하는 스태프staff의 오역이 눈에 띄었다. 외래어 스탭/스태프를 쓰면서 참모, 간부, 직원의 뜻만 주로들 알다 보니 잘못 옮기기 쉬운 말이다. 역시 막대기를 뜻하는 독일어 슈타프Stab가 지휘봉을 든 장군을 보좌하는 참모진을 일컫게 된 환유적 의미를 영어에서 차용한 것이다. 그러다 다른 조직의 구성원으로 뜻이 넓어졌는데 원뜻 막대기/지팡이/봉도 여전히 쓰므로 스태프staff는 주의를 기울여 번역해야 한다.

　문득 생각해보니 바게트 빵 확산의 역사가 그리 길 것 같지는 않아서 내가 가진 사전들을 한번 뒤져봤다. 1973년판『루마니아어-영어사전』에 바게타baghetă는 막대기, 지휘봉 등만 있고 빵의 뜻은 없다. 1988년에 나온『그리스어-영어사전』도 바게타μπαγκέτα는 빵의 뜻이 없다. 1997년판『엣센스영한사전』의 바게트baguette는 갸름한 네모꼴로 깎은 보석만 뜻한다. 2008년에 나온『엣센스독한사전』에는 바게트가 아예 없다. 1992년에 나온『이탈리아어-영어사전』에도 없다. 1990년대 중반 옥스퍼드대학출판부에서 나온『독일어-영어사전』,『스페인어-영어사전』에도 바게트는 없고『프랑스어-영어사전』만 프랑스어 부분에 바게트가 나온다. 1988년판『웹스터 영어사전』에는 바게트가 빵도 뜻한다.

　프랑스어 바게트baguette의 차용어가 있는 루마니아어와 그리스어도 빵의 뜻은 없고, 주요 유럽 언어도 바게트가 일상 어휘까지는 아직 안 들어갔던 셈인데 다만 루마니아어와 그리스어 웹 이미지 검색을 해보면 이제 바게트 빵이 많이 나온다. 그리스 사이트가 바게트 빵이 더 많은데 이를테면 식생활 면에서 어떤 유의미한 차이가 있는지는 더 알아봐야겠다. 그런데 한국인에게는 바게트보다 덜 알려진 이탈리아 음식 라비올리ravioli는 옥스퍼드 독일어, 프랑스어, 스페인어 사전에 모두 나온다는 점도 흥미롭다.

바게트가 빵의 종류를 가리키게 된 것은 1920년대 이후라 라비올리보다 역사가 짧으니 당연할 수도 있다. 후자가 한국인에게 덜 알려진 것뿐이다.

『옥스퍼드영어사전』을 살펴보니 바게트baguette라는 낱말이 들어온 때는 1700년대지만 빵의 뜻으로는 1958년부터 나온다. 루마니아어의 경우 각각 1997년과 2000년 민간 출판사들에서 나온 신어 사전들에는 빵의 뜻이 있는데 정작 루마니아 학술원에서 2009년 펴낸 최신판 사전에는 그 뜻이 안 나온다. 이제 국립국어원 표준국어대사전 표제어에도 나오는 바게트는 아마 21세기에 실렸을 텐데 용례나 연도를 잘 안 밝히는 한국 사전의 특성상 언제 올라왔는지는 모르겠다. 신문 아카이브를 찾아보니 1980년대에 산발적으로 나오다가 아마도 파리바게트의 성장과 맞물려 1990년대 중반부터 한국인 식생활의 서구화가 또 다른 단계로 접어들며 관련 기사가 늘어난 듯하다.

바게트와 스태프가 혹시 원어처럼 봉·막대기도 뜻하게 될까? 그러긴 어려울 것이다. 번역가는 아는 낱말도 늘 뒤져보는 일종의 문헌학자가 돼야겠다.

베니어와 니스

구글 번역의 성능은 나날이 좋아지고 있다. 게다가 짧은 문장은 서양어의 영어 번역보다 한국어를 영어로 옮길 때 아주 가끔 의외로 더 깔끔하게 나오기도 한다. 나는 구글 번역을 그냥 사전처럼 쓰기도 하고 장난감으로도 쓴다. 괜히 번역을 시켜보고 재밌는 결과가 나오기를 기대한다. 물론 내심 '짜식, 아직 멀었군' 하며 더 발전하도록 응원(?)도 한다. 그러던 어느 날 뒤통수를 맞았다.

영어 furniture는 프랑스어 fourniture에서 왔고 이는 영어 furnish의 어원인 프랑스어 fournir(공급/제공하다)의 파생어다. 궁극적 어원은 원시 서게르만어 frummjan(진흥/수행/제공하다)인데 현대어에서는 독일어 옛 말투 frommen(도움 되다, 이롭다)에 흔적이 남아 있다. 게르만어에서 프랑스어로 간 fournir를 다시 차용한 독일어 furnieren은 '나무/무늬목을 덧대다'의 뜻이 됐고 여기서 무늬목/베니어판 Furnier가 나왔다. 이 독일어가 북·동유럽 여러 언어로 차용되어 베니어판 또는 합판의 뜻으로 쓰인다. 영어 veneer, 네덜란드어 fineer, 스웨덴어 faner, 러시아어 фанера[fanera], 폴란드어 fornir, 루마니아어 furnir 등이 있고 일본어 베니야ㅅㄷㅑ, 한국어 베니어는 영어를 거쳐 들어왔다.

프랑스어 fourniture는 여러 언어로 차용돼 이런저런 물품의 뜻으로 쓰이는데 주로 가리키는 물품들이 언어마다 조금씩 다르다.

영어	furniture	가구
프랑스어	fourniture	공급, 사무용품, 학용품
이태리어	fornitura	공급, 사무용품, 학용품
스페인어	fornitura	탄띠, 장식용품
네덜란드어	fournituur	재봉용품
러시아어	фурнитура[furnitura]	쇠장식, 문고리, 경첩 따위 부속품

어느 날 구글 번역에서 영어 veneer를 프랑스어로 돌렸는데 varnis로 나왔다. 영어 varnish(니스/유약/광택제)에 해당하는 프랑스어 varnis는 veneer랑 얼핏 글자가 비슷할 뿐 뜻도 어원도 전혀 다르다. '어? 왜 이래? 뻑사린가? 그럴 때도 있겠지' 하고 넘어갔다. 이번에는 러시아어 фурнитура[furnitura]를 영어로 돌렸더니 findings(습득물/소견/결과)가 나왔는데, fittings(부속품) 대신 또 글자가 얼핏 비슷한 findings로 나온 것이다. '이 자식, 이거 개판이네.

구글 아직 멀었구먼.' 하고 또 넘어갔다. 그런데 이렇게 두 번이나 엉뚱한 번역이 나오다니 이상해서 사전을 뒤져봤다.

그랬더니 웬걸. 구글 번역이 옳았다. 겉에 덧댄 나무 veneer는 겉치장, 허식의 비유적 용법이 있는데 겉에 바르는 varnish도 그런 비유로 쓰이고 이에 해당하는 프랑스어 varnis도 마찬가지다. 그리고 프랑스어 fournir(공급하다)의 파생 명사 fourniture 및 여러 언어의 관련 어휘가 이런저런 물품을 뜻하듯이 영어 동사 find에 '찾아주다, 대주다, 공급하다'의 의미도 있기에 파생어 findings에 부속품의 뜻도 생겼다.

이렇듯 구글 신은 오만한 인간인 나에게 영어 어휘의 새로운 용법까지 가르치며 내 능력이 구글 신 앞에서 턱없이 모자란다는 사실을 벌도 안 내리고 자애롭게 일깨워주었다. 자만하지 말고 늘 겸허한 마음으로 구글 신을 경배하며 살아야겠다. 하지만 난 신 같은 거 믿지 않아.

한국어와 닮은
덴마크어

스페인어 reál, realidád, Realísmo(철자는 악센트 기호 없음) 따위에서 레알 발음이 똑같듯 대개 로망스어는 파생어에서 강세가 옮겨져도 모음의 질과 양이 그대로다. 반면 게르만어파에서는 접미사 파생어에서 강세 위치가 바뀌면 모음의 질과 양이 조금 달라지는데 영어는 특히 심하다. 그래서 외래어를 낱말로만 보면 그 소리만 따져 표기해도 되지만 영어 차용어는 파생어가 함께 들어올 때 발음만 고려하면 이상해진다. 리얼real의 리얼리즘realism과 리얼리스트realist는 괜찮아도 리얼리티reality는 영어에서 둘째 음절 a에 강세가 와 [æ]가 되니 표기법대로는 리앨리티다. 그러나 리얼을 한국어 어휘소 즉 일종의 유사 어근으로 본다면 리얼리티는 파생어이므로 영어 발음과 무관하게 표기된다.

리얼리티까지는 괜찮으나 이보다 덜 쓰는 낱말들은 뭔가 찜찜해진다. 영어 [maɪˈnɒrɪti]나 [mɪ-] 기준으로 마이노리티 또는 미노리티인 마이너리티minority도 역시 외래어 마이너minor의 한국어 형태론에 따른 파생어로 보면 이해되지만, 메이저major의 파생어 majority는 [məˈdʒɒrɪti]에 따른 머조리티도 별로고 메이저리티는 영어 발음과 너무 다르니 괴이하다. 그냥 이 말은 영어 외래어로 안 쓰면 간단히 해결된다. 토널리티tonality는 토널tonal이 국어사전에 없다 보니 그냥 한 낱말로 친다. 퍼래미터 대신 패러미터parameter로 흔히들 쓰니 또 어색하다. 패러독스paradox, 패러글라이딩paragliding 따위가 있으니 어찌 보면 para-를 일관성 있게 '패러'로 적는다고 볼 수도 있겠다. 그러나 파라솔, 파라핀도 있는 마당에 차라리 파라미터가 나을 것도 같다. 물론 파라솔과 파라핀의 para-는 위 낱말들의 para-와 어원은 다른데 이렇듯 영어 a는 한글 표기로 ㅏ, ㅓ, ㅐ, ㅔ, ㅣ 등 최소 네 가지가 나온다.

이런 어정쩡한 표기 중 백미는 영어 -graphy의 차용어들이다. 그래프와 그래픽 따위가 있다 보니 어원도 같은 이 말들을 기준으로 필모그래피, 크로마토그래피, 포르노그래피 따위의 표기가 나왔을 텐데 영어는 -graphy의 바로 앞 음절에 강세가 오기에 /a/는 [æ]가 아니고 [ə]다. 굳이 표기법대로 적자면 '그러피'인데 역시 이상하므로 차라리 '그라피'가 나아 보인다. 이러다 보니 표기법상의 그래피와 더불어 그라피도 흔히 혼용되는 편인데 타이포그라피와 타이포그래피가 비슷하게 쓰이는 것 같고 캘리그라피는 칼리그라피뿐 아니라 캘리그래피보다 더 널리 쓰인다. 그런데 calligraphy는 [kəˈlɪɡrəfi]에 맞춘 컬리그러피, 철자에 따른 칼리그라피, 표기법상 맞는 캘리그래피 따위보다 캘리그라피가 더 많이 통용되는 점이 특이하다.

물론 [kæˈlɪɡrəfi] 발음도 있고 /a/를 [æ]로 보는 경향도 있으니 '캘리'가 뜬금없지는 않다. 이와 비슷한 경우로 셀러브리티도 있다. 영어 celebrity[səˈlebrɪti]에 맞는 설레브리티는 가장 드문 표기이며 e를 둘 다 ㅔ로 적는 셀레브리티보다도 적게 쓰인다. celebrity를 줄인 celeb 역시 셀럽이 가장 많고 그다음이 셀렙이며 설렙은 거의 안 쓰이는데 설렙을 검색하면 주로 설렙니다 따위가 나온다. 셀러브레이션celebration에서 유추해 셀러브리티가 된 것도 같다.

그런데 이 말들은 우연히 덴마크어가 한국어와 닮았다. 덴마크어도 영어처럼 철자와 발음의 간극이 꽤 큰데 로망스어 계통의 장음절 차용어에서 제1강세는 끝음절에 오고 제2강세는 첫음절에 오는 경향이 있어, kalligrafi의 첫음절 /a/는 [æ]에 가까운 전설모음 [a], celebritet의 첫음절은 제2강세가 오므로 [e], 둘째 음절은 강세가 없으니 [ə]가 된다. 따라서 kalligrafi 및 celebritet는 발음에 최대한 가깝게 적으면 캘리그라피 및 셀러브리티와 매우 비슷한 캘리그라피 및 셀러브리테트다. 두 언어는 또 다른 유사점도 보인다. 덴마크어는 fod(발, 영어 foot) 같은 음절 끝 /d/가 영어 that의 /th/처럼 [ð]지만 실제로는 설측음 [l]과 흡사하다. 발달처럼 ㄹ로 끝나는 한국 한자음도 현대 베트남어 및 광둥어에서 나타나는 중고한어 [t]의 설측음화다.

덴마크는 한국의 짜장면/자장면 논쟁과 비슷한 '마요네즈 전쟁'이 있었다. 프랑스어 mayonnaise는 유럽 언어에 차용되면서 영어나 독일어처럼 철자가 그대로 남기도 했지만 스페인어 mayonesa, 이탈리아어 maionese처럼 바뀐 경우가 많다. 북유럽도 스웨덴어 majonnäs, 노르웨이어 majones, 아이슬란드어 majónes, 핀란드어 majoneesi처럼 철자를 조정한 언어가 대부분이다. 덴마크어는 1985년 철자 개혁에서 여러 외래어를 자국어화했는데 그중 majonæse가 특히 주목을 끌었다. 한국어 규범은 외래어 된소리 회피 탓에 짜장면 대신 자장면을 쓰라고 했다가 극심한 반발에 부딪쳐 결국 짜장면도 인정했는데 사실 짜장면을 굳이 외래어라 볼 필요도 없던 일이다. 2012년부터 majonæse는 아예 규범에서 빠지고 mayonnaise만 쓰게 됐다. 두 나라 모두 식생활과 밀접한 말이 지닌 정서적 측면이 크게 작용했다. 이름을 바꾸니 맛도 덜해졌을 텐데 이제 한국과 덴마크 사람들 모두 더 맛있게 먹게 됐다.

덴마크어 ballade는 난리부르스도 뜻한다. 춤의 하나를 일컫는 한국어 블루스 또는 부르스의 뿌리는 영어지만 사교춤의 일종인 일본어 부루스ブルース에서 왔다. 발레처럼 궁극적 어원이 춤인 발라드ballad도 원래 춤곡이다. 발라드ballad나 블루스blues나 다들 비교적 차분하고 느린 음악인데 어쨌든 사람이 많이 모이는 공연장이나 디스코텍 등에서 나올 테니 불교에서 설법과 독경을 행하는 자리인 법석처럼 뜻이 바뀌었다. 비슷한 구석을 지닌 느리고 감상적인 춤곡들이 공교롭게도 덴마크어와 한국어에서 소란스러운 일

을 가리키게 됐는데 인접한 딴 언어들에는 없는 표현이다. 발라드
와 뿌리가 같은 프랑스어 발라드balade는 산책, 포르투갈어 발라다
balada는 나이트클럽 등에서 벌이는 춤 파티를 뜻한다. 짜장면과 마
요네즈 전쟁에서 드러나듯 표준어를 강제하기보다는 많이들 쓰
는 말을 인정하면 공연히 난리부르스를 출 일은 줄어들 것이다.

탈레반인가,
탈리반인가

아프가니스탄의 종교 및 정치 세력인 탈레반 또는 탈리반(tālibān, طالبان)은 찾는 이, 묻는 이, 학생 따위를 뜻하는 아랍어 탈리브(tālib, طالب)에 페르시아어 또는 파슈토어 복수 접미사 안(-ān, ان)이 붙은 말이다. 탈리브는 원래 아랍어지만 페르시아어 및 파슈토어로 차용된 낱말이므로 아프가니스탄에서 생긴 이 조직의 이름은 아랍어 tālib의 복수 꼴인 tullub(طلاب) 대신 Taliban을 쓴다. 많은 서양 언어에서 수의 구별 없이 Taliban(Taleban)인데, 이탈리아어처럼 명사는 복수 Talebani, 형용사는 명사의 성 및 수에 따라 talebano/a/i/e, 러시아어처럼 Талиб[Talib]의 복수 Талибы[Taliby]를 써서 해당 언어의 형태론에 맞추기도 한다.

　그렇다면 탈레반과 탈리반 가운데 정확한 표기는 뭘까? 표준 아랍어 기준으로는 탈리반이 알맞다. 아랍어는 홀소리가 a/i/u 세 개밖에 없기 때문이다. 그러나 길이에 따라 구별되는 홀소리 는 방언에 따라 단모음 i와 u가 각각 e와 o 발음으로 나는 경우가 있다. 예컨대 표준 아랍어로는 오만도 '우만'이고 예멘도 '야만' 인데 이집트 등 방언에서 단모음 a의 전설모음화 경향으로 터키 어 및 유럽 언어의 '예멘'이 나온 듯하다.

탈레반이 생긴 아프가니스탄의 공용어는 파슈토어와 다리어 다. 아프가니스탄은 다수 종족이 파슈툰족이지만 다민족국가라 서 종족간 공통어로는 페르시아어의 일종인 다리어가 더 널리 쓰 인다. 페르시아어는 장모음과 단모음의 구별이 있기는 하지만 모 든 홀소리가 그런 게 아니라 i/u는 장모음만, e/o는 단모음만 있 다. 따라서 아랍어 단모음 i/u는 페르시아어에서 일률적으로 e/ o가 되므로 페르시아어 발음으로는 탈레반Taleban이다. 다만 파 슈토어로는 탈리반이긴 해도 장단모음 구별이 없기에 아랍어와 는 다른 발음이다. 페르시아어의 일종인 타지크어는 홀소리 길 이가 구별되지 않고 장모음 [a:]가 후설모음으로 바뀌어 Толи- бон[Tolibon]이다. 타지크어의 영향을 받은 우즈베크어도 이와 마찬가지라서 알카에다도 Ал-Қоида[Al-Qoida]로 쓴다.

페르시아어는 역사적으로 아랍어와 더불어 중동, 중앙아시아, 북인도 등에서 여러 언어에 큰 영향을 미쳤다. 그래서 여러 튀르 크어파 및 인도어파 등에 차용된 아랍어는 거의 대부분 페르시아 어를 매개로 들어갔고 서양 언어의 아랍어 차용어도 그런 경우가 종종 있다. 예컨대 무슬림Muslim과 모슬렘Moslem을 보면 요새는 영어에서 아랍어 표준어에 가까운 Muslim으로 대개 표기하지만 예전에는 Moslem이 더 많았다. 우리말도 요즘은 모슬렘보다는 주로 무슬림이라 부른다. 그러나 모슬렘은 왜곡된 발음이 아니고 다른 아랍어 방언 내지 페르시아어의 영향을 받은 표기라고 봐야겠다.

알카에다القاعدة의 경우 학술적인 로마자 표기는 al-qāʾida인데 영어는 Al-Qaeda 또는 Al-Qaida [Al-Qaʾida]로 많이 적는다. 사실 원래 아랍어 발음으로는 겹홀소리 [ai]가 아니라 [a]와 [i] 사이 성문 파열음(아파서 소리 지를 때 '아' 앞에 나오는 소리와 비슷함) 때문에 Qaʾida가 더 정확하지만 편의상 Qaida로 적는다. 탈레반의 경우 미국 매체에서는 주로 탈리반Taliban, 영국 매체에서는 탈레반Taleban도 많지만 알카에다는 둘 다 Al-Qaeda를 주로 쓰는데 이는 페르시아어 발음 [e]의 영향보다는 taekwondo [taj.ˈkon.do], curriculum vitae [kəˈrɪkjələm ˈviːtaɪ] 따위에서 보이듯 영어 철자 /ae/가 라틴어의 영향 혹은 영어 음운 구조상 [ai]로 발음되는 경향에 따른 것이다.

지하드(전쟁)/무자헤딘(전사)의 jhd, 헤지라(도망, 이주)/모하지르(도망자, 이주자)의 hjr, 이슬람/무슬림의 slm처럼 아랍어는 다른 셈어족 언어와 마찬가지로 자음 세 개가 기본 어근을 이룬다. 장모음 a/i/u에 해당하는 글자는 따로 있지만 대개 단모음 부호는 맥락에서 파악되는 한 생략되므로 단모음만 있는 낱말은 자음만 표기되는 셈이다. 그러므로 어찌 보면 무슬림과 모슬렘의 경우처럼 단모음에서 보이는 차이는 본질적이지 않을 수도 있다.

그러나 아랍어 지식이 없다면 무함마드도 됐다가 마호메트도 됐다가 하는 이런 변이가 헷갈릴 텐데, 그러다 보니 최근에는 이런 변이형보다는 아랍어 표준 발음에 가까운 표기를 하는 경향이 생겼다.

예컨대 코란(القرآن, qur'ān)도 유럽 언어에서 Koran(영어, 독일어), Coran (프랑스어), Коран(러시아어) 등으로 표기하는 관계로 남한이나 북한이나 모두 표준말은 코란인데 다른 유럽 언어보다 특히 영어에서는 아랍어 발음에 가까운 표기 Qur'an(Quran)이 요즘 들어 늘기 시작했으며 일본어도 종전에 주로 쓰던 コーラン[kōran] 대신 クルアーン[kuruān]으로 적는 경우도 많고 한국에서도 아랍어에 가까운 꾸르안(r 뒤에 성문 파열음이 오므로 '란'이 아니라 '르안')으로 표기하자는 사람도 늘어났다.

물론 코란의 페르시아어 발음 /o/가 아랍어 단모음 /u/에 해당된다고 해서 꼭 페르시아어 때문에 유럽 언어에 /u/ 대신 /o/가 널리 퍼졌다고 쉽게 단정하기는 어렵지만 얼마만큼은 영향이 있었으리라 여겨진다. 헤지라도 전에는 영어 hegira, 독일어 Hedschra처럼 e를 많이 썼으나 요샌 hijra, Hidschra처럼 i도 많이 쓰는데 '헤지라'가 무함마드의 메디나 이주를 가리킬 때 주로 쓰니 과거의 표기가 페르시아어와 직접 관련은 없다. 다른 여러 경우는 확실히 페르시아어의 영향으로 볼 수도 있는데 가령 지하드야 물론 아랍어이긴 하지만 무자헤딘이란 말이 널리 퍼진 게 아프가니스탄의 대소 항전부터였고 헤즈볼라도 레바논의 단체이지만 이데올로기는 이란의 이슬람 혁명에서 따온 것이다 보니 아랍어 발음 무자히딘과 히즈불라보다 페르시아어 발음 무자헤딘과 헤즈볼라가 더 널리 쓰이게 됐다.

다만 다른 언어권에서 더 널리 쓰이는 Taliban과 Al-Qaida 대신 한국 매체에서 탈레반과 알카에다가 주로 쓰이는 게 꼭 페르시아어의 영향인지는 확실치 않다. 둘 다 어원이 아랍어이긴 해도 근거지를 아프가니스탄에 두고 있는 집단이라 /i/ 말고 페르시아어의 /e/를 따라 한국어에서 썼다고 볼 수는 있겠다. 하지만 오사마 빈 라덴처럼 표준 아랍어 발음의 우사마 빈 라딘 대신 쓰이는 표기가 페르시아어의 영향은 아닐 테니 위에 언급한 대로 다른 아랍어 방언의 영향일 수도 있다. 아무튼 아랍어의 단모음은 언어에 따라 변이가 생기기도 하므로 그리 본질적인 문제는 아니니 한국어로는 탈레반, 알카에다 따위로 통일해서 쓰는 편이 이왕이면 낫겠고 예언자 Muhammad(ﷺ)는 페르시아어와 직접 관계가 없으니 모함마드, 모하메드, 마호메트보다는 원래 아랍어 발음에 가까운 무함마드가 낫겠다.

코란의 경우는 '꾸르안'이 널리 동의를 얻는다면야 모르겠지만 이미 널리 쓰이는 말이니 구태여 아랍어 원어에 가깝게만 쓸 필요는 없다. 하지만 로마자로 전사된 아랍어를 한글로 적을 때는 주의할 필요가 있다. 예를 들어 오만의 수도는 예전에 머스캣으로 적었는데 영어 Muscat[mʌskət]의 발음을 잘못 분석한 탓이었다. 이후에는 철자만 보고 그것을 아랍어 발음이라 착각해 무스카트가 되었으나 이것도 오류로서 엄밀히 말하면 마스카트가 알맞다. 아랍어는 Masqaṭ(مسقط)이기에 독일어와 폴란드어 Maskat나 스페인어

와 프랑스어 Mascate처럼 북한 문화어 마스까트와 일본어 마스
캇토マスカット도 원어에 맞는 표기다. 영어는 철자 a가 단모음
일 때 [æ]라서 cut처럼 u[ʌ]가 [a] 소리에 가깝다 보니 Muscat라
는 표기가 나왔다.

대개 u로 나타나는 영어 [ʌ]는 유럽 언어에 차용될 때 20세기
초반까지는 영어가 유럽 대륙에 덜 알려진 언어다 보니 철자 중
심이다가 나중에 영향력이 커지면서 발음 중심으로 바뀌었고, 힌
디어에서 영어로 수입된 jungle과 punch(음료)도 비교적 이른 시
기에 유럽 언어로 퍼졌기에 발음 [ʌ]보다는 철자 u를 받아들여
[u]로 발음되는데, 독일어를 거쳐 다른 유럽 언어로 들어간 경우
가 많다. 터키어 cengel은 좀 늦은 차용어다. 독일어에서 [u]로 나
타나는 Klub에서 보이듯 러시아어 клуб[klub]와 헝가리어 klub
는 독일어가, 러시아어 блеф[blef]와 헝가리어 blöf는 터키어
kulüp와 blöf처럼 프랑스어가 매개어일 가능성이 크다. 독일어에
서 Dumping만은 비교적 최근에 들어온 낱말이라 영어에 가까운
[a] 소리가 난다.

영어	독일어	러시아어	헝가리어	터키어
punch	Punsch	пунш	puncs	punç
jungle	Dschungel	джунгли	dzsungel	cengel
club	Klub	клуб	klub	kulüp
bluff	Bluff	блеф	blöf	blöf
dumping	Dumping	демпинг	dömping	damping

즉 한글 표기 무스카트는 인도 언어들의 [ə]가 대개 영어 철자 u로 나타난다는 것을 잘 몰라서 Punjab를 펀자브 대신 푼자브로 잘못 적는 경우와도 비슷하다. 스웨덴이 스웨덴어로 스베리예Sverige, 폴란드가 폴란드어로 폴스카Polska이듯 한국어는 많은 외국 지명을 영어에서 받아들였는데, 영어에서 받아들인 중동 지명이 있는 언어에서는 한국어의 경우와 비슷한 모습이 보인다. 크로아티아어 Muskat와 그리스어 Μουσκάτ [Mouskat]도 아랍어 발음이 아니라 영어 Muscat의 철자에서 따온 표기다.

스티로폼과 스티로폴

내가 사는 아파트 쓰레기 분리수거함에는 비닐 및 플라스틱 등과 더불어 '스치로폼'을 모으는 곳이 있다. 스치로폼은 혼합적인 표기인데 현재 표준어는 스티로폼이고 사전에는 스티로폴도 나오며 각각 영어 styrofoam 및 독일어 Styropor가 어원이다. 모두 대개 포장재나 용기에 쓰는 합성수지이지만 비닐, 플라스틱, 스티로폼은 다소 일상어에 가까운 분류고 전문적으로는 세밀하게 나뉜다. 나일론, 폴리에틸렌(비닐봉지 재료), 폴리스티렌/폴리스티롤(스티로폼 재료) 등은 열가소성 수지다. 거의 모든 플라스틱은 얇은 막(필름)으로 만들 수 있는데 1회용 쇼핑봉투를 일컫는 비닐봉지 또는 비닐봉투는 일본어 비니루부쿠로ビニール袋의 영향을 받은 말이며 대개 폴리에틸렌으로 만든다. 폴리염화비닐로 만드는 비닐 레코

드와 비닐 장판은 영어도 vinyl record와 vinyl flooring이며, vinyl bag은 대개 폴리염화비닐로 된 가방이다.

비닐봉지는 영어 plastic bag, 독일어 Plastiktüte, 프랑스어 sac plastique 등 상당수 언어에서 플라스틱이라 부른다. 비닐로 일컫는 언어는 한국어와 일본어밖에 없는데 나일론으로 일컫는 언어는 꽤 있다. 베트남어 bao bì nilon, 오스트리아 독일어 Nylonsackerl, 불가리아어 найлонов плик, 마케도니아어 најлонска кеса, 세르비아어 najlonska kesa, 터키어 naylon torba, 아랍어 كيس نايلون [kīs nāylūn]. 정확히 재료 폴리에틸렌을 나타낸 러시아어 полиэтиленовый пакет가 오히려 예외적이다. 과거에 비닐, 나일론 재질의 포장재를 썼거나 혹은 비슷한 합성수지라서 뭉뚱그려 일컫는 것이다. 일상어와 전문어는 엄격성에서 차이를 보이게 마련이다. 여러 언어에 걸쳐 같은 것을 일컫기도 하지만 어원상 무관한 vinyl과 nylon은 세 글자나 겹친다.

스티로포르Styropor는 세계 최대(2014년 현재) 화학회사 독일 바스프BASF가, 스티로폼Styrofoam은 세계 2위 화학회사 미국 다우 케미칼Dow Chemical이 각각 1940년대에 개발한 발포 폴리스티렌의 상표명이다. 어원상 그리스어 및 라틴어 styrax(안식향의 일종인 때죽나무 수지) 성분으로서 발견된 방향족 탄화수소라서 스티롤Styrol 또는 스티렌styrene이라는 이름이 생겼다. 스티로폼Styrofoam은 발포제 작용으로 팽창시킨 것이므로 '거품'의 뜻인 폼foam이 들어갔다. 스티로포르Styropor는 pore(구멍) 또는 porös(구멍이 많은)에서 -por를 따왔다.

바스프가 1954년 한국에 진출해 교역을 시작한 덕에 한국어는 스티로폴을 스티로폼보다 먼저 쓰게 된 것으로 보인다. 언론의 표기는 1961년 『동아일보』 스치로폴 이후 1970년부터 스티로폴이 쭉 우세했다. 스티로폼은 1980년대부터 나왔지만 1995년 이후 본격적으로 많이 쓰이기 시작했고 1996년 11월 12일 열린 정부 언론외래어심의공동위원회 제14차 회의에서 스티로폼을 표준으로 삼기로 결정한 여파로 1990년대 후반 이후 언론 기사는 출현 빈도에서 스티로폼이 스티로폴을 제쳤다. 『새국어생활』 1997년 가을호에 따르면 스티로폼, 스티로폴, 스치로폴 등으로 섞어 썼는데 영어 스티로폼Styrofoam에서 왔다고 인식하는 언중의 경향을 반영해 바꿨다는 것이다. 하지만 여기서 '언중'은 다소 모호하다. 1990년대 중반까지는 언론에서도 스티로폴이 우세했으므로 일부 전문가가 선택한 스티로폼이 점차 세력을 얻어 교과서를 비롯한 서적에 나온 표기형을 대중이 인식한 것이지 영어 전문어 스티로폼Styrofoam까지 알았다고 보기는 힘들다.

『국어생활』 1988년 가을호 좌담회에서는 일본말 '스치로포루' 끝부분만 고친 것이 스치로폴이라고 나오는데 반씩 맞고 틀렸다. 일본어 용어는 핫포(발포)스치로루発泡スチロール, 스타이로호무スタイロフォーム(styrofoam의 영어 발음에 가까운 스타이로폼)이고 스티로폴 또는 스치로폴에 해당할 스치로포루スチロポール는 바스프의 상표 Styropor를 일컬을 때만 쓸 뿐이다. 독일어 Styrol/Polystyrol을 차용한 러시아어 стирол/полистирол(polistirol)과 달리 영어 styrene/polystyrene을 차용한 한국어는 스티렌/폴리스티렌, 일본어는 스치렌スチレン/포리스치렌ポリスチレン인데 일본어는 스티로폼의 경우 핫포(발포)스치렌発泡スチレン보다 핫포(발포)스치로루発泡スチロール를 훨씬 많이 써서 독일어 영향도 남아 있다. 한국어도 독일어식 스티롤/폴리스티롤 및 일본어식 발포스티롤도 썼으나 요즘은 거의 안 쓴다. 이제는 스티렌/폴리스티렌과 더불어 영어 발음에 더욱 가까운 스타이렌/폴리스타이렌도 표준어다. 다만 아직 스타이로폼은 표준어가 아니지만 이제 일부 교과서나 전문서에서 쓰기도 한다.

음운 구조상 [t]가 [i] 앞에서 경구개음화되는 일본어의 영향이 한국어의 외래어에 남아 있는데 표준어 메틸, 에틸, 스티렌, 폴리스티렌, 센티, 라디에이터 대신 메칠, 에칠, 스치렌, 포리(폴리)스치렌, 센치, 라지에타 따위로 입말에서 불리기도 하는 말들이 바로 그런 경우다. 상표명 또는 중소기업 내지 영세기업 상호에서도 이런 표기들이 왕왕 보인다. 일본어 꼴 그대로를 받았다면 발포스티롤 또는 발포스치롤이었을 테니 입말뿐 아니라 상호에서도 종종 나타나는 스치로폴은 독특하게도 스티로폴이 재일본어화된 형태다. 이와 좀 다르지만 이를테면 트럭은 일본어에 가까운 도라꾸가 한때 종종 쓰이기도 했듯이 추럭, 크리스마스추리, 추리닝도 일본어와 무관한 영어 발음의 직접적 영향인데 일본어 영향으로 인식하는 이도 있다. 요즘도 사투리나 입말에서 왕왕 쓰는 비니루와 나이롱은 직접 일본어에서 수용된 어휘지만 스치로폴은 일본어 발음만의 영향이며, 영어 발음에 가까운 스타이로호무スタイロフォーム(스타이로폼) 및 혼합형 스치로폼의 차이에서도 잘 드러난다.

독일어는 어두 st-, sp- 따위의 s가 [ʃ]인데 라틴어 또는 그리스어 계통의 어휘에서는 [s]도 된다. 스폰서sponsor처럼 최근 들어온 영어 외래어도 [ʃ]와 [s]가 다 된다. Mythos, System처럼 그리스어 계통 어휘의 철자 y는 ü[y] 발음이다. 주요 화학 용어를 비롯해 한국어에 들어온 독일어 어휘는 일본어를 거친 영향도 있어서 라틴어 철자에 가까운 발음이 많아 Styropor도 슈튀- 대신 스티-다. 따라서 슈튀로포르 또는 슈튀로포어뿐 아니라 스튀로폴로 표기 또는 발음된 적은 없다. 어말 -r도 표기법을 따랐다면 스티로포르 또는 스티로포어였을 텐데 일단 길기도 하고 독일어(호르몬)나 네덜란드어(코르크) 음절 끝 -r를 흔히들 홀몬과 콜크로 줄이기도 하듯이 스티로폴로 굳은 것도 자연스럽다. 이와 비슷하게 아르바이트 준말도 아르바/아바 대신 알바다.

스티로폼은 크게 다섯 가지 변이형으로 나타난다. 스치로폴(일본어 발음 영향), 스치로폼(일본어 발음 및 표준어 혼합형), 스티로폴(독일어), 스티로폼(영어 철자 발음 기반 표준어), 스타이로폼(영어 발음에 가장 가까움). 알레르기도 이와 비슷하다. 아레르기(일본어 발음에 가까움), 알레르기(독일어 기반 표준어), 알러지(영어 발음에 가까움), 앨러지(영어 발음에 가장 가까움). 이는 언어 체계 안에서 지역에 따라 달라지는 방언과 비슷하면서 조금 다른 현상이다.

식민 시대에 주로 유럽 언어와 아프리카 또는 아시아 언어가 만나 생성된 크레올어는 식민 종주국 유럽 언어의 영향을 항상 받다 보니 다소 불안정한 경우가 많아 후기 크레올 연속체post-creole continuum가 생긴다. 이를테면 자메이카 크레올어는 고층방언(acrolect) it's my book, 중층방언(mesolect) iz mi buk, 저층방언(basilect) a fi mi buk dat로 나타나며 사이사이에 수많은 중간 형태가 있다. 그 밖에 가이아나 등 여러 영어 기반 크레올어에서 영어와 가장 가까운 형태는 영어의 일종일 뿐이라 실제로 쓰는 사람이 적고 영어와 가장 먼 형태는 이른바 '순수한' 크레올어라서 역시 화자가 적다. 프랑스어 크레올과 달리 영어 크레올은 대개 표준어가 마련되지 않은 경우가 많으나 보통은 중층방언이 가장 널리 쓰이는 통용어라 할 수 있다. 스티로폼과 알레르기도 영어와 가장 먼 꼴과 가까운 꼴 둘 다 표준어가 아니며 역시 사용자가 가장 적다.

크레올어와 마찬가지로 언어 접촉으로 생기는 차용어도 여러 변이형이 혼재하는 연속체 상태에 있는 경우가 많다. 고유어가 언어 내적 변화를 주로 겪는다면 차용어는 원어 내지 다른 위세 언어의 영향에 늘 노출되므로 외적 요인도 변화에 작용한다. 독일어 Energie, Vakzin, Virus에서 일본어를 거친 에네르기, 왁찐, 비루스는 아직 영어의 위세가 크지 않은 북한에서는 그대로지만 남한에서는 이제 영어 energy, vaccine, virus를 따온 에너지, 백신, 바이러스로 쓴다. 표준어가 확립될수록 구심력이 커지므로 변이형 가운데 거의 하나만 남게 된다. 스티로폼도 스티로폴을 더욱 밀어낼 가능성이 높듯이 한국어 외래어는 이제 영어 형태에 가까운 말이 점점 더 힘을 얻는 편이다.

독일어 Champion도 이와 비슷한데 원래 발음은 프랑스어처럼 [ʃɑ̃pjɔ̃]이었으나 이제 영어처럼 [ʧɛmpiən]이다. 지금은 없어진 용법이지만 애초에 투사, 옹호자, 대변자를 일컬었고 영어 챔피언

champion도 그런 뜻이 있다. 이 말의 유래를 순서로 따지면 라틴어, 프랑크어, 프랑스어, 영어다. 독일어는 영어에서 생긴 스포츠에서의 우승자나 챔피언의 뜻을 받아들이면서 영어식 발음이 우세해졌다. 덴마크어와 노르웨이어 champion도 프랑스어보다 영어식 발음이 우세하다.

독일 『두덴발음사전』 1990년판에는 영어 및 프랑스어식 발음이 나오는데 물론 이때도 프랑스어 '발음도' 된다고 나오듯 이미 영어식이 우세했다. 그러다가 『두덴외래어사전』 2010년판, 『두덴발음사전』 2015년판에 가서는 아예 프랑스어식 발음이 안 나오게 됐다. 다만 파생어 Championat(선수권, 챔피언심)의 ch는 프랑스어 [ʃ]를 유지한다. 한국어도 철자 발음 및 일본어 발음에 근접한 참피온보다 이제 챔피언을 훨씬 많이 쓴다. 한국어는 영어와 일본어 사이에서 영어 쪽으로 돌아간 것이고 독일어는 프랑스어에서 영어 쪽으로 간 것이다.

여러 언어를 보면 폴란드어 styropian처럼 스티로폼 및 스티로폴과 비슷한 형태도 있고 러시아어 пенопласт(penoplast), 네덜란드어 piepschim 등 '거품'이 들어가는 말도 있고 스웨덴어 frigolit, 그리스어 φελιζόλ(felizol) 등 다른 상표명을 쓰기도 한다. 불가리아어 стиропор(stiropor) 및 구舊유고슬라비아의 여러 언어인 마케도니아어 стиропор(stiropor), 세르비아어 stiropor, 크로아티아어 stiropor, 슬로베니아어 stiropor는 독일어 Styropor에 근거하며 헝가리어도 sztiropor를 쓰다가 요즘은 주로 hungarocell을 쓴다.

터키의 언어학자 세반 니샤니안Sevan Nişanyan의 어원 사전에는 stiropor가 표제어이며 다른 동남유럽 언어와 마찬가지로 독일어 Styropor가 뿌리인데 현재 가장 많이 통용되는 표기는 다소 변형된 strafor고 strofor나 stropor도 쓰인다. 터키어도 다른 알타이어 및 한국어와 마찬가지로 고유어는 어두 자음군이 오지 않는다. 이를테면 spor(스포츠), tren(기차), stres(스트레스)는 sıpor/sipor/ispor, tiren, sitres로 자주 발음되듯 한국어 스포츠, 스트레스 따위의 '으'처럼 삽입모음 ı 또는 i가 들어간다. 이러한 모음 삽입 현상 때문에 과잉 수정이 일어나 stiropor의 stiro-에서 모음이 빠져 stra- 또는 stro-로 변형되었다.

터키어는 한국어보다 모음조화가 더욱 체계적으로 나타난다. 한국어는 한자어나 외래어에서 모음조화가 없고 터키어도 차용어는 원칙적으로 모음조화가 해당되지 않지만 간혹 일어나기도 한다. 이탈리아어 medaglia(메달)는 madalya, 프랑스어 épaulette(견장)는 apolet로 바뀌었는데 원래 둘 다 첫째 음절이 전설모음 [e]지만 역행 동화로 후설모음 [a]로 바뀐 것이다. 또 프랑스어 étuve(살균기)는 표준어 etüv와 더불어 입말에서 ütüv로 나타나기도 한다. 프랑스어 étuve는 원래 한증막의 뜻에서 고온 살균기도 일컫게 됐듯이 터키어 ütü(인두, 다리미)의 의미적 영향일지도 모르겠고 음운적으로 보면 e와 ü 모두 전설모음이지만 역행동화로 첫째 음절이 둘째 음절 모음을 따른 것이다. strofor에서 strafor로 다시 변한 것도 원래 다른 모음이었을 것이라는 추측 하에 생긴 과잉 수정이다.

터키어에서 [f]는 아랍어, 페르시아어, 유럽어 등 외래어에서만 나오고 입말에서 [p]로 바뀌기도 하는데 strafor는 원래 [p]가 [f]로 바뀐 과잉 수정이다. 한국어도 원래 없는 음운인 [f]를 외래어에서 발음하는 사람이 점점 느는 것으로 보이는데 이러다 보니 예컨대 pace를 face로 잘못 발음하듯 원래 [p]인 외래어를 [f]와 헷갈리는 현상도 왕왕 생긴다. 이렇게 더더욱 이국적으로 보이게 하는 과잉 수정은 여러 언어에서 드물지 않은 일이다. 터키어에 들어온 stiropor는 stropor를 거쳐 strafor로 바뀌면서 어두 자음군 회피, 모음조화, f-p 교체 등 터키어 고유어의 성질에서 더욱 멀어졌다.

세르비아어와 크로아티아어는 표준어 stiropor 외에 stiropol도 이따금 쓴다. 이는 여러 언어에서 흔한 r-l 교체 또는 혼동일 수도 있다. 이들 언어는 polistirol과 polistiren이 불가리아어 полистирол과 полистирен처럼 혼용되기도 하는데 접미사 -ol 또는 접두사 poli-의 간접적 영향이 조금 있을지도 모르겠다. 다만 한국어에서 스티로포르 대신 스티로폴 형태가 꼭 폴리스티렌 또는 폴리스티롤의 '폴' 영향이라고 보기는 어렵다. 브라질 포르투갈어도 estiropor를 썼으나 이제는 노르웨이어처럼 isopor를 쓴다. 독일계 석고보드 제조사 크나우프Knauf의 노르웨이와 브라질 자회사가 둘 다 쓰는 상표명이 isopor다.

언어 사이에서뿐 아니라 예컨대 스페인어처럼 여러 나라에 걸쳐 쓰이는 언어는 나라마다 달리 불리기도 한다. 아르헨티나 telgopor, 파라과이 isopor, 페루 tecnopor, 콜롬비아 icopor, 니

키라과 poroplást 등은 독일어 Styropor, 브라질어 및 노르웨이어 isopor와 마찬가지로 구멍 -por의 요소가 들어간다. 스페인은 poliexpan, poliespan, forespan, poroexpán, porexpan 등 여러 형태가 쓰인다. 볼리비아의 plastoformo는 다른 스페인어 변이형의 -por에 영어 foam이 융합된 형태로 보인다.

산업 발달로 20세기 이후 만들어진 제품의 통칭 가운데 상당수는 상표명에서 따왔는데 바셀린처럼 거의 대부분의 언어에서 비슷하게 불리는 제품도 있고 스티로폼처럼 제조사마다 상표명이 조금씩 달라 언어마다 통칭이 여러모로 나타나며 한 언어 안에서도 시간이 지나면서 우세한 명칭이 달라지거나 한다. 이렇듯 스티로폴과 같은 변이형도 역사가 있는데 국어사전에서 꼭 단순히 스티로폼의 '잘못'이라고만 규정하는 것도 언어를 너무 규범 중심으로만 보는 편파적인 시각이 아닐까 싶다.

사스와 메르스

사스(Severe acute respiratory syndrome, 중증 급성 호흡기 증후군, SARS)와 메르스 (Middle East respiratory syndrome, 중동 호흡기 증후군, MERS) 둘 다 호흡기 증후 군인데 사르스/메르스 내지 사스/머스가 아니라서 한글 표기는 일관성이 없다. 일본어는 영어 발음 [saːz] 및 [məːz]를 일률적으로 따르므로 각각 사즈サーズ 및 마즈マーズ로 표기한다. 한글 표기는 영어 r나 l 뒤 어말 s가 [z]라도 '스'로 적게 돼 있어서 Wales는 웨일스, Summers는 서머스인데 비틀즈와 비틀스처럼 [z]를 반영한 '즈'도 혼용되는 편이다. 어쨌든 영어 발음을 따르면 사즈/머즈, 표기법상 사스/머스, 로마자 철자 발음을 따르면 사르스/메르스다.

물론 표기란 늘 일관적이진 않다. 예컨대 어말 [aː]인 radar는 기존에 레이 '더'만 인정됐는데 sonar를 소'나'로 적는 것과 모순되다가 얼마 전 레이다도 표준어로 포함됐다. 레이 '더'는 데이터/데이타, 디지털/디지탈 따위처럼 늘 ㅓ가 영어에 가까울 거라 여겨 생긴 과잉 수정인데 레이 '다'로 제자리를 찾은 셈이다.

한국어로 들어온 서양 과학 전문용어는 영어 말고도 독일어 및 기타 유럽 언어 어원도 많아서 철자 발음처럼 보이는 경우도 꽤 있다. 이를테면 호르몬이나 오르가슴은 각각 독일어 Hormon 과 프랑스어 orgasme이 직접 어원인데 영어였다면 호몬, 오개즘이 됐겠고, 영어가 어원인 말이라 해도 나사NASA[næsə], 나토NATO[neitou]처럼 로마자 철자에 바탕을 둔 발음으로 한글 표기하는 경우도 있어서 매우 복잡하다.

하지만 다 호흡기 증후군이면서 왜 사스는 그냥 영어를 따른 것 같고 메르스는 괜히 독일어를 따른 것 같을까? 사실 이보다는 사스와 메르스의 주요 발병 지역과 관계있는 듯싶다. 중국어는 영어 약자 SARS를 沙士(shāshì) 또는 萨斯(sasi)로 적고, 아랍어는 영어 약자 MERS를 로마자 철자에 따라 ﻣﻴﺮﺳ(mers)로 적는다. 즉 중국어와 아랍어 기준의 한글 표기는 각각 사스(싸쓰) 및 메르스가 되며 사르스/사즈 내지 머스/머즈가 나올 수 없다.

한국 보건 당국이나 언론에서 꼭 중국어와 아랍어 발음까지 고려해 한글 표기를 정했다고 단언할 수는 없겠으나 일관성 없어 보이던 사스와 메르스라는 표기가 우연이든 필연이든 중국어와 아랍어를 기준으로 하면 잘 이해되며, 한국어는 이제 이렇게 여러모로 세계 언어와 만나는 가장 글로벌한 언어가 아닐까 싶다.

06

올바른
콩글리시

글래머

콩글리시가 올바르다니?

올바른 콩글리시라고 하니 모순 어법으로도 들린다. 콩글리시를 '한국인이 주로 구사하는 엉터리 영어'로 규정하면 올바르다는 게 어폐가 있겠지만 '한국어에서 영어 원어 뜻이나 꼴과 다르게 쓰이는 외래어'로 정의 내리면 모순은 아니다. 여기서는 둘째 뜻이다. 사실 외래어는 어휘 체계 안에서 지위가 다소 취약하며 원어에서 벗어나는 이른바 '국적 없는' 말이 특히 공격받는다. 외래어와 외국어를 많이들 헷갈리는 것도 한몫한다. 콩글리시 비판은 영어 교육이 일반화되면서 늘어난 편이다. 물론 이런 언중의 의견이 모이면 다른 낱말도 그렇듯 외래어도 바뀌게 될 것이다. 알레르기의 어원이 독일어임을 모르고 영어에 가까운 알러지가 맞다 여기는 이가 늘다 보니 언젠가 후자가 표준말이 될지도 모를 일이다. 하지만 번역가는 현재의 표준어를 지키는 쪽이 좋다. 여기서는 글래머를 살펴보겠다.

'육체가 풍만하여 성적 매력이 있는 여성'을 뜻하는 한국어 글래머는 어원상 영어 글래머 걸glamour girl의 단축어다.『옥스퍼드영어사전』에 따르면 글래머 걸은 a glamorous young woman 내지 a pin-up girl로 정의된다. 따라서 매력, 유혹, 매혹 따위를 뜻하고 더 나아가 화려함과 현란함을 가리키는 추상명사 glamour를 한국어 '글래머'로 옮기면 오역이지만 glamour girl이나 glamorous woman(매혹적인/화려한 젊은 여자) 따위를 '글래머'로 옮기면 꼭 오역까지는 아니고 좀 모호하다. 즉 한국어 글래머는 지칭 범위가 더 좁다. 많은 콩글리시가 그렇듯 글래머도 일제 영어 구라마グラマ一를 거쳤다고 짐작된다. 매혹적인 여자에서 풍만한 여자로 의미 변천을 겪은 까닭은 처음 일본에 들어온 서양 여성 연예인 이미지가 동아시아인 기준으로는 풍만해 보여서가 아닐까 싶다. 아무튼 풍만함과 상관없이 매력적이고 화려한 여자를 영어로 글래머러스glamorous라 이를 수는 있으나 한국어로 '글래머'라 하지는 않는다. 그리고 글래머는 원어에 담긴 화려함과 현란함의 뜻이 없다.

1. 글래머의 명백한 오역

"The glamour of the theater world, I imagine," Ricky said. "Milly doesn't think anything is glamorous except John Jaffrey."

"영화계의 글래머 덕분 아니겠어?" "밀리에게 매력적인 글래머는 존 제프리뿐일 걸요."

이 문장은 총체적으로 난감하다. 앞 문장은 누가 의외의 일을 저질렀는데 그게 이쪽 동네의 (영화계든, 연극계든) glamour(매력, 마력, 화려함 따위) 때문이라는 것이다. 영화계의 글래머 덕분이라고 번역해버리면 무슨 풍만한 미녀가 술수라도 쓴 것처럼 돼버린다. 게다가 두 번째 문장에서 밀리는 여자고 존은 남자인데 존 보고 글래머라고 해버리니 멀쩡한 남자가 순식간에 유방확대수술받은 트랜스젠더로 변신했다.

This much-publicized union of Hollywood glamour and deep-pocketed consumer brands is the talk of the town.

할리우드 글래머와 풍부한 재력의 소비자 브랜드의 결합은 대대적인 홍보거리가 되고 있다.

할리우드가 가진 화려함이나 매혹 따위를 뜻하는데 '글래머'라고 하니 할리우드 영화에 나오는 육체파 배우가 연상된다.

A unas personas este éxito inteligente les llevará a una vida sencilla y a otras al glamour.

어떤 이들에게는 이런 지적 성공이 단조로운 삶을 가져다줄 수도 있고,

글래머 아가씨들과의 삶을 가져다줄 수도 있을 것이다.

스페인어 glamour도 영어 뜻과 거의 같다. 어떤 이는 소박한 삶을 살고 어떤 이는 화려한 삶을 살게 된다는 대조인데 번역문만 봐서는 뭔가 좀 헷갈린다. 물론 글래머들에게 둘러싸여 있는 것도 화려한 삶의 일종이겠지만 꼭 그것만 가리키진 않는다.

2. 글래머러스의 살짝 아리송한 오역

Mainstream mass media has always chosen a straight woman to represent what the feminist movement stands for – the straighter the better. The more glamorous she is, the more her image can be used to appeal to men.

주류 매스미디어는 페미니즘이 어떤 운동인지를 보여주는 상징적 존재로 언제나 이성애자 여성을 선택해왔다. 주류 매스미디어로서는 이성애적 규범에 철저하면 할수록 좋은 것이다. 육감적인 글래머이면 좋고 남자들에게 섹스어필할 수 있는 이미지이면 더욱 좋다.

여기서 glamorous는 성 역할 규범에서 요구하는 여성적 매력이다. 여성성의 극단인 '글래머'를 꼭 일컫진 않으므로 육감적인 글래머라는 번역은 지나친 감이 있다.

Or you may delude yourself and others, saying that looks are unimportant when you're really searching for someone glamorous.

혹은 실제로는 글래머인 여성을 찾고 있으면서도 외모는 중요하지 않다고 말함으로써 자신과 다른 사람들을 속일 수 있다.

Shy people often compare themselves to the most outgoing person in the room or to glamorous celebrities who seem worldly enough to handle any social situation.

숫기 없는 사람들은 어떤 사회적 상황에서도 자연스럽게 행동하는 매혹적인 명사나 모임에서 가장 사교적인 사람과 자신을 자주 비교한다.

이 두 문장은 같은 책에 나온다. 첫 문장에서 굳이 글래머라는 말을 쓸 필요는 없는 게 glamorous가 시쳇말로 몸매가 쭉쭉빵빵한 여자만 가리키지는 않기 때문이다. 둘째 문장은 '매혹적'이라고 알맞게 옮겼다.

3. 다른 낱말을 '글래머'로 번역한 경우

She was not young or blond or augmented.

그녀는 젊지도 않았고 금발이나 글래머 스타일도 아니었다.

여기서 augmented는 유방확대수술을 받았다는 뜻인데 우리말 글래머가 자연산인지 인공인지를 구별하지는 않겠지만 아무튼 살짝 아쉬운 의역이다.

And Trix Binnie says you've got to have It or the boys won't look at you.

비니가 그러는데 글래머가 아니면 남자아이들이 쳐다보지도 않는다던데?

'It'은 성적 매력을 뜻한다. 꼭 '글래머'여야만 성적 매력이 있는 것은 아니지만 그것을 한 낱말로 표현하다 보니 글래머로 의역한 것 같다.

At the beach, a voluptuous girl in a string bikini loses her top. Your boyfriend:

해변에서 글래머 여자가 입은 비키니의 어깨 끈이 느슨하게 풀어진 것을 보았다. 그 남자는?

글래머와 가장 비슷한 말이 voluptuous girl이 아닐까 싶다. 따라서 꽤 적절한 번역이지만 어차피 글래머는 여자인데 또 썼으니 군더더기라고 할 수도 있으나 넘어갈 만하다.

4. 중역에 따른 오류

-Als ik op een dag met een nieuw kapsel aan kom zeilen, kijken ze me allemaal met afkeurende gezichten aan en ik kan er op rekenen dat er eentje vraagt welke filmster deze coiffure op haar hoofd heeft prijken.

-Wenn ich mal mit einer neuen Frisur angesegelt komme, sehen mich alle mit abfälligen Mienen an und fragen, welcher Filmstern diese Coiffure trägt.

-Whenever I come sailing in with a new hairstyle, I can read the disapproval on their faces, and I can be sure someone will ask which movie star I'm trying to imitate.

-내가 머리 모양을 바꾸면 모두 이상한 얼굴로 나를 바라보고, 누군가가 반드시 어느 글래머 스타의 흉내를 낸 것이냐고 묻는단다.

-내가 색다른 스타일로 땋으면 모두 이상한 얼굴로 나를 보고, 누군가 반드시, "어느 글래머 스타의 흉내를 낸 것이니?" 하고 묻습니다.

-내가 색다른 헤어스타일로 바꾸면 모두 신기한 듯 쳐다보면서, 어떤 글래머 배우를 모방한 것이냐는 표정이야.

유명한 책이 대개 그렇듯이 한국에서 안네 프랑크의 일기도 수많은 번역본이 난립한다. 확실히 단언할 수는 없으나 아마 네덜란드어에서 곧바로 옮긴 것은 없으리라 본다. 한국어로 번역된 무삭제판도 독일어 중역이라서 다소 아쉽기는 하다. 위에 제시된 번역문은 모두 영어를 옮긴 것이다. 네덜란드어 원문과 독일어 번역문에는 '흉내'를 뜻하는 말이 없는데 영어의 의역을 그대로 한국어에 옮겼으나 아주 큰 문제는 아니다. 하지만 여기서 '글래머'가 좀 뜬금없다. 앞서 말한 바와 같이 한국어에서 '글래머'는 머리 모양과 무관하다. 물론 얼추 뭉뚱그려 몸매 좋고 예쁘다는 뜻으로 쓸 수는 있겠으나 열다섯 살짜리한테 '글래머'라는 말은 그다지 어울리지 않는다.

영어 번역본에도 그냥 movie star라고만 되어 있고 네덜란드어 원본과 독일어 번역본도 각각 filmster와 Filmstern(film star에 해당)으로 돼 있어서 대체 이 글래머가 어디서 튀어나온 말인가 했다. 처음에는 혹시 일본어를 중역한 것이 아닌가 싶었는데 등장인물 가운데 하나인 Kraler(크랄러, 또는 현행 네덜란드어 한글 표기로는 크랄러르)를 크라이렐 및 클라레르로 적어 놨기 때문이다. 일본어에서 중역한 작품을 보면 고유명사 표기에서 l과 r를 헷갈리는 경우가 많은데 예컨대 Kraler를 클라레르로 표기하듯이 반대로 적어놓기도 한다.

아무튼 그러다가 찾아낸 또 다른 영어 번역본은 "If ever I come sailing in with a new hair style, they all look disapprovingly at me, and I can be quite sure that someone will ask which glamorous star I'm supposed to be imitating."인데 원문의 filmster(영화 스타, 배우)가 glamorous star로 의역됐고 중역에서 '글래머'로 오역된 것이다. 대강 넘어가도 되겠으나 위에서 말했듯 굳이 헷갈리게 글래머라는 표현을 쓸 까닭은 없다.

5. 만들기는 조금 나중에

번역가는 말을 새로 만들기보다는 지키는 처지라서 규범 또는 더 널리 통용되는 말을 따르는 쪽이 바람직하다. 물론 한국어뿐 아니라 다른 언어도 그렇듯 서투른 번역이 언어를 망치는 (결국은 도리어 새로운 언어를 만드는) 데 일조한다는 의견도 있는데 어찌 그걸 꼭 번역가 탓으로만 돌릴 수 있으랴. 어쨌든 번역가는 의사소통에 장애를 일으키지 않도록 규범에 가까운 언어를 써야 좋다. 따라서 비록 지위가 흔들거리는 콩글리시라 하더라도 사전에 올라와 있고 일반적으로 널리 통용되는 용법이 있다면 그에 맞게 써야겠다. 다만 패션지 쪽은 워낙 다른 세계니까 영어 용법 그대로 쓰든 말을 새로 디자인하든 감히 태클을 걸지는 못하겠다.

플라톤과 이솝우화

영어만 아는 무식한 교수가 플라톤 말고 플레이토가 옳다고 말했다는 농담이 있다. 몇 해 전 한국 화학 용어를 영어 기준으로 싹 바꿔놓은 화학자들처럼 설마 그런 학자가 정말 있을까? 그런데 2015년 어느 중앙지 칼럼에 이 농담이 진담처럼 실려 참으로 놀라웠다.

> Global 시대에는 어느 특정 고유명사나 명칭을 놓고 어떻게 발음해야 (중략) 미국의 어느 대학생은 교수에게 철학자 Plato의 발음법을 물었다. 물론 영어에서는 '플레이토우'라고 발음하고 스페인어 문화권에서는 '쁠라또'로 발성한다. (중략) 필자가 '플라또' '플레이또'처럼 적으면 우리말 표기법에서는 비표준으로 자동 검출이 된다. 한국 표기에서

'플라톤'이라고 표기하도록 정한 것은 그의 레슬링 코치가 Platon라는 이름을 지어주었다는 고대의 어설픈 기록을 덥석 받아들인 폐해다. 현지 철학 역사나 기록에도 희미했던 내용을 우리말 표기에서 정칙 표기인양 강요하는 것은 무지의 기준일 뿐이다. 한국을 제외한 전 세계 어느 문화권에서도 Plato(플레이토) 대신 '플라톤(Platon)' 철학자라고 발성하는 곳이 없는 것도 참고할 일이다.

결기가 대단한 필자는 그나마 다행히도 학자는 아니고 콩글리시 때려잡자는 영어만 아는 영어 교육 전문가의 전형이다. 내용이 너무 엉망진창이라 손도 못 대겠지만 일단 하나만 짚고 넘어가자면 스페인어는 Platón이고 카탈루냐어가 Plató다. 그런데 한글 표기 플라톤을 영어 발음에 맞춰 플레이토로 바꾸는 게 옳은가? 알 만한 이라면 그런 우격다짐에 다들 코웃음을 치겠지만 한번 뒤집어 생각해 보면 표기 자체는 정하기 나름이다.

힌디어, 벵골어, 타밀어 등 인도 언어 및 버마어, 태국어 등 주요 동남아시어 언어는 영어 '플레이토'에 따라 표기하므로 다시 한글로 적으면 쁠레또 내지 플레토와 가깝다. 이들 언어 문화권은 유럽 열강의 해외 진출 초기 네덜란드와 포르투갈 등과도 접촉했으나 나중에 대개 영국 식민지가 됐거나 영국 영향이 더 컸기에 고유명사를 비롯한 많은 서양어 어원의 낱말이 영어 기준이다. 그런데 플라톤의 경우 남아시아에서 갈리는 지점이 있다. 이슬람 문화권은 9세기부터 그리스 철학자들의 저작을 번역하여 소화했기에 이미 아랍어에 ʾAflāṭūn(أفلاطون)으로 알려졌고 페르시아어도 마찬가지다. 파키스탄 우르두어는 힌디어와 방언 차이밖에 없지만 이슬람 문화권이므로 플라톤도 아랍-페르시아어식 표기를 하고 파키스탄 신디어, 아프가니스탄 파슈토어도 마찬가지다. 터키어도 아랍어 기준 Eflâtun이 있지만 최근은 주로 Platon으로 표기하는 추세다. 플라톤이 물론 이슬람 문화권에도 영향을 미쳤으나 터키 자체로 플라톤 연구 전통이 탄탄했다면 Eflâtun 표기가 우세했을 텐데 대개 서양 철학자로 간주되니 이제 Platon이 우세하다.

한국어도 영어의 영향이 엄청나지만 일본어의 매개가 있든 없든 독일어나 프랑스어 같은 서양 언어와 접촉이 있었기에 또 다른 특색이 있다. 다만 화학 용어의 사례에서 보이듯 앞으로 영어의 영향이 더 거세질 가능성이 높다. 알렉산드로스와 알렉산더, 호메로스와 호머, 카이사르와 시저, 유피테르와 주피터에서도 보이듯 한국어는 고전 그리스어 및 라틴어 고유명사도 영어 영향이 아직 많이 남아 있다. Venus는 고전 라틴어 기준 웨누스, 교회 라틴어 기준 베누스지만 한국에서는 주로 영어 기준 비너스로 통용되는데 이는 독일어권보다 영어권의 문학적 영향을 더 받은 일본어의 간접적 영향으로도 보인다. 일본과 한국의 서양 철학 연구가 영어권의 직접적 영향을 먼저 받았다면 남아시아와 동남아시아처럼 플레이토로 먼저 불렀을지도 모를 일이다. 하지만 위 칼럼의 필자가 제대로 모르는 것과 달리 원래 고전 그리스어 및 수많은 언어의 표기에서도 잘 드러나듯 플라톤을 굳이 플레이토로 바꿀 까닭은 전혀 없다.

그럼 거의 대부분의 언어가 Platon에 준하는 표기를 하는데 영어는 왜 Plato로 쓸까? 영어 개방형 강세 음절 /a/의 [ei] 변천 과정은 여기서 논외로 한다. 실은 네덜란드어 및 그 영향을 받은 인도네시아어도 Plato고 독일어도 지금은 Platon이지만 칸트와 헤겔의 저작에서도 보이듯이 19세기까지는 Plato가 우세했는데 직접 어원은 라틴어다. 고전 그리스어 제3변화 명사 Πλάτων(Plátōn)이 homō(사람)와 같은 라틴어 제3변화 명사로 차용되면서 Plato가 주격이 되었고 사라진 -n은 대격Platonem, 속격Platonis, 여격Platonī, 탈격Platonĕ에 나온다.

로망스어 명사는 라틴어 주격보다는 대격을 취한 경우가 많다. 이를테면 라틴어 제3변화 명사 nātiō는 프랑스어 nation, 이탈리아어 nazione, 스페인어 nación인데 대격 nātiōnem에서 온 것이다. 영어 nation, 독일어 Nation에서도 드러난다. 플라톤 Plato도 대격이 Platonem이다. 따라서 프랑스어 Platon, 스페인어 Platón, 이탈리아어 Platone, 포르투갈어 Platão 등 로망스어 형태는 그리스어에서 바로 오지 않고 속라틴어를 취한 것인데 강세가 그리스어와 달리 둘째 음절이라는 데서도 잘 드러난다. 카탈루냐어 Plató는 라틴어 형태 Plato의 수용이 아니고 라틴어 어원의 낱말 마지막 음절 -n이 카탈루냐어에서 탈락되는 규칙이 적용된 것이다. 키케로Cicero도 주격과 호격 말고 대격, 속격, 여격, 탈격에서 드러나듯 모두 -n-이 붙는데 플라톤도 같은 꼴이다. 프랑스어 Cicéron, 스페인어 Cicerón, 이탈리아어 Cicerone, 카탈루냐어 Ciceró에서 잘 드러나듯 모두 o에 강세가 오므로 Cicero의 첫음절 i 강세와도 다르다.

포르투갈어는 Platão과 비슷한 꼴인 Cicerão 대신 라틴어에 가까운 Cícero(첫 음절 강세 표시)를 쓰는데 다른 로망스어보다 라틴 전통이 오히려 모자람을 방증한다. 기원이 되는 라틴어와 비교해 불안정한 느낌을 주는 표기에서 다시 기원으로 돌아간 것이다. 루마니아어가 플라톤Platon 및 키케로Cicero로 원어에 가깝게 표기하는 것도 라틴어와 오래 단절되어 이 인물들의 자체적 표기가 언어내적으로 확립되지 않았기 때문이다. 모든 고유명사가 다 똑같은 음운법칙대로 가지는 않는데 카토Cato, 필론Φίλων(Philo)은 키케로, 플라톤과 비슷한 꼴이지만 아폴론Ἀπόλλων(Apollōn)의 스페인어 아폴로Apolo, 이탈리아어 아폴로Apollo는 라틴어 형태 주격과 같다.

로망스어의 그리스어 어원 낱말들은 대개 라틴어를 통해서 들어왔다. 독일어나 다른 게르만 언어도 처음에 주로 라틴어를 통해 그리스어 어원의 낱말을 받다가 19세기 후반부터 특히 고유명사 중심으로 다시 점점 그리스어 어원을 취하게 되었다. 독일어, 덴마크어, 스웨덴어 모두 19세기까지 플라토Plato가 우세했는데 덴마크어와 스웨덴어가 플라톤Platon으로 바뀐 것도 독일어의 간접적 영향이다.

러시아어의 라틴어 수용은 프랑스어, 독일어, 체코어, 폴란드어가 차례로 영향을 미쳐 다소 복잡한데 같은 슬라브어파인 매개 언어 체코어와 폴란드어가 일차적으로 접촉한 독일어의 영향이 더 크지만 플라톤Платон(Platón)과 키케론Цицерон(Cicerón)의 강세가 모두 끝음절이고 키케로가 라틴어 대신 로망스어 형태라는 데서도 알 수 있듯이 프랑스어의 직간접적 영향도 크다. 강세가 언제나 첫음절에 오는 체코어, 슬로바키아어, 헝가리어 Platón의 ó 표기는 장모음인데 고전 그리스어 장모음의 영향이 후대에 있었을지도 모르지만 매개 언어인 프랑스어 등 로망스어 강세 모음을 반영했을 가능성이 높다.

현대 그리스어는 플라톤을 일컬을 때 고전어에 가까운 카타레부사 그리스어 형태 플라톤Πλάτων(Platon)을 많이 쓰지만 이와 더불어 민중 그리스어 형태 플라토나스Πλάτωνας(Platonas)도 쓴다. 공교롭게도 리투아니아어는 남성명사 어미 때문에 플라토나스Platonas가 기본형이다. 고전 그리스어 시대 이후에도 그리스가 유럽 문화의 중심이었다면 아마 적어도 그리스 안에서는 다른 일반명사처럼 민중 그리스어 플라토나스Πλάτωνας가 더 널리 쓰였을지도 모르겠다. 현대 그리스어로 예컨대 건축가는 카타레부사 아르키텍톤αρχιτέκτων(architékton)이 아닌 민중 그리스어 아르키텍토나스 αρχιτέκτονας(architéktonas)가 표준어다.

한국어에서 에우클레이데스, 아이소포스, 프톨레마이오스 대신 통용되기도 하는 유클리드, 이솝, 톨레미는 모두 영어 기준인데 일본어의 간접적 영향과 더불어 더 짧다 보니 부르기 쉬워 널리 퍼졌을 수도 있다. 플라톤은 이와 달리 일본어도 영어 기준의 표기가 없다. 영어 발음이 더 짧지 않아서일 수도 있고 플라톤 철학 수용 경로 문제일 수도 있겠다. 최근 한국어는 고전 그리스어와 라틴어를 더욱 원어에 가깝게 표기하는 추세다. 그래서 일리아드 대신 일리아스가 되고 오디세이 대신 오디세이아에서 오뒷세이아까지 나온다. 혼란스러워 보이기도 하나 여느 언어와 마찬가지로 시대와 지역을 가로질러 언어들이 만날 때 생기는 자연스러운 현상이다. 플라톤 같은 외래 고유명사도 한국어 안에서 일정한 자리를 차지하는 요소다. 한국어의 내적 변화에 따라 표기를 바꾸는 일이야 얼마든지 가능하지만 단순히 영어만 들먹이는 것을 떠나 원어를 호출할 때도 늘 고려할 점이 많다.

파이

어떤 일정한 몫이나 지분을 비유적으로 뜻하는 '파이'는 영어 pie 에서 온 것이 맞지만 콩글리시라고만 하기에는 살짝 애매하기도 하다. 영어 pie 자체는 몫의 뜻이 없기 때문에 '파이'는 (a/the) pie 가 아니라 a piece/slice/share of the pie에 해당한다.

한국말에서는 원래 영어 어법에 가까운 '파이 조각'도 쓰지만 그냥 '파이'만 써도 뜻이 통하기에 이걸 더 많이 쓴다. 다음의 보기에서 나타나듯 '파이'는 꽤 널리 쓰이는 콩글리시다.

ㄱ. 출판 시장에서 주간지가 차지하는 파이의 감소를 부추긴…….

ㄴ. 로마가 동맹시에 자유와 존중을 제공한 것은 더 큰 파이를 위해서 였다. ……

ㄷ. 그 성과를 가능케 한 임직원에게 파이가 돌아가게 되는 것이다.
　……

즉 한국말 '파이'를 영어로 옮길 땐 pie라고만 하면 안 되지만 영어 a slice of the pie를 한국어로 옮긴다면 꼭 파이 조각이라고 안 해도 된다.

게리 셔피로 Gary Shapiro, **『닌자 이노베이션**Ninja Innovation: The Ten Killer Strategies of the World's Most Successful Businesses**』**
……showing in gruesome detail how Ford executives battled each other for an ever-shrinking slice of the pie.
……포드 경영진이 크기가 줄어든 파이를 차지하기 위해 어떻게 싸우는지 끔찍한 내용을 상세하게 보여주는 것이었다.

흥미롭게도 불가리아어, 러시아어, 우크라이나어 등 몇몇 슬라브 언어에 몫, 지분 따위를 뜻하는 파이пай가 있다.
　러시아어 파이пай는 출자금, 지분, 몫을 뜻하나 주주를 파이시크пайщик라고도 하듯 한국말에서 통용되는 파이와 같은 뉘앙스는 아니다.
　불가리아어 파이пай는 뜻이 좀 더 넓어서, 『이솝우화』에서 유래해 '가장 큰 몫'을 뜻하는 영어 lion's share, 독어 Löwenanteil은 불가리아어로 лъвски пай(lŭvski pai)고 러시아어는 львиная до-ля[l'vinaja dolja]다. 한국말로 '사자lion의 몫'은 잘 안 쓰니 '가장 큰 파이'라고 하면 불가리아어 파이пай와 발음도 뜻도 비슷한 셈이 된다.

그런데 슬라브 언어의 파이пай는 튀르크 언어에서 온 말이다. 터키어에 몫, 지분, 부분 따위를 뜻하는 pay라는 낱말이 있으며 위에서 말한 주주는 pay sahibi라 일컫기도 하고 사자의 몫은 aslan payı다. 터키어는 불가리아어 파이пай보다 뜻이 넓어서 예컨대 시장 점유율은 pazar payı라고 하는데 불가리아어 пазарен дял[pazaren djal] 및 러시아어 доля рынка[dolja rynka]에서 나타나듯 두 언어는 이때 파이라는 말을 안 쓴다.

한국에서 통용되는 '시장 파이'라는 표현은 업체의 시장 점유율보다는 대개 특정 시장이 경제에서 차지하는 규모를 뜻한다.

기사 발췌

Dünya ticaret hacminde göreli olarak küçük payı olan Türkiye uluslararası piyasada oluşan fiyatları kabullenmek zorunda olan bir ülke.
세계 교역량 측면에서 비중이 작은 터키는 국제 시장에서 형성된 가격을 받아들일 수밖에 없는 나라다.

여기서 파이payı를 '비중'이라고 옮겼는데 파이로 옮겨도 얼추 말이 되듯이 터키어 파이pay는 뜻이 넓기에 콩글리시 '파이'와 뜻이 겹치는 부분이 꽤 있긴 하나 마구 대응시키면 안 된다.

업계 용어 '아이템, 마인드'

콩글리시를 영어로 어떻게 번역하는지 혹은 한국어로 번역할 때 알맞은 콩글리시가 무엇인지 따지는 작업도 흥미롭다.

번역서라면 사실 뭔가 아리송한 콩글리시는 잘 안 쓰는 경향이 있다. 규범언어와 늘 긴장을 유지하는 번역가들은 와이셔츠처럼 사전에 올라 이미 규범이 되어 버린 말 말고 규범에서 벗어나는 콩글리시는 특별한 경우 아니면 피할 가능성이 높기 때문이다.

그러나 뭔가 '핫한' 것을 추구하는 경제, 경영, 자기계발서에서는 이른바 '업계' 콩글리시가 꽤 나온다.

이를테면 exploring new businesses(신규 사업 아이템 탐색), business ingenuity(독창적인 사업 아이템), Geschäftsidee(독일어: 사업 아이템), this will become a big area, das wird ein großes Thema werden(이 사업은 가

능성이 큰 대규모 사업 아이템이다), corporate mentality(경영 마인드), employ-ees's belief system(직원들의 마인드), positive thinking(긍정적인 마인드) 따위가 있다.

주로 '콩글리시 몰아내자⑴' 같이 단순하며 단편적인 영어 중심적 콩글리시 논의에서 짚고 넘어가는 말들은 예컨대 핸드폰처럼 사물에 관계되고 원어인 영어와 차이가 확연히 드러나는 경우가 대부분이다(물론 핸드폰은 이제 이런 논의에서도 안 나올 만큼 그냥 한국말이 돼버렸지만). 그러나 이 경우에도 캠핑카(재밌게도 프랑스어도 camping car라는 말을 씀)나 리폼 같은 말이 정작 콩글리시인 것은 모르는 사람이 많다.

국어사전에는 컴퓨터 용어 '아이템'만 있고 마인드라는 말은 아예 안 나온다. 실상은 콩글리시지만 대부분의 한국인은 원래 영어에서도 이렇게 쓴다고 생각할 가능성이 크다. 그래서 한국인이 번역한 영어 웹사이트를 보면 사업 아이템이라는 말을 busi-ness item으로 옮긴 경우가 심심치 않게 나오는데, 실상 영어에서 이 말은 잘해야 사무용품 정도의 뜻으로 쓰일 뿐이다. 콩글리시를 영어로 번역한다면 위의 예시처럼 한국어 번역서와 영어 원서를 참고하는 것도 도움이 될 것이다.

아무튼 번역서에서 처음 저런 콩글리시를 접했을 때는 어찌 보면 번역자가 나름 '세련된' 감각이 있다고 생각했는데, 가만 보니 과연 번역자가 처음부터 썼을까 아니면 편집자가 바꿨을까 의구심이 들기도 한다. 아마 시류에 민감한 편집자의 손이 닿아서 그런 경우가 더 많을 듯도 하다.

어쨌든 콩글리시는 규범 언어와 큰 충돌이 없는 한 얼마든지 쓸

수 있겠고 속이 더부룩하고 메스꺼운 이른바 보그체마저도 상황
에 맞게만 쓴다면 금상첨화지만 마구 휘갈기면 과유불급이다.

깨끗한 것 섞인 것,
뭐가 좋아?

한국어는 이따금 영어와 융합한다. 대표적으로 광고 문구나 표어 따위에서 '더'를 괜히 the로 쓰며 멋을 부리려는 경우가 무척 많다. 이제 식상할 법도 한데 꾸준히 나온다. 상호 등에서 중의적인 말장난으로 이를테면 드림(드리다)을 dream, 그린(그리다)을 green으로 쓰기도 한다. 물론 한국어만의 현상은 아니다. 베를린의 청소 업체 BSR는 'We kehr for you'라는 홍보 문구를 내세웠다. 영어 care와 발음만 비슷한 독일어 동사 어근 kehr-는 '쓸다, 청소하다'를 뜻한다. 청소가 도시를 돌보는 일도 되니 공교롭게 잘 이어진다. 일본어는 구글Google에 해당하는 구구루グ-グル를 일본어 동사 어미 루る에 융합해서 영어 to google처럼 동사 구구루ググる(구글에서 검색하다)를 쓴다.

융합은 오용을 낳기도 한다. '쌍커플'은 구글 웹검색으로 39만 건이라 올바른 '쌍꺼풀' 40만 건과 큰 차이가 없다. 게다가 뉴스에서도 무려 600여 건이나 나온다. 물론 쌍꺼풀이 2만 5000건이니 차이는 크지만 언론 기사 치고는 너무 많이 나오는 결과다. 쌍커플로 잘못 쓰는 성형외과 의사도 봤는데 쌍꺼풀을 많이들 틀리는 것은 '꺼풀'을 따로 인식 못하고 쌍과 커플을 동어반복하기 때문이다. 고유어 가운데 이제 드물게 쓰이는 말도 있으니 경우에 따라 외래어가 더 많이 쓰인다고 특이한 일은 아니나 '눈꺼풀', '한 꺼풀 벗기다'처럼 꺼풀이 그렇게 어려운 말이 아님에도 '쌍'의 영향 탓인지 비슷한 말이 괴이하게 두 꺼풀로 덮여버렸다.

어떤 용어 사전은 벤처기업이 벤처 캐피털venture capital로 잘못 나와 있다. 벤처기업에 자금을 대는 투자회사가 벤처 캐피털이다. 콩글리시 한자어 혼합어인 벤처기업은 요새 영어 startup을 그대로 따온 스타트업으로도 많이 불린다. '스타트업계'란 말도 있다. 스타트업업계業界를 의도한 듯하지만 스타트업의 'up'과 '業'이 융합된 스타트업계도 꽤 많이 쓰인다. 접미사 '界'가 교육계, 언론계 따위에 쓰이니 스타트업계가 아예 틀렸다고 보기도 힘들다. 일본어도 스타토앗푸카이スタートアップ界는 쓰지만 스타토앗푸교카이スタートアップ業界보다 드물다. 발음이 달라서 한국어 같은 융합은 물론 없다.

법 쪽에 있는/아는 사람 같은 표현도 이따금 보인다. 법조계法曹界와 헷갈린 말일 가능성이 높은데 방송 쪽에, 컴퓨터 쪽에 아는/있는 사람처럼 말을 할 수도 있으니 아예 틀린 말은 아니지만 아무튼 기원은 융합으로 봐야겠다.

칼럼니스트를 칼럼리스트로 잘못 쓰는 경우도 꽤 많다. '리스트'라는 낱말이 있다 보니 마치 어휘의 구성 요소처럼 느껴질 수도 있다. 첼로리스트, 바이올린리스트도 심심찮게 보인다. 현대 독일어 List는 책략, 술수를 뜻하는데 중세 독일어, 중세 영어 list는 재주, 기술 따위를 뜻한다. 칼럼니스트나 첼리스트가 되려면 어쨌든 재주나 기술이 있어야 할 테니 나름 잘 들어맞는다고 우겨보고 싶다.

'유머스러한'도 있다. 유머에 -스러운이 붙거나 형용사형 -(r)ous한에 -스러운이 융합돼 유머러스한 말고도 유머스러운, 유머스러한 같은 말도 적지 않게 보인다. 글래머는 글래머스러한, 글래머스러운, 글래머스한, 글래머한, 글래머러스한 등 더 많은 변이형을 보인다. 여기서 좀 더 나가는 유머러스러운, 글래머러스러운은 매우 적게 나오고 유멋스러운, 글래멋스러운은 거의 안 나온다.

이런 현상은 물론 무지에서 비롯된 일종의 언어적 오염이긴 하나 무조건 몰아세울 필요는 없어 보인다. 불순물이 거슬려 보일 순 있으나 풍부함과 다양성 안에서 재미가 꽃피지 않을까 싶다. 한국어가 더 유멋스러운, 글래멋스러운 언어가 되길 빌어 마지않는다.

언어는 언제나 변화에 열려 있기에 이렇게 바람직하지 못한 것으로 주로 인식되는 오용도 언젠가는 규범으로 자리를 잡을지도 모른다. 물론 그 규범에도 또 균열이 생길 수 있다. 둘 이상의 언어가 만나면 한시도 쉬지 않고 꿈틀거리는 언어의 역동성이 더 극명하게 드러난다.

한국과 일본 한자어는 주로 목적어-동사 어순 때문에 중국어(한문)식과 자국어식 두 가지가 있다. 수식어-피수식어 어순이 한국어, 일본어, 중국어와 반대인 베트남어의 한자어도 비슷하다. 한국어에서 파생어가 아닌 합성어 한자어는 대개 한국어 어순을 따른다. 담배를 피우지 말라는 '금연'은 한문 어순, '흡연금지'는 한국어 어순인데 중국어는 둘 다 어순이 같은 금연禁烟, 금지흡연禁止吸烟이다. 한국어는 조사나 동사 어미 없이 한자어를 묶어 '계약해지가능'같이 합성어 범주를 벗어난 문구도 쓰는데 낱말이 아닌 구와 문장에서는 당연히 한국어 어순을 따르므로 중국어의 조동사-동사-명사 어순 가이해제합동可以解除合同과 정반대가 된다.

북침과 남침을 '북한/남한을' 대신 '북한/남한이' 침략/침공한 것으로 알던 많은 학생이 한국전쟁을 남침이 아닌 북침으로 헷갈렸다는 해프닝이 몇 년 전 있었다. 그래서 누군가는 남침을 침남으로 바꾸자는 다소 엇나가는 소리도 했는데 여기서 남과 북은 명사가 아닌 부사다. 남한을 침공했다는 한국식 한자어가 아니다. 남/북진은 남/북쪽이 나아가는 것이 아니고 남/북쪽으로 나아가는 것이듯 남/북침은 남/북쪽으로 쳐들어갔다는 뜻이다.

여성혐오의 준말인 여혐女嫌은 한국어 어순이고 한국혐오의 혐한嫌韓은 한문 어순이다. 그리스어 기반인 영어 어휘 misogyny(여성-혐오)와 Anglophobia(영국-혐오)에서 '혐오'를 붙이는 순서가 서로 다른 것과도 매우 흡사하다.

영어도 한국어 안에서 합성되면서 어순이 섞인다. '시간 때우기'라는 뜻의 킬링타임은 한국어에서 killing time 순인데 외려 영어는 time-killing 순이다. 한국어는 킬링타임을 한 낱말처럼 쓴 것이고 영어는 명사-동사 결합형 형용사에서 고대 영어식 어순을 따른 셈이다. '빼도 박도 못하다'는 시쳇말로 '빼박캔트'라 한다. 영어 can't를 한국어 어순처럼 뒤에 쓴 것으로 관람불가 같은 한국 한자어 어순과 똑같다. 영어나 로망스어도 가능을 나타내는 접사 -able은 뒤에 붙는다. 현대 영어와 프랑스어 어순 SVO(주어+동사+목적어)와 달리 고대 영어와 라틴어는 한국어처럼 SOV가 기본이었다. 통시적 변화와 접촉을 통해 한 언어 안에는 복합적 어순이 나타나기도 한다. 어순도 '빼박캔트'인 것이 아니다.

페미니스트가
"여자에게 친절한 남자"라고?

표준국어대사전 페미니스트 항목에 "여자에게 친절한 남자를 비유적으로 이르는 말"이라는 정의가 나오기에 여성단체에서 이의를 제기했으나 2015년에도 국립국어원은 1970~90년대 신문에 그런 용례가 있으니 아무 문제가 없다며 그냥 놔두기로 했다. 정치적·이념적 차원을 떠나 여러모로 매우 비전문가적인 실망스러운 반응이므로 사전편찬학적으로 접근하여 개선을 유도하면 어떨까.

주요 유럽 언어 사전을 다 뒤져봐도 페미니스트는 '여성의 자유와 권리의 확대, 남녀평등을 주장하는 사람'의 뜻만 나온다. 특이하게 딱 하나 알바니아어만 '여자를 밝히는 남자'라는 뜻으로 통용되기도 하는데 물론 비판을 받고 있다. 알바니아는 오스만제국의 영향으로 유럽에서 이슬람교도 비율이 가장 높고 공산화 이후에는 고립주의 정책으로 다른 공산권 블록과도 여러모로 달랐으며 현재는 유럽에서 가장 가난한 나라다. 이런 전반적 분위기 탓에 페미니스트가 엉뚱한 뜻으로 쓰였는지도 모르겠다. '여자에게 친절한 남자'라는 정의는 일본어 사전에서 나온다. 물론 한국어는 일본어 영향이 크고 한국어 사전이 일본어 사전을 참조한 것도 사실이니 여기서 이 자체를 문제로 삼을 필요는 없다. 과연 그런 뜻으로 많이 쓰였는지만 살펴보자.

이제 '여자에게 친절한 남자'라는 용법은 거의 쓰이지 않지만 1970년대 신문에도 그렇게 자주 나오지는 않는다.

『매일경제』(1969년 9월 27일자): 주부에도 노임 달라 다섯 여인 시위행진. 페미니스트로 칭하는 5명의 뉴욕시 여인들이……

『동아일보』(1971년 4월 23일자): 여성 유권자가 남자보다 6만9천여명이나 더 많은 한국에서 대통령이 되려면 페미니스트가 아니면 안 된다……

『동아일보』(1971년 12월 8일자): 뉴욕타임즈에 따르면 이들 페미니스트들은 여성들이 부당히 싼 급료의 일을 주로 맡고 있으며……

『경향신문』(1972년 6월 30일자): 예수도 역시 남자였기 때문에 성의 불평등에서 오는 그 여성의 눈물을 뼈저리게 느낄 수는 없었을 것이라고 빈정거리는 과격파 페미니스트들도……

위 네 보기 가운데 "대통령이 되려면 페미니스트"는 좀 아리송한데 그냥 여권신장론자로 봐도 무방하다. 즉 '여자에게 친절한 남자'는 일반적으로 쓰였다고 보기도 어렵다. 애초의 표준국어대사전 정의에서 '여성을 숭배하는 사람'은 뺐는데 '여성에게 친절한 남자'는 왜 또 그대로 놔둔 걸까? 친절보다 숭배가 무겁기 때문에 뺐을 텐데 친절도 페미니즘의 취지와 어울리지 않는다는 점에서는 비슷하다.

한국어 사전은 용례가 너무 모자라고 사용 시기도 거의 표시해 두지 않는다. 조선시대 어휘나 돼야 옛말이라고 나올 뿐, 이를테면 20세기 초중반과 지금은 뜻이 달라진 말에 관해 구체적으로는 거의 알 수가 없다. 사전은 어휘 기록의 구실도 하므로 그런 용례가 쓰였다는 것도 적어둬야 하지만 문제는 국어사전 용례에 출처 연도까지 나온 경우가 극히 드물기에, 다른 낱말은 다 놔두고 페미니스트의 정의 중 논란이 많은 부차적인 것만 연도를 밝히기도 구차해진다.

사실 사전적 정의는 기준이 모호할 때가 많아서 빗대거나 비꼬는 뜻이 들어가는 경우도 있고 안 그런 경우도 있다. 물론 칼로 무 자르는 듯한 기준이 아니다. 언어는 매우 유연하고 유동적이므로 우리는 모든 어휘를 비유적으로 쓸 수 있다. 그중에서 많이 통용되는 것과 그렇지 않은 게 있을 뿐이다. 예컨대 '쟤는 뭉게구름이다'는 알아들을 사람이 드물지만 '쟤는 컴퓨터다'는 실제 컴퓨터라는 기계가 아니라 컴퓨터처럼 머리가 잘 돌아가는 사람이라는 뜻으로 거의 누구든 알아듣는데, 사전의 컴퓨터 항목에는 대개 그런 정의가 없다.

왕과 대통령의 경우를 보자. 왕은 오래된 말이다 보니 비유적인 뜻이 사전에 나오지만 대통령은 그렇지 않다. 실제로는 '문화/힙합 대통령' 따위처럼 얼마든지 쓸 수 있는데 말이다. 『옥스퍼드 영어사전』 princess 항목을 보면 '공주'의 원뜻과 더불어 뛰어난 여자, 응석받이, 애칭 공주님 따위의 뜻이 함께 나오는 반면 feminist에는 부차적인 뜻이 없다. 흥미롭게도 실제로 영국은 '공주'가 있으나 한국은 '공주'가 없고(비유적이면서도 실질적인 공주 겸 왕비 겸 여왕이 있다고 볼 수는 있으나) 한국어에서도 응석받이나 애칭의 공주는 흔히 쓰이는데도 공주 항목에는 원뜻만 나온다. 이처럼 국립국어원 사전은 낱말 정의의 기준에 뚜렷한 일관성도 없다.

한국뿐 아니라 서양에서도 남자가 스스로를 페미니스트로 일컬으면 위선자라는 소리를 듣기도 하고 이런저런 이유로 스스로를 페미니스트로 부르기 싫다는 여자도 있듯 실제로 온전히 긍정적으로 쓰이지는 않는다. 여성 인권이 현저히 낮은 중동과 매우 높은 북유럽처럼 나라마다 정도의 차이야 있으나 그만큼 남성 주도의 사회가 아직 매우 공고하다는 뜻이다. 페미니즘은 여자가 더 잘사는 사회를 만들자는 게 아니라 성역할 고정관념을 깨서 결국 남녀 함께 잘살자는 운동인데, 주로 백인이 아닌 인종을 차별하는 인종주의자racist처럼 페미니스트feminist도 남성을 역차별하는 사람이라고 오해하는 이도 있다. 여전히 첨예한 갈등 속에 있는 '페미니스트'를 실제 잘 쓰지도 않는 여자에게 친절한 남자를 뜻한다고 본다면 냉랭한 분위기에 꺼내는 어색한 농담과도 진배없다.

누군가 '여자에게 친절한 남자'를 페미니스트로 일컫는다면 그건 오용 내지 이제는 잘 봐줘야 개인어일 뿐이다. 여자에게 친절한 남자가 페미니스트가 될 수도 있겠으나 친절과 동등한 대우는 층위가 다르므로 둘은 결코 동의어가 될 수는 없다. 게다가 어떤 낱말에 비꼬거나 빗대는 용법이 있다고 사전에 다 써놓지도 않고 그럴 필요도 없으니 국어사전 페미니스트 항목에 굳이 별로 잘 쓰지도 않는 '여자에게 친절한 남자'라는 정의를 놔둘 까닭이 없다. 혹시나 '국립국어원'이라는 항목에 '국어사전을 어설프게 만드는 사람 또는 무리'라는 뜻을 덧붙인다면 몰라도 말이다.

국립국어원은 당연히 그런 곳인지 몰라도 참 공무원스럽다. 언어는 규범도 필요하기 때문에 공무원답게 다소 보수적으로 언어정책을 관장하는 것도 긍정적인 측면이 있다. 그런데 언어 순화의 방향이 좀 아리송하다. 언어의 사회적 맥락을 제쳐둔 채 그냥 한국어를 깨끗이 만들라고 위에서 시키니 기계적으로 일하는 것 같다.

언어 순화는 한자어나 외래어를 고유어나 한자어로 또는 어려운 말을 쉬운 말로 바꾸는 일이 많으니 번역과도 일맥상통한다. 잘 안 쓰는 한자어로 가득한 법률 용어의 순화처럼 이해하기 힘들거나 오해하기 쉬운 전문용어나 학술 용어를 일차적인 대상으로 하는 것이 바람직하고 일상어는 그대로 놔둬도 괜찮다. 일상 용어와 전문용어의 경계가 늘 뚜렷하진 않아도 그때그때 파악하면 될 일이다.

그런데 언어의 역사성과 사회성을 제대로 고려해야 할 국립국어원은 대한화학회의 유감스러운 화학 용어 변경에는 군말이 없더니 만만한 일상용어는 잘도 건드린다. 또 상당수는 언론 매체에서 쓰는 유행어다. 물론 유행어가 일상어로 자리 잡기도 하지만 유행어는 말 그대로 유행이 목적이므로 이걸 괜히 순화한다면 마치 욕설의 순화와도 같다. 18놈 대신 성교할 분으로 씁시다!

돈도 꽤 벌고 잘나가는 비혼녀인 골드미스는 '황금독신여성'이란다. 홍콩 영화 제목인가? 한숨이 안 나올 수 없다. 노처녀의 절반 직역쯤에 해당하는 콩글리시 올드미스와 운율을 맞춘 신조어가 골드미스다. 일제영어 오루도미스オールドミス에서 온 올드미스는 요즘은 오히려 골드미스보다도 덜 쓰이는 말이다. '올드미스' 자체가 왠지 '올드'한 느낌도 주는 듯하다. 골드미스는 한국에서 만들어진 말이며 일본어에서는 주로 한국 연예계 소식을 다룰 때 고루도미스ゴールドミス가 나온다.

'황금독신여성'은 이런 언어적 맥락이 싹 무시된 직역이다. 차라리 금처녀나 보석처녀(노-보석 억지로 ᅳ 맞춤)라 하든가. 콩글리시는 한국인끼리 통하므로 굳이 또 번역할 필요도 없다. 게다가 골드미스라는 다소 성차별적 함의가 담긴 유사 유행어를 순화까지 해서 널리 퍼뜨려야 할까? 신조어 만들기 좋아하는 미디어에서 유행의 효용성이 떨어지면 덜 쓰겠고 일상어로 자리 잡아봐야 속어의 범주에 들어간다. 개념 정의가 필요하거나 정확한 의미를 알려줄 말도 아니고, 황금독신여성으로 바꿔봐야 더 뜻이 잘 통하지도 않는다. 알맹이가 뭔지 모르니 껍데기만 대충 칠해놓아 황금 순화 대신 도금 순화가 돼버렸다.

죽기 전에 할 일인 '버킷리스트'는 '소망목록'으로 다듬었다.

상당한 의역인데 성의 없고 밋밋하다. 관용어 kick the bucket(죽다)에서 온 말이니 '밥숟갈 놓다'를 응용하면 좋겠다. (궁서체로 말하는 거다!) 헝가리어 bakancslista 및 네덜란드어 loodjeslijst는 각각 '죽다'를 뜻하는 관용어 '장화bakanc를 던지다' 및 '납loodje을 놓다'에서 만든 말이다. (혹시라도 한자어 '목록'을 써서 밥숟갈목록으로 순화하지는 말고 밥숟갈리스트로 하면 피아노리스트, 첼로리스트, 바이올린리스트, 칼럼리스트처럼 말도 부드럽게 잘 이어지고 좋을 듯하다.)

언어괴물 신견식의 콩글리시 찬가

2016년 10월 4일 초판 1쇄 펴냄
2016년 12월 28일 초판 2쇄 펴냄

지은이 신견식

펴낸이 정종주
편집주간 박윤선
편집 김동석 장미연
마케팅 김창덕

펴낸곳 도서출판 뿌리와이파리
등록번호 제10-2201호(2001년 8월 21일)
주소 서울시 마포구 월드컵로 128-4 2층
전화 02)324-2142~3
전송 02)324-2150
전자우편 puripari@hanmail.net

디자인 강찬규
종이 화인페이퍼
인쇄 및 제본 영신사
라미네이팅 금성산업

값 15,000원
ISBN 978-89-6462-077-9 03710

이 도서의 국립중앙도서관 출판예정도서목록(CIP)은 서지정보유통지원시스템 홈페이지(http://seo-ji.nl.go.kr)와 국가자료공동목록시스템(http://www.nl.go.kr/kolisnet)에서 이용하실 수 있습니다.(CIP 제어번호: CIP2016022886)